發現三星堆

發現
三星堆

段渝 著

中和出版
OPEN PAGE
中

目 錄

引　言

　　1986年夏秋之交，從四川廣漢傳出了轟動中外的重大考古新發現：在廣漢三星堆遺址，連續發現兩個祭祀坑，坑內出土上千件青銅器、金器、玉石器、象牙以及大量海貝，包括青銅大立人像、大量青銅人頭像、人面像、青銅神樹、獸面像、金杖、覆蓋黃金面罩的青銅人頭像等稀世珍寶[①]，引起世人震驚。這個重大考古新發現，一下子徹底顛覆了人們

三星堆一號祭祀坑

三星堆二號祭祀坑

①《廣漢三星堆遺址一號祭祀坑發掘簡報》，《文物》1987年第10期；《廣漢三星堆遺址二號祭祀坑發掘簡報》，《文物》1989年第5期。又，現已證實，三星堆並非南城牆，南城牆尚在三星堆之南。

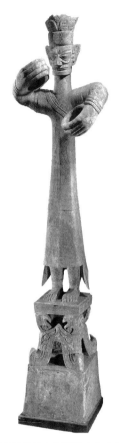

三星堆出土的青銅大立人像

對古史記載中僻處西南一隅的古蜀王國的認知，使人們第一次認識到，商代的古蜀王國，原來是一個擁有燦爛青銅文化的文明古國！從此，人們對巴蜀文化刮目相看，而三星堆則以它輝煌燦爛的青銅文明享譽世界文明史，正可謂：「沉睡數千年，一醒驚天下！」

2019 年，四川省啟動了「古蜀文明保護傳承三年行動計劃」，開始了對舉世聞名的三星堆遺址的新一輪考古發掘。在隨後的兩年時間裡，考古工作者在 1986 年發掘的一、二號祭祀坑旁，相繼發現六個祭祀坑，依次編號為三至八號坑。2021 年 3 月，中央電視台連續三天對三星堆新發現的六個祭祀坑的發掘現場進行了直播，引起轟動。5 月，四川衛視聯合中央電視台又對發掘現場進行了連續兩天的直播，再次引起轟動。三星堆新一輪的考古發掘，如拔地而起的旋風，迅速席捲了中外學術界和社會各界，廣播電視、互聯網、手機、微信、微博、報紙等各種現代傳

三星堆出土的戴黃金面罩的青銅人頭像

三星堆出土的黃金面罩

三星堆出土的青銅頂尊跪坐人像出土情況　　三星堆三號祭祀坑青銅大口方尊出土情況

播媒體上，幾乎是無處不見三星堆。截至 2021 年 5 月，在新發現的六個坑內，已提取出土青銅器、象牙、玉器、金器等 524 件，其他文物殘片 2000 件，並首次發現絲蛋白和絲綢殘留物，還有大量文物有待一一提取出土，將會有更多更大的驚喜重見天日。正可謂：時隔卅五年，再醒驚天下！

第 一 章

三星堆：文明的重現

三星堆遺址的發現與研究，是從廣漢真武宮玉石器坑的發現和成都白馬寺壇君廟青銅器的發現與研究開始的。

一、探索與期待

1929 年（一說 1931 年春），四川廣漢縣（今廣漢市）城西十八里太平場附近真武宮南側燕氏宅旁發現大量玉石器，其中不少種類在形制上與傳世和其他地區出土的同類器型不同，引起有關方面的注意。

1929 年燕道誠與家人合影

葛維漢、林名均在廣漢考古發掘時留影

1930 年，英籍牧師董宜篤（A. H. Donnithone）函約成都華西大學教授戴謙和（D. S. Dye）同往調查，獲得一批玉器。戴氏據此撰《四川古代石器》（*Some Ancient Circles, Squares, Angles and Curves in Earth and in Stone in Szechwan*），備記其事，並對器物用途等略加探討。該文發表於華西大學華西邊疆研究學會主辦的英文雜誌《華西邊疆研究學會會志》（*Journal of the West China Border Research Society*）第 4 卷（1934 年）。1932 年秋，成都金石名家龔熙台稱從燕氏購得玉器 4 件，撰《古玉考》一文 ①，認為燕宅旁發現的玉器坑為蜀望帝葬所。1934 年，華西大學博物館葛維漢（D. C. Graham）教授及該館助理館員林名均應廣漢縣政府之邀，在燕宅旁正式開展田野考古發掘，頗有收穫，由此揭開了日後三星堆文化發掘與研究的序幕。

1934 年 7 月 9 日，時旅居日本並潛心研究甲骨文的郭沫若在給林名均的回信中，表達了他對廣漢發掘所取成果的興奮心情，並認為廣漢出土玉器與華北、華中的發現相似，證明古代西蜀曾與華中、華北有過文化接觸。他還進一步從商代甲骨文中的蜀，以及蜀曾參與周人

---

① 龔熙台：《古玉考》，《成都東方美術專科學校校刊》創刊號，1935 年。

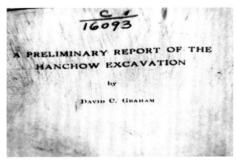

葛維漢論文　　　　　　　　　　　　林名均論文

克商等史料出發，認為廣漢遺址的時代大約在西周初期。

　　1936 年，葛維漢將廣漢發掘及初步研究成果撰成《漢州發掘初步報告》（*A Preliminary Report of the Hanchow Excavation*），發表於《華西邊疆研究學會會志》第 6 卷（1936 年）。林名均亦撰成《廣漢古代遺物之發現及其發掘》一文，發表於《說文月刊》第 3 卷第 7 期（1942 年）。兩文均認為出土玉石器的土坑為墓葬。至於年代，葛維漢認為其最晚年代為西周初年，約當公元前 1100 年；林名均則將廣漢文化分為兩期，認為文化遺址的年代為新石器時代末期，在殷周以前，坑中所出玉石器則為周代遺物。

　　1946 年 7 月，華西大學博物館出版了鄭德坤教授的《四川古代文化史》，把「廣漢文化」作為一個專章加以討論研究，不同意葛維漢、林名均提出的墓葬之說，認為廣漢出土玉石器的土坑應為晚周祭山埋玉遺址，其年代約為公元前 700—公元前 500 年；廣漢文化層為四川新石器時代末期遺址，在土坑時代之前，其年代約在公元前 1200—公元前 700 年之間。

《四川古代文化史》書影

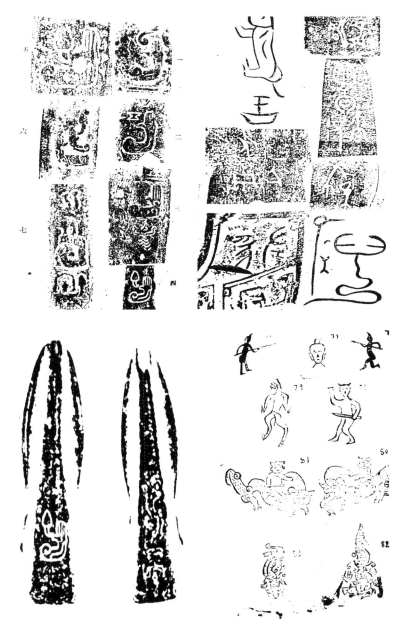

白馬寺壇君廟發現的青銅器紋飾

　　廣漢發掘尤其「廣漢文化」的提出，表明當時的學者對廣漢遺物與中原文化有異有同的現象開始給予了關注。不過，由於種種原因，廣漢文化在當時並沒有引起更多學者的特別重視。

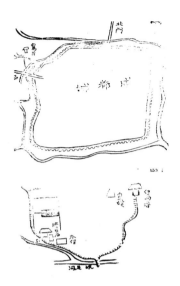

　　20 世紀 40 年代，學術界發生了一場綿延至今的論爭，引出了對這個謎一樣的古蜀王國面目的逐步揭示。

　　自 1920 年代開始，在成都西門白馬寺壇君廟，不時發現青銅器，以兵器為多，形制和花紋與人們常見的中原青銅器有異，流散到各地以至海外，被一些

衛聚賢所繪成都白馬寺壇君廟位置圖

收藏家所藏，稱引為「夏器」。抗日戰爭爆發後，大批學者雲集四川，見到這批造型奇特的青銅器，產生了很大興趣，於是開始了對它們的來源、系屬甚至真偽的專門研究。

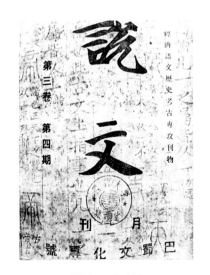

《說文月刊》書影

《說文月刊》「巴蜀文化專號」目錄頁

郭沫若與衛聚賢

當時的學者衛聚賢詳細搜集資料，寫成兩篇考釋論文，均題為《巴蜀文化》，先後發表在具有很大影響力的《說文月刊》上。經過初步研究，衛聚賢認為，這批青銅器是古代巴蜀的器物，年代可以早到商代[①]。

《論巴蜀與中原的關係》書影

衛聚賢的文章刊佈後，在學術界引起了軒然大波。一些知名學者力駁衛說，認為衛文所舉青銅器，不是中原兵器，便是偽器。如金石甲骨學家商承祚、考古學家鄭德坤等，都不同意衛聚賢的看法。在當時四川尚未開展科學的考古工作的情況下，人們大多還是信奉古人言：「蜀無姓」「不曉文字，未有禮樂」，當然也便會否定巴蜀青銅器以至巴蜀文化的存在了。

可是，由「巴蜀文化」所引起的學術論爭，並沒有因此而沉寂下去。

① 衛聚賢：《巴蜀文化》，《說文月刊》第 3 卷第 4 期，1940 年；第 7 期，1942 年。

　　1941 年，古史辨派大師顧頡剛經過仔細搜集古史，以其雄才大略寫成並發表了重要論文──《古代巴蜀與中原的關係說及其批判》，徹底否定幾千年來人們信奉不二的「巴蜀出於黃帝說」，首次提出「巴蜀文化獨立發展說」，認為古代蜀國融合中原文化乃是戰國以來的事 [①]。這篇論文，實際上提出了中華文明多元起源，以及古蜀文明起源等重大問題，只是限於當時條件，未將這個重大課題再行具體化。

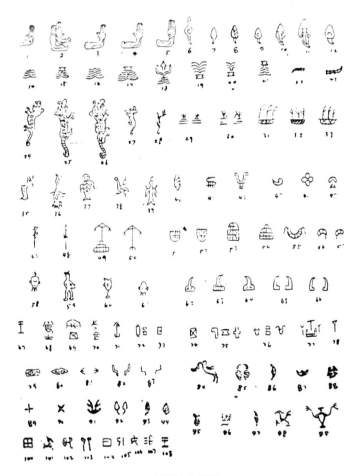

巴蜀文字符號

────────────

① 顧頡剛：《古代巴蜀與中原的關係說及其批判》，《中國文化研究彙刊》1941 年 9 月 1 卷。

　　巴蜀古史的討論激發了一大批著名學者的熱情，他們紛紛著文參加討論，各抒己見。甲骨學家們也滿懷激情地參加到撥開古蜀王國歷史迷霧的研究行列中來。郭沫若根據甲骨文上的「蜀」字，斷定蜀「乃殷西北之敵」[①]。陳夢家認為甲骨文中的「蜀」，是西南之國[②]。董作賓不僅斷言甲骨文中的「蜀」約當今之陝南或四川境，而且進一步根據甲骨文所載商、蜀關係，指出蜀為商王朝西南的大國[③]。

　　與此同時或前後，還有一批學者對古蜀王國的歷史、傳說、交通以及物質文化進行了探討，獲得了可喜的成果。

　　然而，上世紀 40 年代的論爭，大多建立在文獻考訂的基礎上，由於年湮代遠，文獻難徵，又缺乏科學的考古材料的支持和驗證，所以往往只能提出問題，還談不上對古蜀王國歷史的復原，更談不上給以科學的解釋。

　　1950 年代後，科學的考古事業飛速發展，一批又一批古蜀文化遺存、遺跡和遺物不斷重見天日，為重新探索古蜀王國之謎提供了契機。

馮漢驥在考古現場

---

① 郭沫若：《卜辭通纂》，科學出版社 1983 年版，第 119 頁。
② 陳夢家：《殷代地理小記》，《禹貢》第 6、7 卷合刊，1937 年。
③ 董作賓：《殷代的羌與蜀》，《說文月刊》第 3 卷第 7 期，1942 年。

　　徐中舒率先在《巴蜀文化初論》中指出，古代四川是一個獨立的經濟、文化區，與中原既有經濟聯繫，又受中原文化的影響，不過語言文字和社會組織與中原並不相同 ①。蒙文通詳細研究了史料，認為古蜀原來是一個小國，發祥於岷山一帶，後來下遷至成都平原，經過治水，農業發達，形成了燦爛的文化 ②。

　　在這一時期，由於新繁水觀音遺址和墓葬、廣漢中興遺址、成都周圍的遺址和墓葬以及彭州竹瓦街青銅器窖藏等的發現，使學術界認識到，古蜀國的物質文化可以確切地追溯到殷周時期 ③。馮漢驥還根據古蜀的各種物質文化遺存，認為古蜀大約在殷周之際即已進入階級社會，考古學上的巴蜀文化，僅是一種青銅時期的文化 ④。

　　到了 20 世紀 80 年代，學術界對於古蜀王國的歷史，可以說已最大限度地挖掘了考古材料和文獻資料，做了最大限度的努力，廓清了前人的許多疑問，對於春秋戰國的古蜀史有了比較明確的看法，尤其對古蜀青銅器的研究有了長足進展，對於巴蜀文字的研究也進入了新的認識階段。到這個時候，幾乎再也沒有人懷疑古蜀王國具有悠久的歷史，再也沒有人懷疑古蜀王國的歷史可以上溯到夏商時代了。

　　然而，這個歷史如此悠久的古蜀王國，它的政體、性質、王權結構、統治範圍、規模、文明程度究竟是怎樣的，卻一直困擾着歷史學家和考古學家。學術界在探索中期待，在期待中探索，人們堅信，古蜀文明的曙光就要從地面下重新照射出來！

二、文明的曙光

　　經過考古工作者多年的辛勤發掘，三星堆古蜀文化遺址終於透出了 3000 多年以前古代文明的光芒。

---

① 徐中舒：《巴蜀文化初論》，《四川大學學報》（社會科學版）1959 年第 2 期。
② 蒙文通：《巴蜀史的問題》，《四川大學學報》（社會科學版）1959 年第 5 期。
③ 中國科學院考古研究所編：《新中國的考古收穫》，文物出版社 1961 年版，第 72—74 頁。
④ 馮漢驥：《西南古奴隸王國》，《歷史知識》1980 年第 4 期。

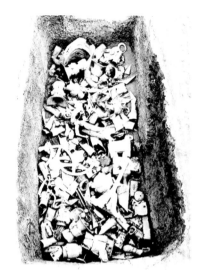

三星堆一號祭祀坑　　　　　　　　　　三星堆二號祭祀坑

　　廣漢三星堆遺址發現於 1929 年(一說 1931 年)。1934 年，華西大
學葛維漢、林名均等首次在三星堆進行了考古發掘。1963 年，四川省
博物館和四川大學聯合對三星堆遺址進行了發掘。1980 年，四川省文
物管理委員會考古隊在三星堆試掘和發掘，獲得了豐富的考古資料：
發現房屋遺跡 18 座、灰坑 3 個、墓葬 4 座、玉石器 110 多件、陶器 70
多件及 10 萬多件陶片。繼而，1982 年在三星堆南側進行發掘，發現了
窯址。1984 年，在三星堆北面的真武宮西泉坎進行發掘，出土了大量
陶、石器，發現了大量石璧成品、半成品和廢料以及房屋基礎。1986 年，
四川省文物管理委員會與四川大學歷史系考古專業聯合進行發掘，出
土陶器、雕花漆器等器物 2000 餘件、灰坑 109 個、房址數十處。同年
夏秋之際，還發現了舉世聞名的一號、二號祭祀坑[①]。此後，在廣漢三
星堆遺址還開展了多次發掘，有 1988—1989 年東城牆的發掘，1991—

①《廣漢三星堆遺址》，《考古學報》1987 年第 2 期；《廣漢三星堆遺址一號祭祀坑
　發掘簡報》，《文物》1987 年第 10 期；《廣漢三星堆遺址二號祭祀坑發掘簡報》，
　《文物》1989 年第 5 期；陳顯丹：《廣漢三星堆遺址發掘概況、初步分期—兼論
　「早蜀文化」的特徵及其發展》，《南方民族考古》第 2 輯，1990 年。

留存至今的三星堆古城遺址

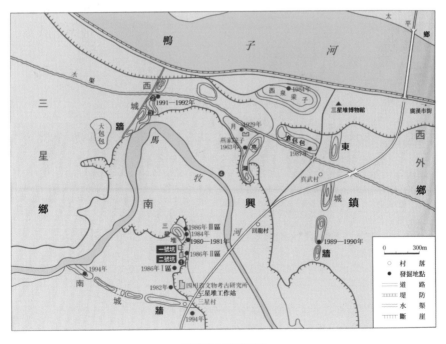

三星堆古城平面圖

1992 年西城牆的發掘，1995 年南城牆的發掘，1997 年 11 月—1998 年 5 月仁勝村土坑墓的發掘等 [1]。

20 世紀 80 年代中期以後的幾次系統調查還表明，三星堆遺址是由 6 個大的遺址區域組成的大型遺址群，總面積達 12 平方公里。在三星堆遺址的東、西、南部，發現了巨大的城牆，東城牆長 1800 多米，西城牆殘長 800 多米，南城牆長約 210 多米。調查和勘測結果表明，三星堆古城東西長 1600 至 2100 米，南北寬 1400 米，現有總面積 3.6 平方公里。城牆的始築年代，約當中原的早商時期，為三星堆遺址第二期 [2]。

在三星堆遺址周圍的廣漢、什邡、彭州、新都等地區，還調查到十餘個相當於三星堆上層文化的古遺址，其中比較重要的有廣漢金魚鄉石佛寺遺址、興隆鄉煙堆子遺址、什邡市人民 —— 新安遺址等 [3]。

巨大的城牆、高貴的宮殿區、盛大的祭祀區、密集的生活區、居住區、作坊和眾多的文化遺跡、大批珍貴文物，以及周圍遺址的分佈形態，初步顯示出三星堆遺址的重要意義，閃耀出早期文明的曙光。

三星堆二號祭祀坑出土戴黃金面罩的青銅人頭像　　三星堆二號祭祀坑出土的青銅人頭像

[1] 陳德安：《三星堆遺址的發現與研究》，《中華文化論壇》1998 年第 2 期。
[2] 陳德安、羅亞平：《蜀國早期都城初露端倪》，《中國文物報》1989 年 9 月 15 日。
[3] 陳德安：《三星堆遺址的發現與研究》，《中華文化論壇》1998 年第 2 期。

三星堆二號祭祀坑出土的青銅縱目人面像

三星堆出土的青銅鳥腳人像

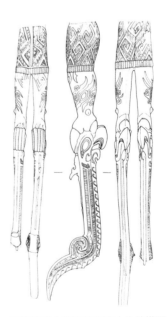

三星堆出土的青銅鳥腳人像線描圖

三星堆二號祭祀坑出土的青銅喇叭座頂尊人物像

三星堆二號祭祀坑出土的青銅鳥身人面像

這一切，把令人驚異而陌生的古蜀文明和古蜀王國重新展現在人們眼前。

1986 年夏秋之交，更為令人驚異並且轟動中外的重大考古新發現又傳出來：在三星堆遺址連續發現兩個祭祀坑，其中發現上千件青銅器、金器、玉石器、象牙以及大量海貝 [①]。這一重大考古發現，徹底改變了人們對古蜀王國的認識，使人們第一次認識到商代的古蜀王國，原來是一個擁有燦爛青銅文化的文明古國！

多年的三星堆遺址考古發掘，已經把古蜀王國的一些基本結構揭示出來了，從而大大彌補了古代文獻不足徵的缺陷，為學術界研究、揭開古蜀王國之謎提供了一把鑰匙。古蜀王國，這個 3000 多年前的神秘王國的大門，就要向我們敞開了。

三星堆文明的內涵之豐富、文物之輝煌、特色之鮮明，顯示出它是中華文明「多元一體」起源發展中特色獨具的重要一元，是中華文明的組成部分之一，是長江上游的古代文明中心。

三星堆文化是在成都平原高度發展的新石器文化的基礎上，主要吸收並凝聚了中原、西北和長江流域文明的文化精華，並兼收並蓄了世界文明的某些因素，從而發展形成的一種高度發達的古代文明。

---

①《廣漢三星堆遺址一號祭祀坑發掘簡報》，《文物》1987 年第 10 期；《廣漢三星堆遺址二號祭祀坑發掘簡報》，《文物》1989 年第 5 期。

第 二 章

三星堆：神權政體與文明

距今三四千年前，在今廣漢三星堆遺址一期文化（寶墩文化）的廢墟上，高高聳立起堅固而厚實的城牆，城牆外掘有深深的壕溝。南城牆內的兩個祭祀坑內，埋藏着數以千計、舉世罕見的大型青銅製品、黃金製品、玉石製品、象牙和海貝。方圓達 3.5 平方公里的城圈內，分佈着密集的文化遺存，有宮殿區、宗教區、生活區和作坊區，出土大批玉石禮器、陶製容器、陶塑工藝品和雕花漆木器。在一些陶器表面，還赫然醒目地刻畫着一些文字符號。這一切，都確鑿無疑地表明，在廣漢三星堆遺址，城市、文字（符號）、青銅器、大型禮儀中心等多個文明要素不僅

新津寶墩古城牆遺址的西城牆

三星堆一、二號祭祀坑出土器物情況

都已同時、集中地出現，而且還發展進化到相當高的程度，它顯然標誌
着古蜀文明時代已經來臨。相應地，城鄉分化、階級分化、社會分層、
權力集中，也已發展到新的歷史階段，一個植根於社會而又凌駕於社會
之上的古蜀王國已經形成。這一切都再清楚不過地表明，一個燦爛的古
代文明中心，已經誕生在古蜀深厚而廣闊的大地上。

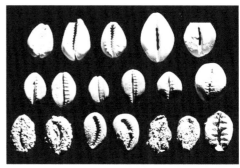

三星堆一號祭祀坑出土的虎形金箔飾　　　　　三星堆出土的海貝

三星堆出土的陶容器　　　　　　　　三星堆出土的玉石器上的刻畫符號

一、文明的創造

　　三星堆文化是長江上游地區最早的古代文明，它的初創年代約在公元前 2000 年左右，稍晚於中原夏王朝，而它的終結約在公元前 1000 年左右，相當於中原商王朝的晚期[①]。三星堆古蜀文明雄踞西南，連續發展千年之久，對於一個文明古國或古王朝來說，這在中國古代史上是不多見的。

　　古蜀之所以能在距今三四千年前就創造出如此輝煌的古代文明，這與它深深地植根於博大而深厚的基礎分不開，即它是立足於農業的

---

① 這裡的三星堆文明分期，是基於「寶墩文化—三星堆文化—十二橋文化」這種序列劃分。如據另一種分期方法，則三星堆文明的下限應在公元前 600 年左右。另有學者認為三星堆文明的年代為西周。

長足發展、手工業的巨大進步、商業貿易
關係的廣泛建立、科學知識的積累創新，
以及與其他古文化的密切聯繫和交流。

　　三星堆遺址出土的青銅器和陶器，有
相當一部分屬於酒器，顯示出發達昌盛的
酒文化。大量釀酒，必然以糧食的大量剩
餘為前提，可見農業發展之一斑。《山海
經·海內經》載：

三星堆遺址出土的陶酒器

　　　　西南黑水之間，有都廣之野，后稷葬焉。其城方三百里，蓋天下之
　　　中，素女所出也（此十六字原脫入郭注，今據郭注、郝疏並王逸注《楚
　　　辭·九歎》所引補）。爰有膏菽、膏稻、膏黍、膏稷，百穀自生，冬夏
　　　播琴（畢沅云：「播琴，播種也。」）。

文中，「都廣」乃廣都之倒文，都廣之野即成都平原。可見古蜀農業發
達，是文明起源最重要的前提。

三星堆二號祭祀坑出土的黃金製品

　　三星堆祭祀坑內出土的黃金製品和大型青銅器群，氣勢宏偉，蔚
為大觀。其中的青銅雕像群，如青銅大小立人像、跪坐人像、人頭像、
人面像、獸面像、神樹，以及金杖、金面罩等，都是中國首次發現的稀
世之寶，價值極高，而又與中原夏商文化判然有別。大批玉石禮器和

陶、漆工藝品，都展現出高超的技術水
平，從而體現出細密的分工和生產的專
門化。青銅器製作所必需的採礦、運輸、
冶煉、合金、鑄造加工等環節，也無一
不是分工協作的有力證據。可見，經濟
部門的分化，大批脫離食物生產的手工
業者的技術專門化，為青銅時代的到來
奠定了知識、技術和生產者隊伍的雄厚
基礎。

三星堆二號祭祀坑出土的青銅人頭像

　　三星堆遺址出土的大量海貝，背上
多有穿孔，學者們多認為是貝幣，反映出商業的繁榮。而海貝本身，以
及六七十支象牙 [①]，也正是遠程貿易的實物見證。青銅器所必需的銅料
錫料，也是通過貿易進口。這些說明貿易已不是偶然現象，它已從獲
取生產原料，進一步發展到獲取王權所及的一切奢侈品。

　　豐富的科學知識、高超的技術和偉大的藝術，共同融進作為創造
性產物的各種物質形式之中。從金、玉到陶、石，從青銅器到建築物，
都是它們直接而具體的表現。其中也包含不少通過交流從外部移入的
文化因素。如中原商文化中的青銅禮器，近東文化中的青銅雕像、權
杖等文化形式 [②]。正是由於廣泛深入的文化交流，才使古蜀文明具有世
界文明的色彩，使它成為一種富於開放性特點的燦爛的古代文明 [③]。

　　從廣泛的意義上說，三星堆文明又是上古四川盆地及周邊各族共

---

① 據發掘報告，三星堆一號坑出土大象門齒 13 根，二號坑出土象牙 67 件、象牙
　珠 120 件以及四種象牙器殘片（四川省文物考古研究所編：《三星堆祭祀坑》，
　文物出版社 1999 年版，第 150、413、417 頁），二號坑出土的整支象牙數量不
　可確知，一般將三星堆祭祀坑出土的象牙數量籠統計為六七十支。
② 段渝：《巴蜀是華夏文化的又一個起源地》，《社會科學報》1989 年 10 月 19 日；
　《論商代長江上游川西平原青銅文化與華北和世界文明的關係》，《東南文化》
　1993 年第 2 期。
③ 段渝：《古蜀文明富於世界性特徵》，《社會科學報》1990 年 3 月 15 日。

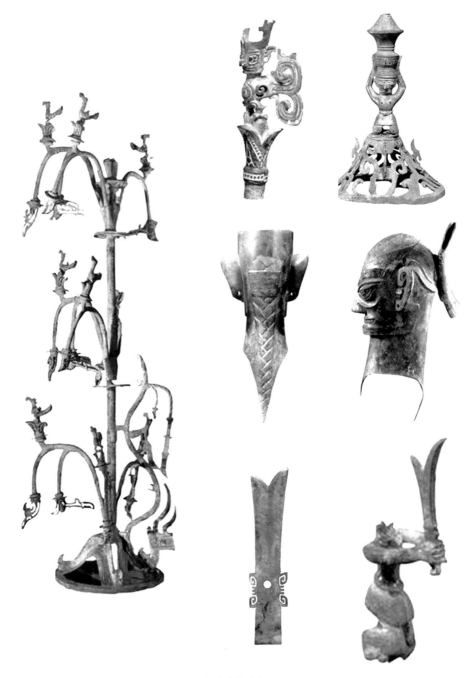

三星堆出土的青銅器

三星堆出土的海貝

三星堆三號祭祀坑象牙出土情況

同創造的偉大成果。例如，文獻記載古蜀文化的初創者三代蜀王，來源於岷江上游地區；而四川盆地以北的陝南漢中盆地，以東的長江三峽以至鄂西宜昌地區，以南的大渡河和青衣江地區，又是三星堆文明遼闊的空間構架中的重要戰略支撐點。這就表明，三星堆文明的創造，一方面是古蜀史前文化高度持續發展的結果，另一方面也與其文化因素的多元性來源分不開。因此，三星堆文明的基本結構框架，同樣是多元一體，而不是一元形成的。

二、神權政體的物化表現

廣漢三星堆遺址的發掘，尤其是一、二號祭祀坑的相繼發現，揭示出了古蜀王國的王權與神權之謎。它使我們

商代的青銅罍

商代的青銅尊

深刻地認識到，夏商時代的古蜀文明，是一種高度發達的神權文明；夏商時代的古蜀王國，是一個實行神權政治的國家，三星堆遺址便是這個神權文明的政治中心之所在。

（一）金杖與雕像

三星堆一號祭祀坑出土的一柄金杖，十分引人注目。這柄金杖是用較厚的純金皮包捲而成的金皮木芯杖，杖長 143 厘米，直徑 2.3 厘米，淨重 463 克。杖的上端有一段長 46 厘米的平雕紋飾圖案，分為三組：最下一組線刻兩個前後對稱、頭戴鋸齒狀冠、耳垂繫三角形耳墜的人頭。上面兩組圖案相同，下方為兩背相對的鳥，上方為兩背相對的魚，鳥的

三星堆一號祭祀坑出土的金杖及圖案　　　　金杖局部

頸部和魚的頭部壓有一支羽箭[1]。

三星堆二號祭祀坑出土的青銅大立人像（局部）

由於這柄金杖與大量青銅禮器、青銅人頭像、人面像、玉石器、象牙、海貝等巨大的物質財富同出一坑，也由於用杖象徵權力是司空見慣的文化現象，不少學者因而稱它為「王權杖」，或簡稱為「權杖」。

三星堆金杖的確是一柄權杖，但是它的權力象徵系統還遠遠不止於此，還要深刻廣泛得多。金杖杖身上端的三組人、魚、鳥圖案，可以充分表明金杖既被賦予人世間的王權，又被賦予宗教的神權，它本身既是王杖，又是神杖，是政教合一的象徵和標誌。

金杖上的人頭圖案，頭戴獸面高冠，耳垂三角形耳墜，與二號祭祀坑所出蜀王形象造型 —— 青銅大立人像相同，表明杖身所刻人頭代表着蜀王及其權力。魚、鳥圖案的意義在於，魚能潛淵，鳥能飛天，它們是蜀王的通神之物，具有龍的神化般功能。而能夠上天入地、交通於神人之間的使者，正是蜀王自身。所以，金杖不僅僅是一柄王杖，同時也是一柄神杖，是用以溝通天地、人神的工具和法器。《淮南子·地形訓》說：「建木在都廣，眾帝所自上下。」都廣即是《山海經·海內經》中的「都廣之野」，指成都平原；而所謂「建木」，或許就是三星堆出土的青銅神樹。既然眾神從這裡上下於天地，那麼金杖上的魚、鳥，便能夠通過金杖那無邊的法力，溝通人神、揮灑自如了。自然，與魚、鳥同在圖案上的蜀王，就是指揮、支配人神之間交際的神了。

金杖的含義還不止於此。杖用純金皮包捲，而黃金自古視為稀世

[1] 四川省文物考古研究所：《三星堆祭祀坑》，文物出版社 1999 年版，第 60—62 頁。

珍寶，其價值遠在青銅、玉石之上。因此使用黃金製成的權杖，又表現出對社會財富的佔有，象徵着經濟上的壟斷權力。所以説，三星堆金杖有着多種特權複合的象徵意義，標誌着王權（政治權力）、神權（宗教權力）和財富壟斷權（經濟權力）。這三種特權的同時具備，集中賦予一杖，就象徵着蜀王所處的最高統治地位。同時，它還深刻地反映着夏商時代的古蜀王國，是一個徹頭徹尾的神權政體；而夏商時代的古蜀文明，當然也是一個徹頭徹尾的神權文明。

三星堆一、二號祭祀坑內出土的大量青銅雕像，分為人物雕像、動植物雕像等兩大類。其中，青銅人物雕像包括各種全身人物雕像、人頭雕像和人面像[1]。全身人物雕像中的最大者通高 260 厘米，最小者僅高 3 厘米左右；既有站立，又有雙膝跪坐和單膝跪地等姿態的造型。人頭雕像的大小，一般同真人接近；根據髮式、服式和臉型，可以分作幾種不同的形式。人面像包括幾個不同的形式，最大一尊通高 65 厘米，通耳寬 138 厘米，厚 0.5 － 0.8 厘米。此外，還出土

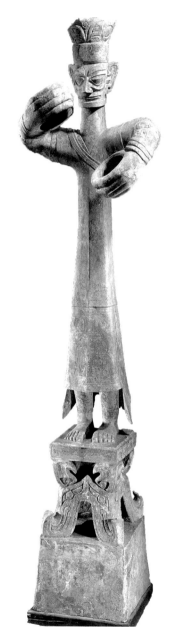

三星堆二號祭祀坑出土的青銅大立人像

---

[1] 四川省文物考古研究所：《三星堆祭祀坑》，文物出版社 1999 年版。

三星堆二號祭祀坑出土的青銅人頭像

數具純金打製成的金面罩。二號祭祀坑出土一尊青銅人頭雕像，面部還戴着一具金面罩。動植物雕像包括鳥、雞、蛇、夔、龍、鳳等造型，還有六棵青銅神樹，最大的一棵高達 3.96 米。

三星堆一、二號祭祀坑出土的數百件青銅人物雕像、人頭像、人面像、獸面像，各種各樣的動植物雕像以及黃金面罩、青銅神樹等，五光十色，光怪陸離，構成陰森、威嚴、凝重、恐怖而又莊嚴肅穆的巨大青銅空間，處處充溢着令人望而生畏的神秘王國氛圍 ①。這正是神權政治中心的典型形式，目的之一，在於通過各種重型物質的複雜組合形式及其必然對人產生的巨大精神壓力，來顯示王權與神權至高無上的權威和力量。可以看出，三星堆遺址出土的大型青銅雕像群，毫無疑問是古蜀王國大型禮儀中心的主要器物組合，它們都是古蜀王國神權政體的物化表現形式。

古代社會從酋邦演變為國家時，一個普遍的歷史現象是政治的宗教化和政治權力的宗教化。通過把政治行為轉化為宗教行為，使政治需要轉化為宗教需要，利用宗教的社會功能操縱和控制廣大民眾的

三星堆二號祭祀坑出土的小型青銅側跪人像

---

① 段渝：《古代中國西南的神秘王國》，《絲語中文時報》（倫敦），1996 年 6 月號。

三星堆二號祭祀坑出土的鳳冠銅鳥

三星堆一號祭祀坑出土的金面罩

三星堆二號祭祀坑出土的青銅神樹

三星堆二號祭祀坑出土的青銅人面像

意識形態，操縱和控制廣大民眾的各種行為，從而在這個過程中實現政治權力的合法化。

三星堆二號祭祀坑出土的青銅縱目人面像

差不多在每一個古代文明當中，都可以見到標誌神權無限強大、無尚崇高的物質象徵物。這一類象徵物，大多屬於重型物質（如土、石、金屬等）的龐大堆積和空間組合（如巨大的城牆、石雕、青銅器或黃金器物的不同組合等），或者是觀念形態上的超自然崇拜物。比如，三星堆文化一至三期(三星堆遺址二至四期)連續使用的巨大的城牆，連續使用並且在製作工藝上精益求精的鳥

三星堆出土的陶鳥頭勺把

頭把勺，以及一、二號祭祀坑所埋藏的宏大的青銅製品群，就是這類重型物質的龐大堆積和空間組合，以及觀念形態上的超自然崇拜物。巨大的城牆，既是神權無限強大的象徵，又是神權構造物的巨型標誌；宏大的青銅製品群，既是神權交通天地的象徵，又是各級統治者自身神力的標誌；鳥頭勺把，既是祭祀禮儀場合舀酒的神器——它的鳥頭形制極似魚鷹，來源於上古時代魚鳧王族群的徽記，是王族的神聖象徵，又是王族家天下統治的權力標誌。又如，作為中原夏商周三代國家政權象徵物「九鼎」上的圖案，和青銅器上的動物紋樣，大都屬於此類超自然崇拜的象徵物。

在更早的時代，也有物化的超自然崇拜物。例如，良渚文化玉器中的神人，紅山文化、陶寺墓地等的龍，大地灣的龍，濮陽的龍與虎等等，都是較早時期超自然崇拜觀念的物化形式或形象化。這些例子發生在新石器時代的晚期，那時的社會還是酋邦制社會，屬於文明起源

的時代，政治權力已趨於集中化發展，有了
神化權力的需要。這一時期由權力的集中
所產生的對超自然崇拜物的物化表明，以
這類超自然崇拜物作為權力象徵的現象，
早在文明起源時代就已經產生。

紅山文化玉豬龍

　　文明時代初葉，國家的統治者往往不
是通過新發明創造出一種超自然崇拜物，
而是通過控制早在前一時代即文明起源時
代已經產生、存在並在民眾中形成了傳統
的超自然崇拜物，作為神化國家權力的象徵物，從而達到既能控制民
眾的思想，又能使權力充分合法化的雙重目的。由於控制、操縱了民
眾傳統意識形態方面的信仰象徵物，就可以宣稱自己是人神交通的唯
一代表者，直接降神、迎神、通神，代神宣言，代表神的意志，對民
眾行使神的制裁、審判、懲罰等權力。《國語‧楚語下》所記載的重、
黎「絕地天通」，就是一個十分典型的例證。周人聲稱自己代天「改
厥元子」，也是一個十分典型的例子。古蜀三星堆文明的創建者魚鳧

河南濮陽出土蚌塑龍虎遺跡

王，利用早已產生的本族崇拜物
魚鷹（即魚鳧）作為國家權力的
神聖化象徵，同樣也是十分典型
的例子。

　　由於文明初興時代宗教的
風行不衰，人們的價值觀念、意
識形態均隨宗教價值觀和意識
形態的轉移而轉移，而多數宗教
崇拜又必須有一個有形的、看得
見的物體形式作為標誌物、象徵
物，人們的超自然崇拜觀念均以
此為寄託；所以，一旦統治者控

制了一個社會的宗教象徵物，也就控制了整個社會民眾的意識形態。
於是，通過政治權力的宗教化，階級統治成為合法。

　　政治權力的宗教化，意味着政教合一的政治體制，政權與神權處
於同等重要的位置，國家元首同時也是最高宗教領袖。正如陳夢家先
生所說：「既為政治領袖，又為群巫之長。」[1]這是文明初興時代盛行
一時的風氣和特徵。如商王朝，有字甲骨是為了卜問天意，向神陳情，
而卜辭為商王室所控制，除由貞人代王室卜問外，還有不少王卜辭，表
明商王是親自占卜的，意味着商王就是最高神權領袖。文獻記載周伐
商，周人宣稱「惟恭行天之罰」[2]，聲言「皇天上帝，改厥元子，茲大國殷
之命」[3]，一方面表明周人借用神意來取代商王朝政權，另一方面則表明
商王確為政治領袖兼宗教領袖。古蜀王也是這樣。三星堆一號祭祀坑
出土的金杖，上有人頭、魚、鳥圖案，一般認為它們是魚鳧王的合成形
象。將魚鳧這一族群的傳統神物與王者形象直接結合為一體，更是活生
生地表現了魚鳧王既為最高政治領袖又為最高宗教領袖的至高無上地
位，切實證明三星堆古蜀文明是實行神權政治、政教合一的古代文明。

成都新津寶墩遺址（東側城牆）

---

[1] 陳夢家：《商代的神話與宗教》，《燕京學報》第 20 期，1936 年。
[2]《尚書·牧誓》。
[3]《尚書·召誥》。

　　應當指出，政治權力的宗教化，歸根結底，其實質仍然是權力的世俗化，神化了的政治權力，只是世俗權力的一種實現形式罷了。因為，任何宗教化了的權力，都是建立在對民眾統治基礎之上的，沒有這個世俗的前提，就不會產生神權。假如魚鳧王沒有征服蠶叢氏和柏濩氏，沒有佔領三星堆遺址一帶廣闊的地域，就絕不可能在三星堆遺址一期文化（寶墩文化）的廢墟上，創建出一個燦爛輝煌的古代文明，也就絕不可能誕生出古蜀王國這樣一個高度發達的神權政體。

郫都區望叢祠內紀念鱉靈的「古叢帝之陵」

（二）神樹與眾帝

　　三星堆出土的 6 棵青銅樹（已復原兩大一小 [①]），樹座呈圓形，有的座上鑄有武士形象的銅人雕像，背朝樹幹，面向外下跪，儼然一副虔誠的神樹守衛者形象，有的神樹的果實柄部還包捲着金箔。這種情形，竟與著名文化人類學家弗雷澤（James George Frazer）在其名著《金枝》（*The Golden Bough*）中所描寫的情景一致，當然不是偶然的。

[①] 據《三星堆祭祀坑》，三星堆二號祭祀坑出土大型神樹兩件，小型神樹殘件可分為四個個體。見該書第 214、219 頁。

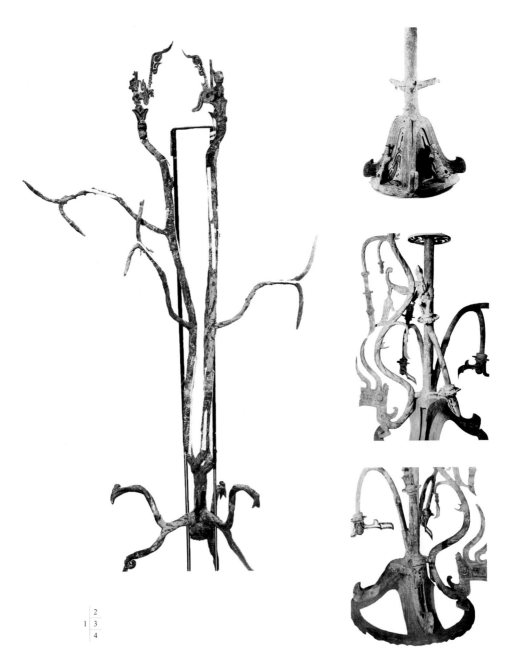

1
2
3
4

1. 三星堆二號祭祀坑出土的 3 號青銅神樹
2. 三星堆二號祭祀坑出土的 2 號青銅神樹座上的跪姿青銅人像
3. 三星堆二號祭祀坑出土的 1 號青銅神樹（局部）
4. 三星堆二號祭祀坑出土的 1 號青銅神樹（局部）

　　1 號青銅神樹上，有三層九枝茂盛如錦的樹枝、花朵，每一花朵上都有一立鳥，樹幹上有一帶翅懸龍，還有鈴等掛飾。從它們的形態看，有可能就是所謂「建木」，是著名的神樹。

　　《山海經‧海內南經》這樣說到「建木」：

　　　　有木，其狀如牛，引之有皮，若纓、黃蛇。其葉如羅，其實如欒，其木若藍，其名曰建木。

《山海經‧海內經》對「建木」也有大體相同的記載。郭璞注釋「建木」云：

　　　　建木青葉、紫莖、黑華、黃實，其下聲無響，立無影也。

建木所在及其功能，《淮南子‧地形訓》說道：

　　　　建木在都廣，眾帝所自上下，日中無景，呼而無響，蓋天地之中也。

高誘注釋道：

　　　　眾帝之從都廣山上天還下，故曰上下。

高注於義雖然得之，但說「從都廣山」則未達一間 [①]。眾帝上天還下，是經由「建木」這種神樹，而不是經由都廣山上下。既然建木是眾帝往返於天地之間的神樹，那麼它顯然也就是登天之梯了，是天人之間的通道。

　　都廣在何處呢？《山海經‧海內經》記載：

　　　　西南黑水之間，有都廣之野，后稷葬焉。其城方三百里，蓋天地之

―――――――

① 參考袁珂：《山海經校注》，上海古籍出版社 1980 年版，第 450 頁。

三星堆二號祭祀坑出土的青銅神樹（高 396 厘米、底座直徑 93 厘米）

中，素女所出也，爰有膏菽、膏稻、膏黍、膏稷，百穀自生，冬夏播琴。鸞鳥自歌，鳳鳥自儛，靈壽實華，草木所聚。爰有百獸，相群爰處。此草也，冬夏不死。

這個都廣之野，不僅名稱與《淮南子‧地形訓》所記載相同，而且草木亦合於《海內南經》等的記載。所說的「都廣」，《後漢書‧張衡傳》注、《史記‧周本紀‧集解》等均引作「廣都」，可見實為「廣都」的倒文。楊慎的《山海經補注》說：「黑水廣都，今之成都也。」從諸史《地理志》可見，廣都正在成都平原，為今成都市雙流區境。這就是說，古籍中所載「眾帝上天還下」的建木，就在成都平原古蜀王國的故土。

三星堆一號祭祀坑出土的青銅人頭像

三星堆二號祭祀坑出土的青銅人頭像

　　三星堆位於成都平原中部，出土的青銅神樹在形態上大體與文獻所說「建木」相合，而且因為用銅製成，枝葉中有銅製的鈴，所以能夠「呼而不響」。又因神樹置於高高的神壇之上，自壇下望見，即使日當

午時，也能夠「日中無景」。並且，三星堆古城為蜀王之都，是古蜀國的神權政治中心之所在，所以又被稱為「天地之中」。可見，三星堆出土的青銅神樹，極有可能就是所謂的建木，也就是蜀人的天梯。

《淮南子‧地形訓》說，眾帝在都廣建木上下於天地之間，這「眾帝」便是古蜀王國的君長兼大巫師，即蜀國的神權政治領袖們。

郫都區望叢祠內紀念杜宇的「古望帝之陵」

「帝」字在漢語古文字中有特殊意義。帝原本是一個祭名，後來演變成天人之際的主神，殷墟卜辭中有「帝使風」「帝令雨」等辭例，表明了帝凌駕於諸神之上的崇高地位。帝雖然不是被中原視為「左言」的蜀語，但《淮南子》成書於西漢，是用漢人的語言文字記錄的蜀人關於主神的概念。至於帝在蜀語中的音讀，由於蜀語早已消失，無從稽考。

古蜀人的諸神當中，唯有眾帝能夠上天還下，高於群神之上。既然如此，帝作為主神的地位，便可得到充分確定。帝與群神的關係，猶如眾星拱月，是主神與群神的統率關係。這種關係，帶有「神統」的結構特點，正是人世間「君統」結構的反映，折射出當時的社會生活、政治生活和宗教生活。這個神統，又與三星堆青銅像群中青銅大立人與其他雕像所形成的主從結構特點相一致，而這正是宗教最重要的社會功能。

三星堆一號祭祀坑出土的青銅爬龍柱形器

從《淮南子‧地形訓》來看，古蜀國的帝是擬人神，有生命，有靈魂，有意志，基本功能是「替天行道」，為天神代言。而天神基本上是虛擬的，既無實體，又無形象，只有意志，雖然神力無邊，卻須通過帝來傳達意志。因此，在實際的宗教生活中，帝才是最重要的角色。由於這樣，蜀王才藉助於法器（神杖），施展法術（各種儀式），使自己扮演帝的角色，儼然而成神權政治領袖。

由此可見，神權不過是神化了的王權，卻掩蓋在宗教外衣之下，實行神治，使文明的曙光帶着一種野性而神秘的光環。

三、神權的功能

在古代，政治權力與宗教往往合為一體，難分彼此。政治權力披着宗教的外衣，宗教則藉助政治權力的力量，二者整合無間，相得益彰，對於政治權力的鞏固和進一步深廣化發展，產生了巨大的作用。

殷墟出土的甲骨卜辭

（一）神權的雙重功能

　　統治者集團對意識形態的控制，是政治、經濟權力在宗教領域的表現。不過，以宗教形式出現的統治權力，除了具有制裁、審判、懲罰等無限權力外，還具有團結民眾、維繫社會、組織經濟、保護秩序等極為重要的社會功能，用以達到增強政治、文化和族群凝聚力的目的。對於古代宗教神權的這一方面，我們必須予以充分重視。

　　殷卜辭中有大量卜雨、卜豐年等農事記載，這些記載都從一個重要側面表現出商王朝宗教神權代表民眾利益，與神交接、祈神賜福於人間的行為，它所起的作用或扮演的角色，就是組織經濟、團結民眾、增強凝聚力。殷墟卜辭中所見商王室對一些方國提供的軍事保護，所產生的也是同樣作用。以此，才能確保神權統治所必備的社會基礎和經濟基礎的穩固，也才能夠最終確保神權統治秩序的穩定和鞏固。

　　在文明初興的時代，宗教神權確實具有雙重功能：一是政治功能，一是社會功能。政治功能的發揮，使神權統治者的權力合法化；社會功能的發揮，則使神權統治者的權力穩定化，兩個方面的終極目的是完全一致的。三星堆神權文明，可以說就是把神權的雙重功能發揮得淋漓盡致的一個典型例子。

　　三星堆城牆內曾出土兩件雙手反縛、無首、雙膝跪坐的石雕奴隸像，毫無疑問是神權政體實施嚴酷的鎮壓職能的實物體現。由石雕奴隸像雙手被反縛殺頭的形態分析，三星堆神權政治集團，對內保持並行使着制裁以至極端化鎮壓的權力。但由於各種原因，這一類極端化制裁現象，在目前的考古資料中很難得到全面反映。不過，從三星堆巨大的城牆建築、宏大的青銅器群中可以看出，神權對廣大民眾的制裁力和威懾力是非常強

成都金沙遺址出土的跪坐石人像

三星堆一號祭祀坑出土的青銅人頭像

大的。因為不論城牆的修築還是青銅製品群的製作，都不可能是廣大民眾出於自願完成的，它們必定是在強大制裁力和威懾力之下的被迫的產物。

　　三星堆一、二號祭祀坑內出土的大批各式青銅人物雕像，有全身像、人頭像、人面像等等，它們的服式、冠式、髮式各異，顯示了不同族類的集合，表現出一個以蜀為核心、擁有眾多族類的統治集團

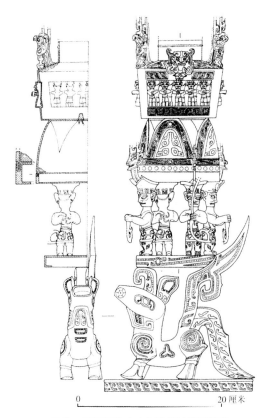

三星堆二號祭祀坑出土的青銅神壇線描圖

三星堆一號祭祀坑出土的穿犢鼻褲的青銅人像

結構 [1]。眾多青銅人物雕像圍繞青銅大立人，表現了以古蜀神權政治領袖為中心，聚合西南各族首領而舉行的大型禮儀活動，充分展現出三星堆神權在跨地域政治社會中的雙重功能。一方面，西南各族君長匯聚三星堆古蜀都，共奉蜀人神權領袖，同祭蜀地信奉之神，表明各族承認三星堆古蜀神權的至上地位。青銅人頭像代表着西南地區各族的君

---

① 段渝：《商代蜀國青銅雕像文化來源和功能之再探討》，《四川大學學報》（哲學社會科學版）1991 年第 2 期。

三星堆二號祭祀坑出土的戴冠縱目青銅人像

長，而這些君長在各自的族群中也同樣被尊為神。既然蜀人神權領袖控制了這些各族之長，那麼他也就控制了各族的神，並進一步實現了其對西南各族意識形態的控制。另一方面，這些各個族群的君長形象，都是用青銅材料製作而成的，它們與蜀王形象的製作材料毫無二致，僅有體量大小的區別，而與用石質材料雕刻出來的奴隸像截然不同，又意味着它們在以三星堆神權為中心的跨地域政治社會中具有相當高的地位，扮演着重要的角色。這表明，在三星堆神權文明的跨地域擴張中，十分巧妙地發揮了神權的雙重功能，既達到了擴張勢力範圍的目的，又達到了穩固勢力範圍內現存秩序並增強凝聚力、吸引力的目的。

根據文獻材料，大石崇拜是蠶叢氏也是岷江上游氐羌部族的文化特徵[1]。在三星堆二號祭祀坑內發現了一塊自然梯形石塊，與各種青銅雕像共生，意味着古蜀神權對蠶叢氏宗教崇拜物的控制。這一現象與一號祭祀坑出土的一件着犢鼻褲的蠶叢氏後裔雕像，有着文化內涵上的深刻聯繫，它們從宗教和政治的不同角度，共同反映了蠶叢氏後裔在三星堆神權政體下的被統治地位，表明蠶叢氏遺民已被魚鳧王牢牢控制在手中。有趣的是，在三星

三星堆二號祭祀坑出土的縱目青銅人像

---

[1]《華陽國志·蜀志》，《後漢書·冉駹夷傳》，《古文苑》章樵注引《先蜀記》。

堆青銅製品群中佔有極大體量，從而表明具有重要地位的那件最大的面像，被認為是「縱目人像」，也就是蠶叢氏的形象。如果此論成立，豈不是與蠶叢氏被魚鳧王消滅、「先稱王者蠶叢國破，子孫居姚巂等處」[①] 等文獻記載相矛盾了嗎？其實不然。如果我們能夠確認那件青銅人面像是縱目人蠶叢的形象，那麼就可以有把握地說，正是通過製作並供奉這件蠶叢氏的面像，魚鳧王卓有成效地控制了蠶叢氏遺民對其先王的偶像崇拜，從而相當成功地達到了合法統治蠶叢氏遺民的政治目的。由此看來，那件縱目青銅人面像，是魚鳧王充分利用神權來對蠶叢氏遺民進行有效統治的強有力工具。

　　事實上，利用控制前朝或他族的崇拜物從意識形態方面控制前朝遺民或他族民眾，在古代文明中是一個很普遍的現象。一個政權的統治者，往往會精明地通過佔有前朝或他族宗教崇拜物（即

三星堆出土的陶塑鳥頭勺

意識形態的物化形式）的方式，宣稱自己是前朝或他族的神靈和宗教領袖，以便從文化、宗教感情上取得前朝遺民和他族民眾的認同，從而達到實現並鞏固自己對前朝遺民和他族民眾進行統治的目的。

　　史籍記載杜宇滅魚鳧王後奔赴成周（今河南洛陽）參加周成王舉行的諸侯大盟會，「成周之會……蜀人以文翰。文翰者，若皋雞」[②]。所謂「文翰」「若皋雞」，孔晁注云：「鳥有文彩者。皋雞似鳧。」可知，文翰就是魚鳧王朝神權政體的標記。三星堆文化從第一期開始出現的陶塑鳥頭，素面無紋飾，到第二期、第三期時，這種陶塑鳥頭的頭頂、頸部、眼眶及嘴部飾有雲雷紋，就是這種有文彩的鳧。杜宇參加成周諸侯大會，獻鳧與周成王，其意義如同西周春秋時期諸侯告捷、獻功、薦俘於周王庭一樣，表示告以對魚鳧王政權的徹底推翻和取代。另一

①《史記·三代世表·正義》引《譜記》。
②《逸周書·王會解》。

方面，則意味着杜宇王朝對其前朝遺民所奉神權標誌的控制，以此達到控制其前朝遺民意識形態的目的。

　　無獨有偶，周人滅殷後，在魯、宋建有數處亳社 [1]，就是充分利用殷遺民所崇奉的土地神，達到撫慰、團結殷人從而鞏固新的統治秩序的目的。史籍還記載周滅殷以後，實行大分封，作《分殷之器物》[2]，將周王室的宗室子弟和姻親分封到原來夏殷王朝統治的千里王畿內外廣大地區。在分封儀式上，周王對受封的諸侯不僅「授土授民」，還多賜

彭州竹瓦街出土的青銅罍

以諸侯所封之地原統治者的用物，其中就包括神物。比如，《左傳·定公四年》記載周成王分封魯公、康叔和唐叔，「昭之以分物」。分與魯公的器物中，有「夏后氏之璜，封父之繁弱」。璜為「天子之器」[3]，繁弱為封父國之良弓 [4]。封父國，姜姓，為夏王朝的遺民 [5]，地在今河南封丘。

① 見《左傳》襄公三十年、昭公十年、定公六年、哀公四年、哀公七年。

②《史記·周本紀》。

③《禮記·明堂位》。

④《荀子·性惡》。

⑤《唐書·宰相世系表一》。

魯公伯禽初封之地，實不在曲阜，而在《左傳·昭公二十九年》所記載的「魯縣」，地在今河南中部的魯山縣東北。以地域而論，封父國自應在魯的勢力範圍以內，因而，分封魯公時，賜以「夏后氏之璜，封父之繁弱」，其實質是把它們作為控制前朝遺民意識形態的工具，利用前朝所奉神物從文化、宗教感情上取得前朝遺民的認同，達到收攬民心、鞏固統治秩序的目的。其實，古史傳說中黃帝所鑄的九鼎，是象徵國家政權和神權的神聖之物，九鼎在夏、商、周三代間的傳承，同樣也是政權和神權在三代間的傳承，據有了九鼎，就等於同時據有了政治權力和意識形態權力。

由此看來，對於考古遺存中與本族或本朝遺物共存的他族或前朝的遺物，不應僅僅單純地解釋為掠奪品、戰利品或文化交流品，還應聯繫相關情況，擴大視野進行解釋。比如，至少說來，對於作為他族或前朝神物的器物，還應做深入分析。在古代，「神不歆非類，民不祀非族」[①]，「非其鬼而祭之，諂也」[②]，「非其所祭而祭之，名曰淫祀，淫祀無福」[③]，把他族的神物視為於己不祥之物，多予以毀壞或棄置，這就是史籍所謂「毀其宗廟，遷其重器」[④]，或「焚其彝器」[⑤]。將這類不祥之物保存下來的違反常規行為，必然有其合理的用意。這個用意應當就是把他族或前朝神物作為控制他族或前朝民眾意識形態的工具，一方面通過對神權標誌物的控制，使他族或前朝民眾畏服，另一方面通過這種控制，顯示自己與他族民眾或前朝遺民在文化、宗教感情上的相互溝通，以此維繫雙方關係，達到鎮撫他族或前朝民眾、維護統治的目的。可以看出，這仍然是政治權力宗教化的雙重功能：政治功能與社會功能。《左傳》記載的周王室分封同姓諸侯，均賜以殷人彝器和玉器

---

① 《左傳·僖公十年》。
② 《論語·為政》。
③ 《禮記·曲禮》。
④ 《孟子·梁惠王下》。
⑤ 《國語·周語下》。

（《逸周書》稱這些玉器為「商人舊玉」），作為諸侯封國的鎮國之寶，其用意就在於此。全國各地考古發現的周初青銅器中多夾雜有殷器[1]，就是這種功能的體現。這種情況，與後來作為賞賜的戰利品有原則區別，不能混為一談。

這就表明，政治權力的宗教化，不論對內統治還是對外擴張，都是為古代統治者所經常使用而且富於成效的統治手段，它本身並不是目的，其實質是宗教化了的政治權力。

（二）強權的轉化

當統治階級憑藉暴力取得政權後，為了穩定統治秩序，一般情況下不再繼續使用強權，不再繼續推行強權統治。為了使統治權力在公眾眼目中成為公正的代表和正義的化身，以避免公眾的反抗和對立情緒，通常情況下都將強權加以轉化，在統治方式上把強權政治轉化為神權政治，使權力充分合法化。這方面例子非常之多。在古代社會，一般説來，統治者更樂意將強權披上一層宗教外衣，通過宗教儀式、宗教感情等文化聯繫，使強權轉化為溫情脈脈或神秘莫測的神權統治，這比直接、赤裸裸的強權統治更加容易奏效。例如，秦滅蜀以後，秦之蜀守李冰就充分利用了蜀人傳統的尚五宗教觀念，「作五石牛以壓水精」[2]，不但成功地修建了都江堰水利工程，還成功地制服了蜀人，贏得了蜀人的世世愛戴。秦始皇也是這樣，在蜀地南邊所修道路，不是按秦制「數以六為紀」「而輿六尺」[3]，而是利用蜀人的尚五宗教觀念修建「五尺道」[4]，使文化專制轉化為宗教認同[5]，其用意是十分明顯的。

① 李學勤：《西周時期的諸侯國青銅器》，《中國社會科學院研究生院學報》1985年第6期。
②《華陽國志‧蜀志》。
③《史記‧秦始皇本紀》。
④《史記‧西南夷列傳》。
⑤ 段渝：《論秦漢王朝對巴蜀的改造》，《中國史研究》1999年第1期。

都江堰與李冰廟

　　三星堆文化與西南夷各族的關係，可以對強權的轉化提供典型例證。

　　三星堆文化濃厚的宗教氣氛，把蜀王國裝點成了一個神秘王國[①]，這是強權宗教化的典型例子。三星堆祭祀坑出土的大批青銅製品、貝幣、象牙等，是古蜀的神權政體控制西南地區的戰略性資源和貿易路線的反映。

　　在商代中晚期之前，古蜀地區未見如此宏闊而洋洋大觀的文明成果，它們應是商代中晚期古蜀王國向西南夷地區大力開發所取得的重大成果。三星堆青銅器中所含鉛料，據鉛同位素測試，來源於雲南[②]。三星堆青銅器的錫料，也應來源於雲南，因為蜀地無錫礦。三星堆青銅器多含有微量磷元素，

三星堆遺址象牙出土情況

---

① 段渝：《古代中國西南的神秘王國》，《絲語中文時報》（倫敦），1996 年第 6 期。

② 金正耀等：《廣漢三星堆遺物坑青銅器的鉛同位素比值研究》，《文物》1995 年第 2 期。

三星堆一、二號祭祀坑出土的海貝

這是古蜀文化青銅器的傳統合金特徵，與中原全然不同，卻與雲南青銅器極為相似，表明三星堆青銅器所用銅礦原料，也與銅礦石藏量極為豐富的雲南有關。三星堆發現的成千枚海貝，其中的白色齒貝與雲南歷年所出的相同。雲南齒貝來源於印度洋，三星堆白色齒貝也應該來源於印度洋，因為這種齒貝為印度洋所獨產，並非南海產品。三星堆出土的象牙，鑑定為亞洲象的牙。亞洲象原產印度，在印、緬和中國雲南最多。古蜀地區上古可能有大象，卻無大批成群大象活動的記載，而三星堆僅兩個祭祀坑就出土了整象牙六七十支，在 1997 年發現的祭祀坑中又有發現。如此多的象牙，不可能取之於成都平原本土，應與緬、印地區有關 ①。以這些資料結合古代印度地區包括印度洋沿岸地區以白色齒貝為貨幣，而雲南直到清代還大量使用這種貝幣的情況分析，三星堆神權政體必定是控制了我國西南地區的內外貿易路線，控制了南中的礦產資源，從而才可能為它輝煌青銅文明的出現奠定下豐厚的物質基礎 ②。迄今為止還沒有在西南地區發現直接為古蜀人所征服的考古遺跡，不過古代文獻曾記載有蜀人兩度大批南遷的史例，一為蜀王後代 ③，一為蜀王子安陽王 ④，並且考古學上包括三星

---

① 2001 年 2 月，成都市蘇坡鄉金沙遺址又發現巨量象牙，總重量接近 1 噸。遺址年代為商周之際，更加證實成都平原的象牙必來源於緬、印地區。關於成都平原巨量象牙的來源問題，可參考段渝：《中國西南早期對外交通》，《歷史研究》2009 年第 1 期。

② 段渝：《支那名稱起源之再研究 —— 論支那名稱本源於蜀之成都》，《中國西南的古代交通與文化》，四川大學出版社 1994 年版，第 126—162 頁。

③《史記·三代世表》。

④《水經·葉榆水注》引《交州外城記》。

湖南醴陵出土的商代青銅象尊

堆文化在內的先秦古蜀青銅文化對雲南青銅文化的影響也是顯著的[1]，可以表明古代蜀國對西南夷地區的控制。方國瑜先生在談到古代蜀國與西南夷的關係時也說，西南夷是古蜀國的附庸[2]。可以看出，古蜀對西南夷的控制有兩條途徑，一是通過觀念和技術的直接傳播來影響西南夷各部族，二是通過直接或間接的強權來統治西南夷各部族，至少也是以強權作為強大後盾和暴力制裁的威懾力量的。

　　為了達到長久控制西南夷地區戰略資源的目的，蜀王採取了使強權統治轉化為宗教統治的策略，以宗教掩飾政治，以文化代替暴力，使控制合法化。三星堆古蜀王國以作為古蜀群巫之長的青銅大立人為中心，以作為西南各族群巫的各式青銅人頭像為外圍所形成的有中心、分層次的人物像群，就體現了它對於西南夷所實施的「柔遠能邇」

① 段渝：《論商代長江上游川西平原青銅文化與華北和世界古文明的關係》，《東南文化》1993 年第 2 期。

② 方國瑜：《中國西南歷史地理考釋》上冊，中華書局 1987 年版，第 16 頁。

三星堆一號祭祀坑出土的青銅人頭像

政策的戰略意圖。而這一人物像群實際上表現出了一個龐大宗教集團的組織結構，通過把西南各族群巫的青銅人頭像即各族君長的頭像按一定程序加以排列組合的方式，將各地各部族的宗教組織到古蜀的宗教體系當中，並使它們成為次級宗教。通過這種方式，一方面可以宣稱自己是西南夷各部族宗教神權的總代表，另一方面又博得了西南夷各部族的文化認同和宗教認同，並在這個基礎上使自己對西南夷的控制合法化。三星堆一號祭祀坑與二號祭祀坑在年代上相差百年以上，但兩坑所出青銅人頭像在衣、冠、髮式上基本一脈相承，說明古蜀對西南夷的控制是長久的，同時說明這個宗教集團的組織結構是穩定的，並且在一個時期內還有新的發展和擴充。

　　既然三星堆青銅雕像群表現了一個宗教化了的政治集團的大型禮儀活動，那麼其內容豐富的各種禮儀形式就必然是為各地各部族所共

三星堆二號祭祀坑出土的青銅面具　　　　江西新干大洋洲遺址出土的青銅面具

同認可、共同接受的。三星堆古蜀
都城既是這樣一個跨地域、跨部族
的大型禮儀中心，那麼它的強大凝
聚力就絕不可能僅僅依靠強權來維
持（當然，必須指出，強權是基礎、
是前提），它對各地各部族必須還
具有強烈的吸引力。這種吸引力來
自三個方面：一是宗教中心，二是提
供軍事保護，三是通過古蜀的轉介，
同中原地區進行文化交流和貿易往

三星堆二號祭祀坑發掘出土的象牙

還。殷墟五號墓出土青銅器的部分礦料來自雲南，看來就是通過蜀
為中介從雲南獲取的，這也是蜀人控制了南中與中原之間貿易路線的
證據。

由此看來，蜀與西南夷各族的關係，是各族之長而不是各族之君
的關係，是群巫之長而不是群巫之君的關係，正如商王室是天下方國
之長而非天下方國之君一樣。

四、古蜀的象牙祭祀

1986 年廣漢三星堆祭祀坑出土六七十支象牙、120 顆象牙珠等，
其後在仁勝村墓地又出土象牙。2001 年以來，在成都市金沙遺址出土
100 餘支象牙，同出有不少象臼齒，還出土大量由整支象牙切割成的短
節象牙柱，以及象牙段、象牙片、象
牙珠等。在金沙遺址十號祭祀遺跡內
的一件玉璋上，還刻有四組對稱的肩
扛象牙的跪坐人像。這些現象說明，
商周時期，在古蜀文明神權政治中心
的大型祭祀禮儀中，象牙祭祀盛極
一時。

三星堆出土的象牙珠

（一）祭祀形式

　　古蜀象牙祭祀有不同的形式，其中最盛大的是將若干整支象牙有序地鋪陳在用於專門瘞埋祭祀典禮用品土坑內各種器物的最上層，其下為金、銅、玉器等物，三星堆一號、二號祭祀坑和金沙十一號、十號遺跡均如此。這種現象意味着，古蜀的象牙祭祀，不論在形式還是內涵上，都有着固定、程序化的規則和定制。進一步分析，透過這種固定、程序化的規則和定制，可以看出三星堆政體和金沙政體具有共同的祭祀對象與內容，表明二者之間具有文化上和政治上的連續性關係，而這種連續性所包含的垂直關係和平面關係兩個層面，將會對於

三星堆二號祭祀坑出土的青銅神壇（第四層）

三星堆二號祭祀坑出土的青銅神壇

三星堆二號祭祀坑出土的青銅神壇（第二層）

我們深入分析三星堆與金沙的各種關係提供新的視角和理解。

（二）神壇上的形象

三星堆青銅神壇的第二層和第四層分別塑造有一組銅立人雕像。

其中第四層（盝頂建築層）的每個人物都作跪坐、雙臂平抬前伸、雙手呈環狀，作抱握狀，看不出手中握有甚麼器物。第二層（山形座）的每個銅人的手勢完全相同，都是雙臂平抬於胸前，雙手前伸呈抱握狀，手中各握一藤狀枝條（此物已經殘損，無完整形狀）。另一座青銅神殿的圓座上有一立人像，雙手作橫握拳、收臂狀。三星堆二號祭祀坑的一件跪坐持璋小銅人像，兩臂平抬，雙手執握一牙璋。二號祭祀坑另出有一件小型青銅立人像，兩臂向前平伸，雙手相握，手中有一豎形孔隙，推測所執之物應為牙璋一類器物。

三星堆二號祭祀坑出土的一件戴獸冠青銅人像，所戴的獸冠應為象首冠，冠頂兩側有兩隻斜立的大耳，冠頂正中是一隻直立而前捲的象鼻。

戴象首冠人物的雙手曲臂前伸至胸，作握物狀，頗類似青銅大立人像雙手前握的形狀，但角度與大立人不同。從戴象首冠人物像雙手

三星堆出土的青銅神壇人物　　　三星堆二號祭祀坑出土的小型持璋銅人像

三星堆二號祭祀坑出土的獸首冠青銅人像　　　金沙遺址出土的青銅立人像

前握的角度看，不具備雙手同握一物的條件，很像是雙手各執一物的
形態，但所握之物究竟是何器物，目前還無法加以推測。如果聯繫到
金沙遺址出土的短節象牙柱來看，也許這件戴象首冠人物雙手所握之
物應各是一個短節象牙柱。

　　金沙遺址出土的一件青銅小立人雕像，雙手也作前伸握物狀，其
形態也與三星堆青銅大立人像近似。從這件立人像雙手的角度觀察，
雙手所握之物不在一個同心圓上。這就是説，它雙手所握的物體，一
定是一件呈弧形的器物，因此不會是璋一類豎直的器物。由此看來，
它雙手所握之物，很有可能是象牙。不過這件青銅立人像僅高 14.6 厘
米，連冠和座通高也僅有 19.6 厘米，所以它的雙手所握之物不會是一
支真正的象牙，很可能是象牙的小型仿製品。

　　金沙遺址十號祭祀遺跡玉璋所刻肩扛象牙跪坐人像 ①，應是一幅

① 成都文物考古研究所：《金沙 —— 21 世紀中國考古新發現》，五洲傳播出版社
　2005 年版，第 74 頁。

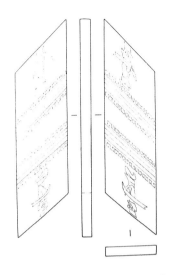

金沙遺址出土的肩扛象牙人物圖案玉璋線描圖　　金沙遺址出土的肩扛象牙人物圖案玉璋

寫實之作，有可能刻畫的是蜀王舉行祭祀儀式時的跪祭形象，但也有可能不是蜀王跪祭，而是蜀人肩扛象牙前行即搬運象牙的形象刻畫。這一類例子在古代近東文明的雕像中常常可以見到。

　　通觀三星堆和金沙所出人物雕像和刻劃圖像可以看出，三星堆青銅大立人雙手前伸的形狀和角度確實與眾不同，他的雙手所執之物既不可能是器身豎直的琮，也不可能是器身扁平的璋，更不可能是細長彎曲的枝條。從大立人的手形、兩手間的距離和交錯弧度等因素來考慮，再比較一下象牙的長度、弧度和直徑，可以認為大立人雙手所執之物很可能是一整支象牙。而其餘雙手前伸的銅人像，不是手握牙璋，就是執握他物，或者空無一物。金沙小銅人像雖有可能手握象牙，但那只是象徵而已，並非真正的象牙。如果此說成立，那麼我們當可證明，只有三星堆青銅大立人才能手執整支象牙。因為它既是蜀王，同時又是西南夷各地方性族群之長的形象塑造。

　　（三）象牙祭祀的意蘊

　　再來看三星堆青銅大立人雕像，它的雙腳立於一方形青銅座上，

三星堆出土青銅大立人像下部的方形青銅座

而方形座的中部（座腿）是由四個捲鼻的象頭組成的[①]。這個象頭座，應與立人手握之物有着密切關聯。以此並結合其他相關材料分析，當可以再次證明三星堆青銅大立人雙手所執之物應該是象牙，而不是玉琮。並且可以進一步說明，只有蜀王才有權力執整支象牙進行祭祀。我們曾經指出，三星堆出土的金杖，是古蜀王國最高神權政治領袖的象徵，這個最高權力，是對古蜀族群及其王國而言。而蜀王手執象牙進行祭祀，則是古蜀王國政治與文化勢力範圍內各個地方性族群之長共奉蜀王為共同首領的象徵。

　　至於為甚麼古蜀文明在祭祀儀式上如此重視象牙，這個問題可以從我國西南的生態條件中找到答案。古代中國西南地區至東南亞大陸和南亞次大陸地區，氣候條件和生態條件適合大象的生存，是富產大象的地區，至今猶然。在印度河文明的摩亨佐·達羅遺址，曾出土過很多象牙製品，說明從最早文明的開始，人們就已把象牙作為珍品。三星堆和金沙的情況同樣如此，都是把象牙作為珍品來看待的。大象以其體量和性情等特點，成為這個區域內各個族群共同的崇拜和敬畏之物，而以象牙尤為珍貴。由於西南夷多以象牙為珍品，所以象牙在西南夷地區被各族奉為共同崇拜之物，並以此在文化上取得認同。在這種文化背景中，同時在蜀王作為西南夷地區各部族之長的政治背景中，蜀王手執整支象牙，就意味着他取得了西南夷在文化和政治上的認

[①] 四川省文物考古研究所：《三星堆祭祀坑》，文物出版社 1999 年版，第 162—164 頁。按，原報告認為大立人座腿為四個龍頭，但仔細觀察，實應為四個象頭。

金沙遺址出土的青銅立人像　　三星堆遺址出土的青銅立人像

同，手握了號令西南夷各部族的權力 ①。因此象牙被賦予了西南夷各部族之長的政治與文化內涵，成為號令西南夷各部族權力的象徵物。三星堆祭祀坑出土的眾多髮式各不相同的青銅人頭雕像，是西南夷各部族君長的象徵，它們與青銅大立人的關係，正是蜀王與其文化和政治擴張所及地區的西南夷各地君長之間的主從關係。這種情形，與西周天子執氂牛尾以君臨天下的現象及其文化和政治內涵有些類似，也與春秋五霸執牛耳以主中原諸夏會盟的現象 ② 有着表現形式上的異曲同

① 《戰國策·秦策一》記載司馬錯曰：「夫蜀，西僻之國也，而戎狄之長也。」這種情形，實自商代以來便是如此。參見段渝：《商代蜀國青銅雕像文化來源和功能之再探討》，《四川大學學報》1991 年第 2 期。

② 參見《左傳》的有關記載。

工之妙，同時與美索不達米亞和埃及等古文明中國王手執權杖的情形相似。可見，王者手握權力的象徵物，是世界早期文明史上各地文明古國的普遍現象，只是各文明古國王權象徵物的具體形式有所不同罷了。

（四）象牙祭祀的衰落

從迄今為止的三星堆遺址和金沙遺址的考古發掘資料來看，古蜀的象牙祭祀僅在商代晚期到商周之際的三星堆和金沙盛極一時，在三星堆一號、二號祭祀坑之前即殷墟時期以前，以及金沙遺址商周之際和西周中期文化層之後的時期，還沒有發現古蜀盛行象牙祭祀的考古學跡象。透過這些現象可以揭示出這樣的結構關係：在族群結構上，金沙遺址商周之際文化層的主體族群，是與三星堆文化相同的一個族群或亞族群；在政治結構上，金沙遺址商周之際文化層的政治單位，是三星堆高級政體即以魚鳧王為最高神權政治領袖的古蜀王國內的一個次級政體。

春秋中葉以後，金沙遺址大大衰落，直到戰國時期開明王朝定都成都，成都才再度繁榮，出現成都市商業街大型船棺葬墓地。從年代關係上看，商業街大型船棺葬墓地應與開明王有關，當為開明氏王族

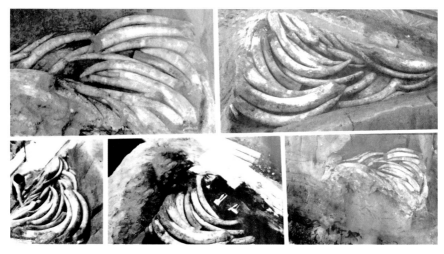

金沙遺址象牙堆積坑發掘現場

的墓地，而與春秋以前的歷代古蜀王無關，並且其文化內涵也與金沙遺址不同，這就意味着金沙遺址是戰國時期開明王以前的古蜀王國的遺存。但金沙遺址的延續時間很長，其主體為商周之際到春秋中葉，文化面貌大致上是有所傳承而又有所演變的。與文獻所記載的古蜀史跡相對照，商代晚期至商周之際的古蜀王是魚鳧王，西周時期至春秋早期的古蜀王是杜宇，這一古蜀王朝的序列與金沙遺址的考古文化內涵大致上是相互吻合的。

　　從這個意義上看，金沙遺址商周之際文化層其實並不是三星堆文化衰亡後遷徙而來所留下的文化遺存，而是三星堆文化金沙遺址的文化延續。換句話説，在作為商代古蜀王國首位城市的三星堆古蜀王都衰亡後，作為古蜀王國次級中心城市的金沙政體並沒有同時消亡[①]，它仍然在連續發展中延續着三星堆文化的餘脈，但為時不長，就被杜宇徹底滅亡。所以西周時期金沙遺址的面貌與商周之際相比已發生了變化，而商周之際魚鳧王朝所盛行的象牙祭祀雖在西周早期有所延續，但西周中葉以後最終廢止，消失不存，其原因當在於此。

　　應當指出，我們在西周時期的金沙遺址中能夠發現商周之際古蜀文明的某些遺存，這是並不奇怪的。其原因可以從兩個方面進行分析：一方面，任何王朝的代興都不可能完全切斷前朝文化的延續，何況杜宇王朝的建立是以他和蜀地的江原女相結合所達成的政治聯姻為基礎的，因而在杜宇王朝的文化中必然保留着大量的魚鳧王朝時期的文化；另一方面，杜宇立為蜀王後，大量招徠隨魚鳧王退保岷山的部眾，使「化民往往復出」，回歸其家園安居樂業，因而杜宇王朝初期的成都，

① 我在 1992 年 4 月舉行的「紀念三星堆考古發現 60 周年暨巴蜀文化與歷史國際學術討論會」上提交的論文中就曾提出：成都在商代晚期就已形成為一座具有相當規模的早期城市，作為一座次級中心城市，它與較之更早形成的三星堆古蜀王都一道，構成商代蜀國的早期城市體系。金沙遺址的發現，可以説為拙文所提出的觀點提供了堅實的新材料和新證據。參見段渝：《巴蜀古代城市的起源、結構和網絡體系》，《歷史研究》1993 年第 1 期。

成都商業街船棺葬挖掘現場

必然聚集着大量的三星堆文化因素。從歷史的觀點分析金沙遺址西周早期的文化遺存，對於其中包含或聚集了不少三星堆文化因素乃至其精華因素的現象，就不會感到奇怪了。

（五）象牙祭祀的內涵

金沙遺址十號祭祀遺跡玉璋所刻肩扛象牙跪坐人像，應是一幅寫實之作，有可能刻畫的是蜀王舉行祭祀儀式時的跪祭形象，但也有可能不是蜀王跪祭，而是蜀人肩扛象牙前行即搬運象牙的形象刻畫。這一類例子在古代近東文明的雕像中常常可以見到。

將金沙遺址十號祭祀遺跡玉璋上所刻四組對稱的肩扛象牙跪坐人像圖案，聯繫三星堆二號祭祀坑出土的牙璋上所刻祭山圖圖案，以及三星堆祭祀坑內出土的大型青銅雕像群、金杖圖案、神壇以及神殿立雕等分析，商周時期的古蜀文明在藝術形式尤其繪畫和雕刻藝術上，盛行具有連續、成組的人物和故事情節的圖案，並以這些連續、成組的圖案來表達其豐富而連續的精神世界，包括哲學思想、政治觀念、意識形態以及價值觀和世界觀等等。如果把這些圖案分類進行整理，並加以綜合研究，以分析古蜀文明的藝術形式及其文化內涵，將是很有意義的。由此我們還可以進一步看出，它們與同一時期中原玉器

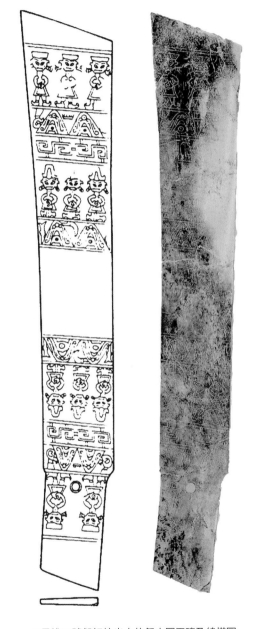

三星堆二號祭祀坑出土的祭山圖玉璋線描圖（局部）　　三星堆二號祭祀坑出土的祭山圖玉璋及線描圖

和青銅器圖案的藝術表現形式和內涵有很大不同，而與近東文明藝術形式的某些方面有着表現手法上的相似性。這種情形，當可以再次證實古蜀文明與近東文明之間所存在的某種關係。商周時期古蜀文明這種富於形象思維的文化特徵，在它後來的發展史上凝為傳統，成為蜀人思維模式的一個重要方面。而商周時期古蜀文明有關文化和政治內涵的藝術表現形式及其手法，則在後來的滇文化中得到了比較充分的繼承、發揚和創新。

第 三 章

三星堆：神權政體的運作系統

以廣漢三星堆遺址為中心的古蜀王國，是一個實行神權政治的獨立王國。對這個獨立王國神權政體的運作系統進行分析，將有助於增進我們對於上古國家的社會結構和權力結構的深入了解。

成都平原發現的早期古城址 —— 寶墩遺址（北側城牆）

一、分層社會的複雜結構

王權形成並誕生於分層社會之中。在酋邦制時代，社會分層還是一種比較簡單的等級制結構，不論在深度還是廣度方面都還沒有達到國家形態的複雜社會分層水平。正是在複雜的分層社會中誕生的王

溫江魚鳧村古城遺址

權，才具備了對於政治、經濟、意識形態的全部壟斷權力，獲取了凌駕於整個社會之上的至高無上的統治權力。

　　所謂社會結構，原指社會處於相互聯繫的各部分的持久排列形式。通常認為，這實際上是指社會各個基本組成部分之間比較穩定的關係，基本要素包括社會組織、權力、制度、財富、階級等，還有若干其他表現形式。

　　根據考古資料的揭示，我們可以看出，在三星堆文化的時代，古蜀王國已是一個在中央集權統治之下的高度複雜的分層社會。在這個複雜的分層社會中，存在着統治階級和被統治階級，其間的階級界限壁壘森嚴，內部又有各種不同的階層和職業集團。

　　統治階級由國王、王室、姻親、貴族、各級大臣、武士等組成，也包括各地大大小小的酋豪。他們都是世襲貴族，世代權力在握，享盡榮華富貴。

　　《古文苑》載揚雄《蜀都賦》「密促之君」下章樵注引《蜀紀》說：

　　　　上古時，蜀之君長治國久長。

採集於三星堆遺址的玉琮　　　三星堆一號祭祀坑出土的玉琮　　三星堆四號祭祀坑出土的玉琮

《蜀王本紀》也說：

> 蜀王之先名蠶叢，後代名曰柏濩，後者名曰魚鳧。此三代各數百
> 歲，皆神化不死。

「治國久長」也好，「各數百歲」也好，其實都說的是統治階級的世官、
世職制度，即世襲制度。三星堆一號祭祀坑和二號祭祀坑出土的青銅
人像、人頭像，其間時代相距百年，而各種形式在基本的衣、冠、髮
式上頗為一致，具有明顯的繼承性。

統治階級的上層和核心是一個權勢傾人的神權政治集團，這可以
從三星堆一、二號祭祀坑內出土的大量青銅製品、黃金製品、象牙、
海貝、玉石器得到確切證明。成都平原本土缺乏製作青銅器的銅、錫、
鉛等原料，這些原料只能通過其他一些途徑如貢納、貿易以至掠奪，
從其他地區進口，其交換代價無疑是十分巨大的。即令是掠奪，也必
須供養一支軍隊，付出包括食物、武器裝備、指揮系統等在內的物質、
人力和組織等方面的沉重代價。能夠付出各種各樣高昂的代價來佔有
並享用這些貴重物品的，只能是核心統治者集團。這也可以同時說明，
這個核心的神權統治者集團，壟斷了青銅原料和其他珍稀貴重物品以
及奢侈品的貿易權力和佔有、使用權力。

三星堆遺址巨大的城牆，也是神權統治階級高高在上的重要證

三星堆五號坑黃金飾片發掘現場

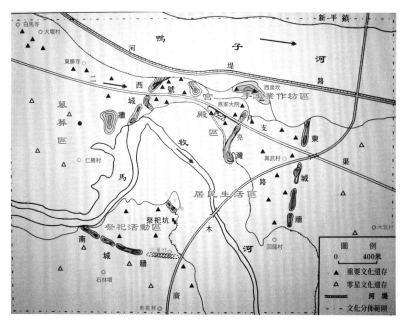

三星堆古城平面圖

據。據試掘，城牆橫斷面為梯形，牆基寬 40 餘米，頂部寬 20 餘米。調查和勘測結果表明，三星堆遺址古城東西長 1600—2100 米，南北寬 1400 米，現有總面積 3.6 平方公里，超過了大體同時的商王朝統治中心的鄭州商城。城牆體的高大堅厚，意味着可供支配徵發的勞動力資源相當充足，進而可知統治者必已統治着眾多的人口，控制着豐富的自然資源。城圈的廣闊，表明城圈內的社會生活、政治結構早已超出酋邦制水平。結合對眾多勞動者的統治和對豐富自然資源與社會財富的控

三星堆二號祭祀坑出土的青銅戈

制來看，已有一個集權的政府組織，應是無可懷疑的。這個集權的政府組織的核心，便是神權統治者集團，他們握有一切政治、經濟、宗教、軍事大權。

　　在核心統治者集團的外圍，是由各級臣僚、大小權貴和眾多奴隸主所組成的統治階級中下層，他們權力或大或小，各受其上層或王室的直接指揮和制約。整個統治階級呈現為一種層層從屬的品級結構。

　　三星堆古蜀王國的統治階級，豢養

三星堆遺址出土的青銅武士像

三星堆一號祭祀坑出土的
戴盔青銅人頭像

了一支常設的武裝力量。在三星堆遺址兩個祭祀坑內出土的玉石兵器和齒形上下援青銅戈（它們本身是無刃的禮儀用戈，但都是從有刃的實戰用戈轉化而來），以及全身披掛戎裝的青銅站立武士雕像，可以充分證明一支常設武裝力量的存在。在作為古蜀王國腹心地區的新繁水觀音和彭州竹瓦街發現的屬於殷末的青銅兵器，以及在作為古蜀王國北方邊疆重鎮的陝南漢中發現的 80 多件商代中晚期的三角形援蜀式青銅戈，更加證明了蜀王國職業軍隊存在的事實。

被統治階級包括各種生活資料、生產資料和精神資料的生產者。大體說來，有農業生產者、陶工、木工、漆工、雕刻工、紡織工、釀造工、礦工、石工、玉工、運輸工、冶煉工、建築工、藝人以及其他各方面的勞動生產者，其中的最大多數是農奴和奴隸，在文明初期的被統治者中佔有較大比例。此外還有專門的商人階層，在神權統治集團支配下，從事各種貿易活動。

金沙遺址出土的跪坐石人像

統治階級與被統治階級之間有着壁壘森嚴的界限。三星堆遺址內多出生產工具的區域，與基本不出生產工具卻出有大批玉石禮器、雕花漆木器等奢侈品的區域，形成強烈對比。而三星堆遺址出土的兩尊雙手反縛、無首、跪坐的石雕奴隸像，以及成都金沙遺址出土的雙手反縛跪坐石雕像 [①]，又説明統治階級不但可以剝奪並無償佔有被統治階級的剩餘勞動，而且還握有對被統治階級的生殺予奪之權。這些，活生生地刻畫出了古蜀王國這個神權政體的奴隸制性質，説明它是一個奴隸制王國。

二、基本資源的佔有模式

根據馬克思主義創始人的觀點，當社會由於自己的全部經濟生活條件而必然分裂為兩大階級時，為了壓制階級之間公開的衝突而出現了第三種力量，這第三種力量便是國家 [②]。恩格斯在《家庭、私有制和國家的起源》中闡釋説：

> 由於國家是從控制階級對立的需要中產生的，同時又是在這些階級的衝突中產生的，所以，它照例是最強大的、在經濟上佔統治地位的階級的國家。這個階級藉助於國家而在政治上也成為佔統治地位的階級，因而獲得了鎮壓和剝削被壓迫階級的新手段。因此，古代的國家首先是奴隸主用來鎮壓奴隸的國家。[③]

這就是説，統治階級對於被統治階級所實施的統治手段，是通過在經濟上所佔有的統治地位以及由此所形成的政治組織（國家）獲得的。而

---

① 成都文物考古研究所：《金沙 —— 21 世紀中國考古新發現》，五洲傳播出版社 2005 年版，第 104—108 頁。
② 恩格斯：《家庭、私有制和國家的起源》，《馬克思恩格斯選集》第 4 卷，人民出版社 1972 年版，第 165 頁。
③《馬克思恩格斯選集》第 4 卷，人民出版社 1972 年版，第 168 頁。

在經濟上所取得的統治地位，則是通過控制和佔有基本資源獲得的。

社會各人群對於基本資源的不同關係，形成經濟分層，這是一切社會分層和權力分層的基礎。美國人類學家弗里德(Morton H. Fried)在其名著《政治社會的演進》中指出，只要有獲取基本資源的不平等情況，就有分層存在，伴隨着分層的是社會分化為根本不同的經濟集團，那些獲取基本資源較多或不受限制的人構成一個階級，那些受限制或很少能夠獲取同樣資源的人構成另一個階級。按照弗里德的解釋，基本資源不單是指人們生存和再生產所必需的食物、工具等消費品，還包括這些消費品的來源 [1]。對此，美國人類學家喬納森·哈斯(Jonahan Haas) 在《史前國家的演進》(1982) 中進一步闡釋説，基本資源還應包括獲取和製造維持人所生存和再生產的必需品的手段，這些手段包括：食品、用於獲得或生產食品的工具、置備食品的工具、對付自然環境的防衛性手段，以及對付入侵社會環境的防衛性手段等等 [2]。這些，提供了對於經濟分層的認識基礎。

要從目前所掌握的文獻材料和考古材料全面認識三星堆文化的基本資源佔有情況，還存在着相當的困難，因為關於這方面的資料確實是太有限了。不過，我們可以最大限度地運用這些有限的資料，對古蜀王國的資源佔有模式進行一些初步分析。

(一) 對基本生活資源和生產者的佔有和控制

基本生活資源主要是指維持生存所必需的食物。古蜀王國的各級統治者、大大小小的奴隸主，數量不少，從方圓 3.6 平方公里的巨大的三星堆古城看，必然聚集着大量貴族和顯宦。他們所以能夠生存，並且能夠花天酒地，生活得很奢侈，最基本的前提，就是佔有和控制了全部土地資源、食物資源以及食物生產者。古蜀王國的貴族統治者嗜酒如命，三星堆遺址出土了大量青銅和陶質酒器，全為這些顯貴們所專有。大量

---

① Morton H. Fried, *The Evolution of Political Society*, New York, 1969, p. 187.

② Jonahan Haas, *The Evolution of the Prehistoric State*, New York, 1982.

三星堆遺址出土的陶甕　　　　　　　三星堆遺址出土的陶壺

的酒必然是以巨量的糧食為原料的，表明統治者控制了食物生產，而它又是以對於土地的佔有為前提的。這種現象，同樣是貴族統治者階級佔有農業勞動者階級剩餘勞動的證據，也是他們控制了基本生活資源的證據。

（二）對手工業生產者及其產品的佔有和控制

規模龐大的三星堆古城，巨量青銅原料的開採、加工、運輸、冶煉、翻模和鑄造，眾多的玉石器的生產，大片宮殿、住宅的建築以及成都羊子山大型禮儀性土台、成都十二橋大型木結構建築，大量、各

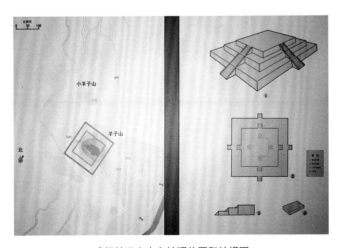

成都羊子山土台地理位置和結構圖

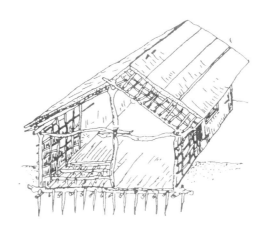

成都十二橋遺址「干欄式木構建築」復原想像圖

式各樣的精美的銅、陶工藝美術品，如此等等，無一不出自手工業勞
動者之手；而所有這些物質成果，統統被貴族們一一攫取、佔有，充
分表明這些手工業生產部門全部成為顯貴們直接控制的生產領域，
所有生產者及其產品，成為他們貪得無厭的巨大物質享受和奢侈生
活的重要源泉。

　　（三）對生產資源（包括基本資源和戰略性物資）的佔有和控制

　　在古代文明之初，銅、錫、玉、金礦等自然資源，往往是一個文明
古國最為重要、並且具有戰略意義的資源，也是一國之中最為重要的
物質財富。

　　三星堆遺址出土巨量的青銅器，總重量達到 1 噸以上，而且青銅
器成品與青銅原料的熔煉比例至少有 1:5，甚至可達 1:20，足見製造
這批青銅器所需要的銅、錫原料之多，表明神權與王權控制並佔有着
這種最重要的物質資源。

　　1986 年，三星堆遺址出土金器達 100 件以上，不僅數量之多，而
且形體之大，均為商代中國所僅見。黃金，自古以其富麗的體態、輝煌
的光澤和優越的自然屬性，為人們視為珍寶中的珍寶。人們總是將黃
金世代相傳，不輕易棄置，所以亙古以來，考古發掘中發現的金器並不

三星堆遺址出土的玉器

三星堆遺址出土的貼金青銅面具

三星堆遺址出土的貼金青銅面具

三星堆遺址出土的貼金青銅面具

多見。可是僅僅在古蜀王國故都廢墟的一角，便埋藏着如此豐富的純金器物，不能不使人感到古蜀王國的神權政治領袖們嚴密控制着黃金的開採、加工和金器的生產，並把所有黃金據為己有。

三星堆遺址出土的玉石器，絕大多數發現於顯貴們的居住區和祭祀坑當中，同樣表明了玉石器資源為統治階級控制和佔有的事實。

（四）對宗教禮儀用器以及宗教性建築的佔有和控制

三星堆遺址出土的全部青銅器群、玉石器群、黃金器物群以及某些陶器群，在性質上均屬禮儀之器，均在禮儀和儀式中使用。這些禮器和祭祀用器，無一不為上層宗教神權集團所佔有，一方面表明宗教神權集團擁有屬於自己的生產者隊伍，佔有世俗生產者及其剩餘勞動；另一方面，也表明宗教神權是古蜀王權最為重要的組成部分，是王權的核心。

三星堆古城高大堅厚的城牆，也是神權無限強大的證據。兀立於成都平原一望無垠的田野川澤上的高大城牆，配合以光怪陸離、發出陰森慘烈光澤的青銅器群和黃金器群，能夠產生巨大的恐怖和威懾效應，以其無法抗拒的物質形式震懾治民的心靈，達到鞏固神權統治的目的。這就說明，三星堆城牆，其實就是象徵神權統治的一座宗教性建築。

（五）對生產工具以及勞動分工的佔有和控制

對生產工具和勞動分工的佔有和控制，可以從古蜀墓葬中埋葬的大批成套工具得到說明。有關古蜀窖藏和墓葬中埋葬生產工具的最早

三星堆三號祭祀坑中新發現的青銅器（局部）　　　三星堆三號祭祀坑青銅人像出土情況（局部）

材料，出於新繁水觀音墓葬 [①]。從新繁水觀音墓葬開始，蜀墓中隨葬大量成套的金屬生產工具成為傳統，而且工具往往與青銅兵器、禮器等形成組合關係。從整個蜀墓的發展序列來看，墓主地位越高，墓葬規模越大，隨葬金屬工具的品種就越多，數量就越大，新都大墓可以說是一個典型代表 [②]。這種情形表明，隨葬金屬工具的多少，是與墓主的身份和地位大有關係的。對於金屬工具的佔有數量，成為區分尊卑貴賤的一個標誌，從一個方面顯示出社會分層的情況。

在古代，青銅屬於戰略性物資，青銅器的生產是由國家直接控制的，青銅武器、工具均屬此類，被統治階級最多只能在官方監督下使用，不能佔有，更不能以之隨葬。在經濟生產部門，國家對青銅工具的管理十分嚴格，一般是集中管理、用後收回，使用磨損後必須回爐，所以考古發掘中往往難以發現青銅生產工具。殷墟曾出土石鐮窖藏，有石鐮 3500 把，均有使用痕跡，同出的還有若干奢侈品，表明是由統治者佔有，集中分發、使用、管理的，生產工具是與生產者相分離的。石

---

①《四川新繁水觀音遺址試掘簡報》，《考古》1959 年第 8 期。
②《新都戰國木椁墓》，《文物》1981 年第 6 期。

金沙遺址出土的錛形玉器

金沙遺址出土的斧形石器

質生產工具尚且如此，就更不用說青銅生產工具了。

蜀墓和窖藏出土的金屬生產工具，大多數是刀、鑿、斧、斤、削、鋸、錛等，與手工業關係密切，而與農業耕作關係不大。這種情形意味着：一方面，古蜀的青銅手工業工具是屬於官方所有的，手工業生產和勞動分工完全被統治者所控制；另一方面，蜀地在農業生產中不存在大規模使用奴隸勞動的情況，因而無須將農具集中管理使用。

以上分析表明，在古蜀王國，基本資源是由國家和統治階級所佔有的。其中，自然資源、戰略性物資資源和宗教禮儀所用資源，由核心統治者集團代表神權國家所壟斷佔有；生活資源如糧食、酒類、肉類等和一些生產性資源（如生產工具）則由各級統治者所分別佔有，國家則以貢賦的形式同各級統治者分享這些資源。

三、再分配系統的運作機制

對於古蜀王國再分配系統的運作機制，可以從四個方面進行探討。

（一）農產品的再分配模式

一切農產品的流動模式，總是從次級聚落流向中心城邑，供各個脫離食物生產的階級和階層消費，而次級聚落的食物資源，都從廣大農村直接流動而來。

三星堆古城和成都金沙遺址黃忠小區遺址、十二橋遺址，都分佈着不少平民的居址、作坊和工場，表明存在大量的非食物生產者。他們當中，有建築者、運輸者、各門各類的手工業生產者、藝術者等等，也

有若干貴族階級私有的家內奴隸。這一大批非食物生產者的基本生活資料，均由周圍甚至遠地的農村生產，直接或間接地流向這些中心城邑。這部分農業產品，連同被中心城邑內麇集着的大批貴族顯宦們所消費、揮霍的大量糧

成都十二橋商代木結構建築遺跡

食、肉類、酒類、蔬菜、瓜果及其他各種食品，均由各個次級和低級聚落無償提供。

金沙遺址黃忠小區 6 號房址

（二）畜牧和漁獵產品的再分配模式

在三星堆遺址，出土大量各種獸類的遺骨遺骸，如鹿骨和大型動物遺骸等。這些野獸，是由狩獵部落或兼事狩獵、畜牧的部落為中心城邑的統治者貴族們提供的，也是一種由次級或低級向高級中心流動的模式。

成都金沙遺址和十二橋遺址，除出土各種獸類遺骨外，還出土不少龜甲，是作為占卜用的。據動物學家研究，這種龜甲是陸龜的腹甲，

金沙遺址出土的卜用龜甲

而陸龜並不出產在成都平原。可見，十二橋出土的卜用龜甲是從外地引進的。據《山海經·中山經》記載：

> 又東北三百里曰岷山，江水出焉，東北流注於海，其中多良龜。

《華陽國志·巴志》記載：

> （四川盆地東部）土植五穀，牲具六畜……靈龜……皆貢納之。

左思《蜀都賦》劉逵注引譙周《異物志》也說：

> 涪陵多大龜，其甲可以卜，其緣中叉，似瑇瑁，俗名「靈叉」。

岷山為江水所出，其上源為氐羌之地，非蜀國王權所能及 [1]。而四川盆

---

[1] 古蜀王國的勢力範圍在岷山山區只達到岷江下游區域，即今四川阿壩州茂縣北境，未及上源。

金沙遺址動物骨骼發掘現場

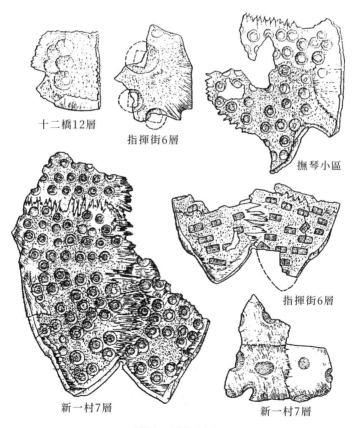

十二橋12層

指揮街6層

撫琴小區

新一村7層

指揮街6層

新一村7層

成都十二橋文化卜甲

地東部各地，夏、商時代曾為古蜀王國的屬地。因此，出產於這些地方的良龜、靈龜、大龜，應是通過貿易交換或貢納等方式輸入古蜀王國中心城邑的，呈現為雙向性或單向性的物資流動模式。

（三）手工產品的再分配模式

一是貴重的手工產品。如金器、青銅器、玉石器和雕花漆木器等，從目前所見資料僅在中心城邑出現，表現出單向性的流動模式。

二是珍稀原材料。如銅、錫、鉛、金、玉等資源的流向，其中出產在蜀地的，呈單向性地流往中心城邑；不產於蜀地的，則以貢納或交換等形式，呈單向或雙向性地流往中心城邑。如三星堆出土青銅器中的鉛，據科學測定，來源於雲南，這部分鉛就只能以貢納或貿易、交換等方式從雲南引進。

三是青銅兵器的流動。三星堆文化時期，三星堆遺址以外各地所發現的蜀式兵器，在發現地點均無鑄銅作坊的遺跡，而在三星堆遺址，卻發現大量鑄銅的坩堝和鑄出銅器後取出的模具（範土）碎塊，以及大量熔煉青銅器後遺留下來的煉渣（銅渣），表明三星堆遺址有大型青銅器作坊和工場。這些現象可以說明，包括兵器在內的金屬軍事裝

陝西寶雞強國墓地出土的小型青銅人像（男相）　　　陝西寶雞強國墓地出土的小型青銅人像（女相）

備，在古蜀王國是由中心城邑直接流向次級城邑或各個軍事據點的，屬於單向性的流動模式。

四是大型禮器群的流動，僅僅出現在核心統治集團所在的三星堆古城，分佈範圍極為有限，其成品的製作也在這座古王城內部，或部分來源於次級城邑，呈現為封閉式、單向性的流動模式。

（四）富於特殊用途的自然資源的再分配模式

這類自然資源，主要是大自然極其普通的賜品，例如土、石、木材等。由於這類自然資源可以充作各種各樣的建築材料，所以也被賦予了某種權力的成分。

據史書記載，在成都平原古蜀王國的故土上，分佈着數量眾多的巨石，這就是為專家們所盛稱的「大石文化遺跡」。這些大石文化，來源於蜀人對其先民及其居住環境的懷念，被作為宗教上的紀念性建築，聳立在成都平原古蜀王國故土各處。成都平原屬於大河沖積扇平原，本土不產任何大石。作為古蜀王國大石文化建築材料的巨石，都是從邛崍山開採，經過千辛萬苦運輸到成都平原，再立於各地的 [1]。這種流動，是一種單向性的流動模式。

成都支機石

---

① 馮漢驥：《成都平原之大石文化遺跡》，原載《華西邊疆研究學會會志》第 16 期，轉載《馮漢驥考古學論文集》，文物出版社 1985 年版；童恩正：《古代的巴蜀》，四川人民出版社 1979 年版，第 83 頁。

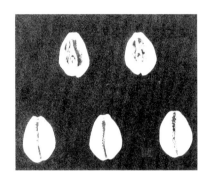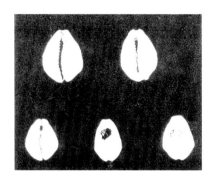

三星堆遺址出土的海貝

　　另外還有不少海洋生物資源，例如在三星堆一、二號祭祀坑內出土的大量海貝。這些海貝的原產地，主要在印度洋和南海的深水海域，它們被古蜀王國的權貴們充作財富的象徵和壟斷對外貿易的標誌，也是古代東南亞和南亞次大陸的通用貨幣。海貝的發現，表明古蜀王國權貴們對於外貿及其手段的佔有掌控。這也是一種互動、雙向性的物資流動模式。

　　再分配模式體現着生產、消費、交換、分配體系的全過程及其運作機制。古蜀王國的再分配模式，據上所述，大體上可以歸結為三種結構：一種是各次級聚落或民間廣泛的互惠性交換或貿易。對於這種結構，我們這裡不多作分析論述。二是各種物資從次級聚落向中心城邑單向性流動和高度匯聚，主要物資種類有食物、貴重手工產品、奢

金沙遺址二號坑禮儀性堆積

侈品、藝術品，尤其是富於王權權威和神權威嚴以及具有重大戰略意義的自然資源和物資。三是從中心城邑反向流動於次級聚落和軍事據點的單向性流動，這類物資主要是青銅兵器。第二

成都羊子山土台遺址 (復原想像圖)

類物資流動的大規模化及其在中心城邑的集中化所表現出來的高度社會控制，與第三類物資的反向流動模式所表明的對專職暴力機構的控制，説明古蜀王國的王權行使範圍和程度，都已遠遠超出酋邦制組織的酋長權力，達到國家政權的水平。這一方面意味着古蜀文化的城鄉連續體、文明中心和原始邊緣等諸種結構的形成，更重要的則是説明，在古蜀王國的再分配機制中起決定性作用的控制系統，是凌駕於社會之上的國家政權，其核心是神權與王權，其典型物化形式是金杖、青銅雕像群、青銅禮器、青銅兵器、玉石器、城牆、宮殿建築、大型祭壇。

古蜀王國王權的内涵表明，古蜀王國的神權統治集團業已形成了一個集權性的政府，可以任意徵發、調集和支配廣大農業生產者、手工業者、建築者、運輸者以及各類藝人，控制了勞動分工，佔有廣大勞動者階級的剩餘勞動及其產品，並將其全部據為己有，變公天下為家天下。這個政府可以通過各種強制手段，把大量勞動力集中使用於建造規模巨大的城牆和禮儀中心，生產各種各樣的奢侈品，又突出地表現出它的專制主義色彩。因此，蜀王權力具有專制主義的集權性質。

古蜀王國王權的另一個特點，是宗教神權的異常強大和活躍。除三星堆古城牆外，成都金沙遺址也是一處重要的祭祀中心[1]，成都羊子

① 成都文物考古研究所：《金沙——21 世紀中國考古新發現》，五洲傳播出版社2005 年版。

山土台也是一座用於宗教目的的大型祭壇 ①。這座土台呈三級四方，底邊長 103 米，一、二級各寬 18 米，第三級 31.6 米，高達 10 米以上，總面積約為 10732 平方米，估計使用泥磚 130 多萬塊，用土總量在 7 萬立方米以上。規模如此浩大的宗教禮儀工程，即使動用數萬人修建，也得好幾年才能竣工，足見宗教集團握有治民之權。三星堆出土的大批青銅器、金器、玉石器、象牙等稀世珍寶，集中出現在一、二號祭祀坑內，也充分顯示出宗教神權的統治地位。因此，古蜀王國實質上是一個實行神權政治的國家，政教合一，王權正是在神權外衣的掩蓋之下，對廣大勞動者階級實施嚴酷的階級統治的。

四、統治集團的分級制體系

權力體系的研究，是了解權力性質的關鍵。在這方面，歷史文獻基本上甚麼也沒有遺留下來，幾乎是一片空白。考古學材料彌補了這個缺憾。三星堆遺址出土的大型青銅雕像群，便是其秘密之所在。

我們首先需要研究青銅雕像群的功能。

我們已經知道，三星堆大型青銅雕像、人頭像、人面具、金杖、金面罩，是採借的一種外來文化。這些新移入的某些文化成分，因其處處充滿着的神秘王國氣氛，因其為古代蜀人所從未見、為整個古代中國所從未見，而恰好適應了古蜀王國在神權的庇護下強化王權機制的需要。例如，作為神權、王權和財富壟斷之權統一體的最高象徵物金杖的出現，無疑適應了古蜀王統一政權並作為群巫之長的標誌的現實需要；而大型青銅雕像群，不僅顯示出物質財富上的壟斷和在精神世界中的巨大威懾力量，而且還活生生地展現出古蜀王國的神權與政權結構，即群巫從屬於大巫、諸王從屬於蜀王這一現實的權力結構，也足以使諸神或諸王對於大型禮儀中心的奢望得到充分滿足。同時，這種文化採借，由於在某種程度上有助於古蜀王國的地方主義運動，有助於與中原

---

① 四川省博物館：《成都羊子山土台遺址清理報告》，《考古學報》1957 年第 4 期。

王朝相抗衡①，也特別有助於王權的神化和強化，因而較易於為古蜀所吸收。

三星堆遺址出土的青銅人頭像

那麼，青銅雕像群反映了一種甚麼樣的歷史文化背景呢？

從文化人類學角度分析，環境（包括自然環境和社會文化環境）的適應可能引起文化的變異，但以不影響基本文化結構為限②。青銅雕像群在古蜀王國的突然展現，對於古蜀的土著文化來説，無疑是一種變異。發生變異的根本原因，不在於社會基本結構的變化 —— 核心統治集團依然是以魚鳧王為代表的王者和巫師 —— 而在於適應一種新的統治機制。這種新的統治機制，就是以蜀王為核心的一個統治空間更廣、族類更多的政治實體的形成，即以蜀為中心的多元一體的統治的形成。

三星堆一、二號祭祀坑出土的青銅全身人物雕像、人頭像、人面

① 在金杖、雕像的製作、使用時期，戰爭和對抗在蜀、商的官方交往中，佔據着重要內容。參見段渝：《商代蜀國青銅雕像文化來源和功能之再探討》，《四川大學學報》1991 年第 2 期。

② M. 薩林斯、L. 塞維斯：《文化與進化》第 3 章，浙江人民出版社 1987 年版。

三星堆二號祭祀坑出土的青銅武士雕像　　　三星堆遺址出土的青銅武士雕像

三星堆遺址出土的青銅武士雕像服飾線描圖

像，都是服式、冠式、髮式各異。服式上，有左衽長袍、對襟長袍、右衽長袖短衣、犢鼻褲等，各不相同。髮式上，有椎髻、辮髮、盤髮等區別。冠式上，有花狀齒形高冠、獸面高冠、平頂冠、雙角形頭盔等區別。從人類學和中國史籍對古代民族的識別標準來看，衣、冠、髮式都是區分族別的重要標誌，此外還有言語、飲食等。言語、飲食今已難以詳考；僅就衣、冠、髮式而言，一、二號祭祀坑出土的雕像群顯

三星堆青銅人頭像

然標誌着不同族類的集合。這些族類，證之史籍，當包括氐羌和西南夷諸部族，也有不見於古代中國的某些外來族類。

　　根據結構分析，這些雕像的社會地位至少有兩個層次或等級。二號祭祀坑所出連座通高 260 厘米、與真人大小基本一致的戴獸面高冠的青銅大立人，衣襟前後飾異形龍紋，顯然是群像之長、一代蜀王，即

大禹治水就是從岷山開始的

古蜀王國的最高政治領袖，同時又是主持宗教儀式的神權領袖，即群巫之長、一代大巫師。第二層是各式人頭雕像，看不出明顯的高低貴賤之別，何況共置一處，無主次之分，表明地位基本沒有差別，絕不是用作祭祀禮儀的犧牲（人牲）。各坑人像、人頭像與禮器的共存情況，確鑿無疑地展示出眾多族類舉行共同的祭祀禮儀活動的情景。這個青銅雕像群結構的核心，便是青銅大立人。

　　青銅大立人頭戴獸面高冠，形

禹穴位於四川北川縣九龍山下，
相傳大禹降生於此

象與金杖圖案上的人頭一致，表明是最高神權政治領袖。它腦後的椎髻，與《蜀王本紀》所記蜀人「椎髻」一致，表明是蜀國之王、群巫之長。其餘各式人頭雕像，則是各族首領，次級群巫。而無論群巫之長還是群巫，在當時都被奉若神明，代表着各式各樣、大大小小的神。

《國語‧魯語下》記載了孔子的一段言論，頗能說明這種現象。孔子說：

> 丘聞之，昔禹致群神於會稽之山，防風氏後至，禹殺而戮之，其骨節專車。

又說：

> 山川之靈，足以紀綱天下者，其守為神。社稷之守者，為公侯。皆屬於王者。

這件事還見載於《左傳‧哀公七年》記：

> 禹合諸侯於塗山，執玉帛者萬國。

兩書所記，實為一事。《左傳》中所記的「諸侯」，在《國語》裡記為「群神」。顯然可見，群神其實就是諸國之君，而大禹就是主神，也就是萬國共主，所以《史記‧夏本紀》稱禹為「帝禹」。

在古代社會，各國之君、各部族之長同時又都是其治民所尊奉的神，這是一種普遍現象。又因為這些為君為長者主持各種祭祀禮儀，主持天地人神之際的交通，就像《國語‧楚語》所記重、黎「絕地天通」

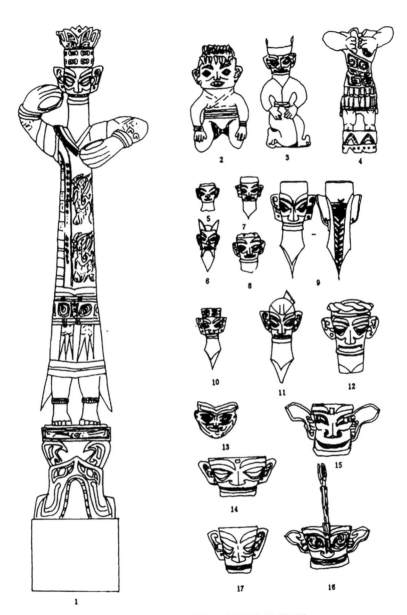

三星堆祭祀坑出土的青銅人物雕像群（部分）

1. 大立人像　2. 跪坐人像　3. 單膝跪坐人像　4. 小站立人像（搬）　5. I 型頭像　6. II 型頭像
7. III 型頭像　8. IV 型頭像　9. V 型頭像　10. VI 型頭像　11. VII 型頭像　12. VIII 型頭像
13. I 型面像　14. II 型面像　15. III 型 1 式面像　16. III 型 2 式面像　17. IV 型面像

一樣，因而同時又成為了巫師。群巫與群巫之長、各國之君與天下共主，這種關係就形成了多元一體、有層次、有主從的結構關係。

成都十二橋商代木結構建築遺跡

三星堆青銅大立人像，由於其巫師的形象特別突出，它高踞於群像之上，既有王者之風，又有主神之儀，因此是群巫之長。其他人頭像、人像則多為西南夷形象，或氐羌人形象，它們代表着蜀王治下的各級統治者、各部族之長或群巫。由此看來，青銅雕像群所展示出來的，是一個以蜀王為核心，有着眾多族類君長擁戴的統治集團結構。

包括出土青銅雕像群的一、二號祭祀坑時期的三星堆文化面貌，是成序列地繼承和演進的，表明從三星堆二期以來，社會基本結構未變，統治者族屬未變。同一時期三星堆文化的空間分佈，從考古學文化上顯示出來的有成都金沙遺址商代文化層、十二橋遺址、羊子山土台基址、成都指揮街遺址、新繁水觀音遺址、雅安沙溪、忠縣㽲井溝以及漢中城固的青銅器群，還有《華陽國志・蜀志》所說的岷江上游的蜀文化，等等，它們在面貌和內涵上都同三星堆遺址屬於同一區系文化，均應納入古蜀文化範疇。它們與三星堆遺址的關係，應是蜀文化結構框架中的各個層面和各個支撐點同文化中心的關係。其空間構架可以從兩個方面來認識。

第一，從平面結構看，三星堆遺址與其他遺址的關係，是一種中心遺址與邊緣遺址的關係。

第二，從垂直結構看，又是一種高級中心與次級中心、低級中心和一般性居址的關係。

平面與垂直兩種結構，使我們能以立體的視角，清楚地看出古

蜀王國的統治在空間上的廣延性和分級性，看出王權實施的廣度和
深度。

　　再從年代上看，根據從考古地層學理論發展出來的民族學「年
代—區域原則」(age-area principle)[①]，在一定條件下，廣為分佈的文化
要素比其分佈受到限制的文化要素的歷史悠久；一種文化因素的空間
分佈越廣，其年代就越悠久。由此判斷，分佈於成都平原至漢中盆地
的與三星堆遺址相同的文化因素，由於在當地找不到其起源和演變的
序列，就只能認為是三星堆文化在空間上的延伸，或者說是傳播。而
三星堆遺址本身有清楚的發展演變序列，在考古學年代上又早於其他
遺址，說明它是同一文化的傳播源所在。同時，三星堆遺址文化本身持
續發展了上千年之久，又充分說明了蜀王統治在時間序列上所達到的
高度穩定性發展。

　　空間上的連續性和時間上的穩定性，無可非議地說明，三星堆作
為蜀王之都，是最高權力中心之所在；其他處於邊緣地區和不同層次
上的各級次中心及其支撐點，則是這個高級權力中心在各地進行統治
的堅強基礎和有力支柱，只是其族別各異。這種情況，與青銅雕像群
所呈現出來的統治結構完全一致，表明古蜀王國的最高神權政治集團
控制着分佈有眾多族類的廣闊地域，這片廣闊地域內的各個地方性族系
之長，都是臣屬於古蜀國王權的小國之君，也是共奉古蜀國主神的群巫。
這一點，同商代諸方國對商王室的關係頗為類似。

　　早於三星堆遺址第二期的年代，是《蜀王本紀》《華陽國志》等史
籍所記載的「三代蜀王」時期。從三星堆第二期始建的城牆看，這時
已形成了古蜀王國的都城。從第二期開始，各系文化一系相承，無本
質變化，表明古蜀王國的統治者族屬沒有發生變化，權力未曾易手。
這就說明，三代蜀王(蠶叢、柏濩、魚鳧)的角逐爭雄年代，還在三星

---

① P. K. 博克：《多元文化與社會進步》，余興安等譯，遼寧人民出版社 1988 年
　　版，第 356 頁。

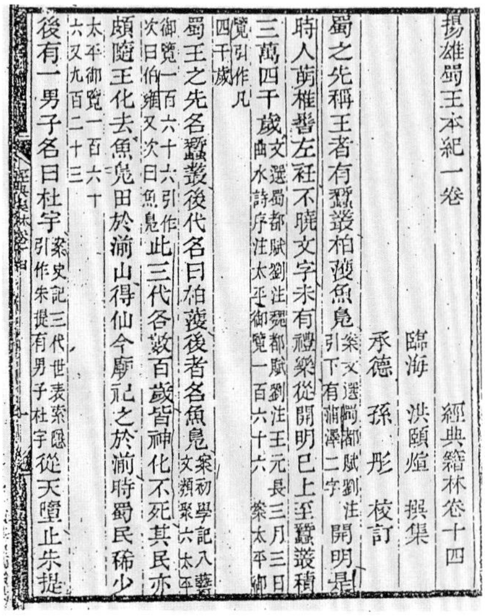

揚雄蜀王本紀一卷　經典緝林卷十四
臨海　洪頤煊　撰集
承德　孫　彤　校訂
蜀之先稱王者有蠶叢柏濩魚鳧（案文選蜀都賦劉注引下有蒲澤二字）開明是時人萌椎髻左衽不曉文字未有禮樂從開明已上至蠶叢積三萬四千歲（文選蜀都賦劉注魏都賦劉注王元長三月三日曲水詩序注太平御覽一百六十六案太平御覽引作凡四千歲）
蜀王之先名蠶叢後代名曰柏濩後者名魚鳧（案初學記八藝文類聚六太平御覽一百六十六引作次曰伯雍又次曰魚鳧）此三代各數百歲皆神化不死其民亦頗隨王化去魚鳧田於湔山得仙今廟祀之於湔時蜀民稀少（太平御覽一百六十六又九百二十三）
後有一男子名曰杜宇（案史記三代世表索隱引作朱提有男子杜宇）從天墮止朱提

《蜀王本紀》書影

華陽國志卷第三
蜀志
蜀之為國肇於人皇與巴同囿至黃帝為其子昌意娶蜀山氏之女生子高陽是為帝嚳封其支庶於蜀世為侯伯歷夏商周武王伐紂蜀與焉其地東接于巴南接于越北與秦分西奄峨嶓地稱天府原曰華陽故其精靈則井絡垂耀江漢遵流河圖括地象曰岷山之下為井絡帝以會昌神以建福夏書曰岷山導江東別為沱泉源深盛為四瀆之首而分為九江其寶則有璧玉金銀珠碧銅鐵鉛錫赭堊錦繡罽氂犀象氈毦丹黃空青桑漆麻紵之饒滇獠賨僰僮僕六百之富其卦值坤故多斑綵文章其辰值未故尚

《華陽國志 · 蜀志》書影

堆遺址二期以前，即在中原的商王朝之前。而三代蜀王的戰爭性質，實際上也是酋邦征服戰爭，當時社會還處在文明時代的前夜。三星堆遺址第二期對第一期的顯著變異，事實上就是三代蜀王戰爭的結果。其最終結局，是成都平原政治的一體化發展和古蜀王國的建立，並且直接導致了王權與神權的極大發展和本質性轉變，導致國家誕生，進入文明時期。

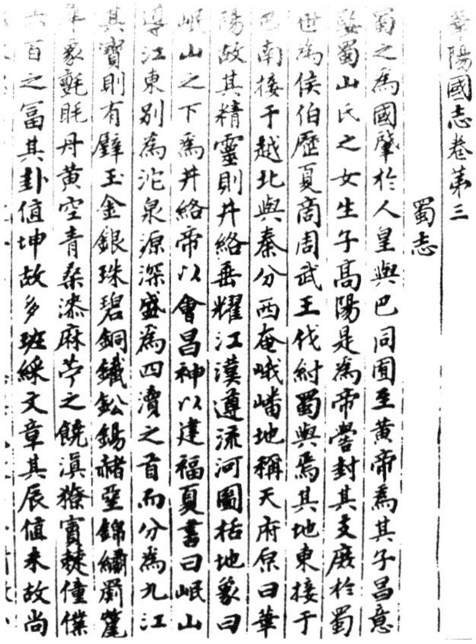

考古資料與上述分析恰相吻合。這一時期，不僅器物群較前有顯著變化，而且標誌王權穩固有力和神權至高無上的都城也建立起來，其遼闊面積甚至超出了同一時期中原商王朝的王都。而三星堆文化在後來近千年間的持續穩定發展和繼續擴張，也正表明三代蜀王角逐爭雄的時代業已結束，新的統治業已建立，統治秩序趨於穩固。據史書記載，三代蜀王的最後一代為魚鳧。恰恰從三星堆第二期開始，出現大量以魚鳧為藍本的鳥頭勺柄，不僅與城牆的修建年代相當，也與三星堆文化的巨大變異契合，這明確反映了魚鳧王統治的建立，標誌着古蜀王國王權神化的開端。

　　通過以上分析，一方面揭示出古蜀國王權的宗教神權性質，另一方面也揭示出古蜀國統治集團的分級制體系，展現出它在部族關係上有中心、分層次的多元一體結構框架。

五、從三星堆文化看古代文明的本質特徵

　　從物質文化上看，三星堆文化的古代文明特徵是顯而易見的：宏闊的古城、燦爛的青銅製品群、濫觴的文字、偉大的藝術、盛大的禮儀中心，等等。但三星堆文化考古遺存中所蘊含着的、看不見的一些結構性特徵，換言之，三星堆文化所呈現出來的那些古代文明的非物質文化特徵，卻不是容易一眼看穿的。這些帶有結構性特徵的內容，按照美國著名人類學家埃爾曼·塞維斯（Elman R. Service）在其名著《國家與文明的起源》（1975 年）中的闡

大汶口文化陶器表面的刻畫符號

釋，包括四個方面：(1) 權力系統通過宗教這種誘取贊同方式來獲得對民眾的統治權；(2) 通過裁決（或解決內部爭端或利益衝突）來進行社會管理；(3) 提供軍事上集中的攻擊和防禦優勢；(4) 提供再分配系統或貿易網絡的經濟利益[1]。這四個方面的結構性特徵，均可以在三星堆文化中得到證實。通過對這四個方面的深入研究，將可以充分揭示三星堆文化的古代文明特徵及其發展水平。

　　物質文明是人類文化進步到一定階段的產物，是文明社會的物質表現。國內學術界以「三要素」（城市、文字、青銅器）來界定古代文明，僅僅是考古學上界定文明的若干種方法中的一種。這種方法有其

---

① Elman R. Service, *Origins of the State and Civilization*, Toronto, 1975, p. 291-p. 296.

好處，那就是直觀、易找，但用這種方法來研究古代文明，就顯得遠遠不夠了。文明既然是人類文化發展演進到較高級階段的產物，而人類創造這些文明成果是在一定的社會組織內進行的。那麼，從功能的角度講，它就是一種組織行為，組織結構在古代文明的創造中起着關鍵作用，只有當組織結構發展到一定水平時，才可能產生相應的物質文化形式。所以，對古代文明的研究，除了要研究它的物質成果而外，還必須研究它的社會組織結構和運作機制，才能從比較完整的意義上透徹地闡釋一個古代文明社會，也才能夠從中發現文化發展演變的動力系統及其各種機制。

　　上面引證的塞維斯所提四點，是古代文明社會組織結構的部分內容，它們包括宗教神權系統、制裁系統、軍事系統和再分配系統，由這四個系統整合成為古代文明政治體系中的權力關係，以及權力統治之下的各種社會組織結構。物質文明的大部分成果，是由於組織結構的某種相應需要而產生的。比如，青銅器產生於祭祀或宴享的需要，文字產生於管理或祭祀的需要，城市產生於防禦、治水、宗教或展示權力的需要，大型禮儀建築產生於宗教的需要，如此等等。在一定的意義上可以説，物質文明系統是權力系統、宗教系統和政治社會組織

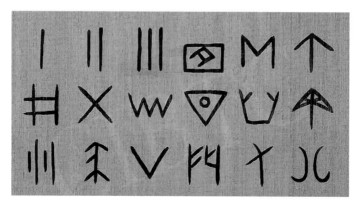

二里頭遺址出土的刻畫符號

系統的功能性表現。反過來也可以理解為，物質文明所蘊含、體現的是政治組織、權力結構、管理體制和宗教傳統等社會關係及其意識形態。因此，國家組織是古代文明發生發展過程中起根本、決定性作用的要素，也是古代文明的本質特徵。

正如塞維斯分析的那樣，古代文明中的一些物質文化特徵，可以分別在酋邦制水平的社會裡發現，所以不能以單個出現的物質文明要素作為文明社會誕生的標誌。克拉克洪（C. Kluckholm）強調，至少要有兩個物質文明要素加上大型禮儀中心同時出現在一個社會裡，才可以稱得上文明 [1]，這是很有道理的。從中國的情況看，早在龍山文化時代，黃河中下游的河南、山東地區、黃河上游河套地區、長江中游兩湖地區、長江上游成都平原地區，就已出現了若干古城，黃河上游甘肅東鄉林家出現了零星、小件的青銅器，黃河下游山東丁公出現了成行的陶文，但大多數不是同時出現在同一個社會裡。從政治社會的發展角度看，文明要素的單個出現，意味着在酋邦制組織中還沒有產生複雜社會的更高需要，還沒有形成它的社會組織基礎和經濟技術條件。成都平原早期城址群就是這樣，由於沒有能夠證明存在階級衝突因而必然導致建立一支常設武裝力量來支撐凌駕於社會之上的政治組織——國家的考古材料，因而對它們城牆形成的原因，就不能解釋為國家政權作用的後果。要判斷當時社會究竟是國家還是酋邦，必須對各種資料加以綜合分析，「三要素」可以作為衡量標準之一，但不全面，還要從政治社會的角度看它是否有跨血緣的地緣性組織的材料，和是否有公共權力機關的材料。這些材料尤其是武裝力量和政權機構標誌的材料，一般說來可以從考古材料中發現，就像在三星堆遺址中所大量發現的那樣。兩相比較，很明顯成都平原早期城址群還處在文明起源的發展階段。

---

[1] C. Kluckholm, *The Moral Order in the Expanding Society, City Invincible: An Orlental Institute* Symposium, 1960, p. 400.

山東鄒平丁公龍山文化遺址出土的陶文

　　上述各點，一言以蔽之，古代文明最重要的特徵，在於從社會中發展出了一個能夠控制並佔有基本資源的政治組織。由於它掌握了基本資源，控制了經濟命脈，產生了行使權力的經濟手段，為了保證經濟權力的穩固和擴大，又發展出了武裝力量和意識形態權力，這就是國家。由此便導致了物質文化形態方面作為古代文明誕生標誌的各種要素的集中出現。從寶墩文化到三星堆文化，其發展演變過程，正是對這種關係最好不過的證明。

第 四 章

三星堆與金沙：古蜀城市文明

城市是文明時代的重要標誌。「文明」(Civilization) 一詞，來源於拉丁文 Civis 和 Civatas，意指城市居民和社會，含有「城市化」或「城市的形成」等意義。城市一旦形成，便意味着史前生產方式和村落生活方式的基本結束，標誌着新的生產方式、社會組織和城市生活方式的出現，宣告了文明時代的來臨。正因為城市對文明社會具有特殊意義，V. G. 柴爾德才將人類社會從史前進入文明的巨大變革稱為「城市革命」[1]。顯然，研究古代文明的起源和形成，不能不着力研究古代城市的起源和形成。

三星堆一、二號祭祀坑原址展示

---

① V. G. Childe, *Man Makes Himself*, New York, 1948.

　　這裡論述的古蜀古代城市，既不等於中國封建時代的城市和歐洲中世紀城市，也不等於近代以來的城市。「古代城市」這個概念，是指城鄉分化初期階段的城市，即「早期城市」或「最初城市」。

　　早期城市的概念很難界定。儘管如此，正如 V. G. 柴爾德所說，「有10 個以考古學材料演繹出來的抽象標準，可以把甚至是最早的城市與任何過去的或當代的村莊區別開來」。它們是：1. 大型居住區；2. 人口構成和功能與任何村莊都不同；3. 剩餘財富的集中化；4. 巨大的公共建築；5. 從事非體力勞動的統治階級；6. 文字；7. 曆法學和數學；8. 專職藝術家；9. 對外貿易；10. 以居住區而不是以親屬關係為基礎的政治

三星堆遺址地貌圖
這個非同尋常的地方，由於揭示了古蜀之謎而名聞遐邇

組織[①]。美國文化人類學家 R. M. 亞當斯認為，城市形成過程中最本質的轉變是社會組織領域內的變化，即社會的規模擴大，複雜性增加，同時在政治上和宗教上都有新的機構出現[②]。柴爾德的演繹抽象，正如 C. 倫福儒評論的那樣，強調了各種因素之間的相互關係，是一種具有普遍性的模式[③]。而亞當斯又着重強調政治組織領域內的結構性變化和機制轉變，他的論述也建立在對中美洲、秘魯和美索不達米亞早期文明進行分析的基礎之上，同樣具有廣泛的適應性。

　　具體從考古學文化上來界定早期城市，蘇聯學者 B. N. 古梁耶夫根據對古代東方和中美洲古代文明材料的研究所提出的看法是值得重視的。他認為古代城市形成的標誌和特點是：1. 出現了統治者及其王室居住的宮殿群；2. 出現了宏大的寺廟和聖所；3. 宮殿、寺廟建築群與平民的房舍隔離開；4. 聖區與住宅區明顯不同；5. 具有奢華的王陵和墓葬；6. 產生了大型藝術品；7. 有了文字（碑銘石刻）；8. 數量上的標誌是：大型廣場、大量住宅和公用房屋、較密集的居民等等[④]。

　　西方人類學家和歷史學家還普遍認為，城市革命進程中其他的一些重要特徵還有：在特殊的及相互依存的地區間進行商品交換和商品再分配的機構；通常是在城

三星堆古城牆遺址

① V. G. 柴爾德：《城市革命》(1948)，《當代國外考古學理論與方法》，三秦出版社 1991 年版，第 1—12 頁。

② R. M. 亞當斯：《關於早期文明發展的一些假說》(1959)，《當代國外考古學理論與方法》，第 33—42 頁。

③ C. 倫福儒：《對考古學解釋的反思》(1982)，《當代國外考古學理論與方法》，第 324—343 頁。

④ B. N. 古梁耶夫：《瑪雅城市國家》，莫斯科 1979 年，第 14、15、19 頁。

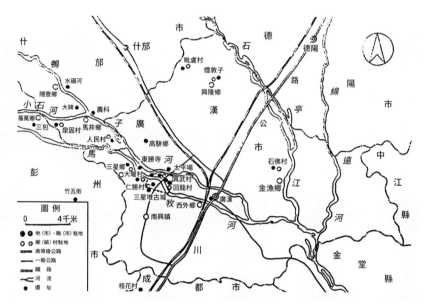

三星堆周圍地區古文化遺址分佈示意圖

市革命的核心部分形成以後，人口才有所增加 [①]。這些分析，同柴爾德、亞當斯、古梁耶夫的看法基本一致，也是界定早期城市的通行準則。

　　上述關於早期城市的各項界定標準，多數具有普遍性，對於中國早期城市的確認以及早期城市形成過程的研究，有着重要的借鑑意義和參考價值。根據考古、文獻資料並參照上述理論進行分析，可以有把握地確認，在殷商時代，以成都平原為本土的古蜀王國即已產生形成了兩座早期城市，這就是廣漢三星堆古城和早期成都。

一、三星堆古城的發現與確認

　　20 世紀 80 年代以來，三星堆遺址的重要性日漸為四川省學術界的各個考古機構所認識。1987 年，四川省文物考古研究所在三星堆建立了工作站，負責遺址的保護、發掘和研究工作，學術界對三星堆遺

①《簡明不列顛百科全書》第 15 版（1984）第 2 卷，中國大百科全書出版社 1985年版，第 271 頁。

址與蜀王故都的關係逐漸有了深入而明晰的認識。

20 世紀 80 年代的考古發掘，在蜀王故都的探索上取得了一系列令人矚目的突破性成果。首先是探明了三星堆遺址的分佈範圍：東起回龍村，西至大堰村，南迄米花村，北抵鴨子河，總面積約達 12

1929 年出土後存放在燕家院內土磚牆側的大石璧

平方公里。分佈最集中、堆積最豐富的地點，有仁勝、真武、三星、回龍四村。其次，找到了相當於夏、商、周時期的房屋基址 40 餘座、陶窰 1 座、灰坑 100 多個、小型墓葬 4 座。再次，發掘出土大量陶器、玉石器。尤其是一、二號祭祀坑，出土青銅人立像、青銅面像、青銅人頭像、青銅神樹、青銅龍、青銅蛇、青銅爨、青銅鳳、青銅雞，以及金杖、金面罩、象牙、海貝等稀世珍品上千件。另一重大發現，便是三星堆城牆的發現與確認 [1]，為蜀王故都的重見天日提供了鐵的證據。

1988 年以後，四川省文物考古研究所對三星堆遺址內東、西、南三面的土埂進行了全面調查和試掘工作，獲得重大成果。試掘探明，城牆橫斷面為梯形，牆基寬 40 餘米，頂部寬 20 餘米。牆體由主城牆、內側牆和外側牆三部分組成。在主城牆局部，使用土坯磚，這是我國城牆建築史上發現的使用年代最早的土坯壘築城牆的實物例證。調查和勘測結果表明，被城牆所圍的城圈範圍，東西長 1600—2100 米，南北寬 1400 米，現有總面積 3.6 平方公里，面積超過鄭州商城。城牆無轉角，不封閉，北面以鴨子河為天然屏障。在古城的中軸線上，分佈着

[1] 《三星堆遺址》，《考古學報》1987 年第 2 期；《廣漢三星堆遺址一號祭祀坑發掘簡報》《廣漢三星堆遺址二號祭祀坑發掘簡報》，分載《文物》1987 年第 10 期、1989 年第 5 期；陳德安：《三星堆遺址的發掘與研究》，《中華文化論壇》1998 年第 2 期。

三星堆一號祭祀坑、二號祭祀坑發現處

三星堆、月亮灣、真武宮、西泉坎等四處台地。文化堆積層較豐富、集中。1929 年出土的玉石器坑和 1986 年出土的兩個大型祭祀坑，都位於這一中軸線上，說明這個區域是三星堆古蜀國都城最重要的宮殿區。在城牆夯土內發現的陶片，均屬三星堆遺址第一期。東城牆和南城牆內側，發現城牆夯土壓在三星堆一期(相當於龍山文化時期)的文化層之上，同時又被三星堆二期(相當於夏代至商代早期)偏晚文化層所疊壓。從地層分析，三星堆城牆的時代相當於早商時期[1]。

　　這次調查、勘測和試掘，確認了三星堆城址是夏代晚期至商代古蜀國的都城，使數十年以來學者們對蜀王故都的探索獲得了突飛猛進的發展，整個學術研究呈現出一派欣欣向榮的景象。

　　關於蜀王故都，歷史文獻記載顯得過分簡略了。三代蜀王的故都所在，蠶叢、柏濩兩代完全沒有甚麼材料傳世，至於魚鳧王的故都，文獻記載也是渾渾噩噩，似乎所在皆有。《蜀王本紀》說：

　　　　魚鳧田於湔山(按：今都江堰市境內)，得仙，今廟祀之於湔。

《華陽國志·蜀志》也說：

　　　　魚鳧田於湔山，忽得仙道，蜀人思之，為立祠。

─────────

[1] 陳德安、羅亞平：《蜀國早期都城初露端倪》，《中國文物報》1989 年 9 月 15 日。

三星堆古城東城牆發掘現場

三星堆古城西城牆發掘現場

按照《左傳‧莊公二十八年》的解釋：

> 凡邑，有宗廟先君之主曰都，無曰邑。

東漢劉熙的《釋名‧釋州國》也說：

> 國城曰都。都者，國君所居，人所都會也。

既然古蜀人在今都江堰市境內的湔山建立了魚鳧王廟，那麼那裡便似乎就是魚鳧王的故都所在了。

可是，持不同見解者大有人在。唐人盧求的《成都記》[①]、宋人羅泌的《路史‧前紀》都不以為然。這兩部書均認為：

> 魚鳧治導江。

「導江」在今都江堰市南，與湔山並不在一個地點。不過，從大範圍來看，兩地都在今都江堰市境內，差距不太大。

宋人孫壽的說法，差距就很大了。他在《觀古魚鳧城詩》的自注中寫道：

> 溫江縣北十五里有古魚鳧城。

清嘉慶《溫江縣志》充分肯定這一說法：

> （魚鳧王城）在縣北十里。俗稱古城埂。

------

① (明) 曹學佺：《蜀中名勝記》卷 6 引。

這幾種說法，孰是孰非，自古以來，人們並沒有做過認真的辨析。

所幸的是，科學的考古學為我們提供了探索古蜀王國秘密線索的鑰匙。三星堆遺址的發掘，大批文化遺物的出土，大量文化遺跡的披露，尤其是古老城牆的發現，證實了上述古籍所載蜀王故都並非虛幻。因為，一座金碧輝煌的蜀王故都，已真真切切地展現在我們眼前。

三星堆文明的再發現，舉世矚目。但是，要確切證實三星堆古城是古蜀王國的故都，還需要進行深入細緻的論證工作。

三星堆古城址的現存總面積為 3.6 平方公里。這樣大的古城佔地面積，即使在當時（早商時期）的全中國範圍內，都是極其罕見的。城牆體的高大、堅厚，反映出可供支配、徵發和役使的勞動力資源相當充足，進而可知居住在城內的統治者必然高高在

三星堆出土大型建築遺址

上，統治着數量龐大的人口，控制着豐富的自然資源、生產資源和社會財富。城圈的廣闊，其實質是意味着城圈以內複雜社會的形成，表明其中的生活方式已經截然不同於史前的鄉村，城圈內部的社會組織、政治結構以至整個社會的控制系統和運作機制，都已遠遠超出史前酋邦的水平。再結合對為數眾多的直接生產者和從事非生產勞動的專業技術人員（比如各種藝人）的有效統治以及對自然資源、生產資源和社會財富的高度控制來看，一個具有集權性質的政府組織顯然已經形成。

在三星堆古城以內已經發掘清理的房屋密集的生活區中，出土了大量陶質酒器、食器和玩物。發掘清理的房屋遺跡，既有平民居住的面積僅僅 10 平方米左右的木骨泥牆小房舍，又有權貴們居住的面積

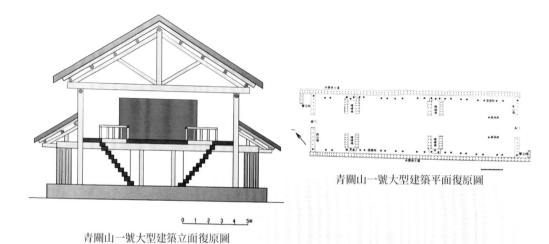

青關山一號大型建築立面復原圖

青關山一號大型建築平面復原圖

月亮灣台地

青關山大型建築

超過 100 平方米的穿斗結構大房舍和
抬樑式廳堂，還發現了面積達 200 平方
米的超大型房屋，更發現了面積達 800
平方米以上的青關山大型建築基址。
幾種房舍的區別，揭示出其間深刻的階
級分化。在生活區內，發現了縱橫交錯
的排水通道，出土了大量青銅藝術品和
工藝陶塑製品、動物、樂器等，還出土
大批玉石禮器和雕花漆木器，出土雙手
反縛、跽坐的石雕奴隸像，相反卻缺乏
農業生產工具 [①]，表明這些區域是貴族
統治者們的居宅。這就與其他僅出土

三星堆二號祭祀坑出土的青銅公雞

大量生產工具、成品半成品和手工作坊遺跡的區域，形成了鮮明的對
照。同時也展示出建築群依照房舍主人身份的貴賤高低進行分區的
景象。

　　三星堆一、二號祭祀坑出土的上千件青銅器、金器、海貝、象牙
和玉石禮器，無一不是權勢與財富的代表和象徵。它們顯然絕對屬於
城內的核心統治集團所擁有。
與此形成強烈對比的是，在遺
址內發掘出的 4 座墓葬，基本
上談不上有隨葬品，更不用說
有甚麼金銀財寶。這當中的區
別，透露出嚴重的貧富分化、
階級分化和嚴酷的階級剝削
的實質。

　　高聳的城牆，城牆外圍

三星堆出土的玉器

---

① 林向：《蜀酒探原》，《南方民族考古》第 1 輯，1987 年。

三星堆遺址出土器物上的文字符號

深陷的壕溝，是階級衝突加劇的象徵。遺址內一些出土陶器上的早期文字符號 [1]，是腦力勞動與體力勞動分野的標誌。在三星堆遺址周圍12 平方公里範圍內，分佈着十多處密集的古遺址群，文化面貌與三星堆遺址相同。這些遺址群，既與三星堆古城土壤相連，又被三星堆高大的城牆隔開。它們毫無疑問是三星堆古城直接統治下的廣大的鄉村群落。古城內的糧食、生活用品和一應物品，多來源於此，取之於此。這正是古代城鄉連續體業已形成的最顯著實例。三星堆古城，顯然首先就是作為這片廣闊鄉村的對立物，從中生長、發展起來，並凌駕在它們之上，對它們實施直接統治的。

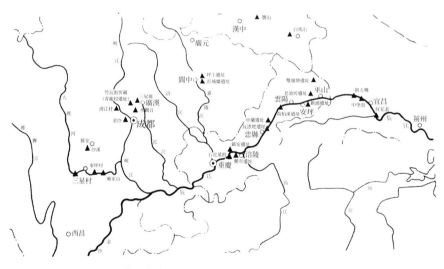

成、渝地區商周時期的考古遺址分佈示意圖

---

[1] 林向：《三星堆遺址與殷商的西土》，《四川文物》「三星堆研究專輯」，1989 年；段渝：《巴蜀古文字的兩系及其起源》，《成都文物》1991 第 3 期，《考古與文物》1993 年第 1 期。

古蜀地區各種生產資源、社會財富和富於戰略意義及宗教神權巨大權威的自然資源，向着三星堆古城的單向性流動和高度匯聚，表現出三星堆古城對整個古蜀文化區的高度凝聚力、向心力和高度的社

三星堆古城北城牆下的疑似建築基址

會控制；而古蜀文化區各地的青銅兵器等軍事裝備，又是從三星堆古城呈反向性地流向各個次級邑聚、邊緣地區和軍事據點，表現出三星堆古城對整個蜀文化中專職暴力機構和軍隊的強有力控制與指揮。這兩種現象確鑿無疑地說明，在古蜀王國的巨大社會控制系統中，起決定作用的調控樞紐，是凌駕於全社會之上的國家政權，其核心是王權與神權。

以上所有的因素，無不揭示出人口集中的大規模化，人口結構中非直接生產者的大量產生，剩餘財富的集中化，商業關係的廣泛建立和遠程貿易的產生，社會分層的複雜化和階級社會的形成，大型居住區與貧民窟的對立，巨型宗教禮儀中心的建成，文字的產生和使用，專業藝人隊伍的存在以及神權與王權的強化和統治機器的專職化、制度化，如此等等。所有這些物質的和非物質的因素，整合起來看，正是業已形成為一座早期城市的最主要標誌，構成一幅城市文明的清晰圖景。

即令從經濟進步的角度來認識，三星堆古城所擁有的大規模青銅器生產、玉石器生產和金器製作以及昌盛的釀酒業、建築業等，都無不顯示出遠遠高於史前村落的經濟發展程度。因此，作為城市化機制的核心，三星堆遺址也十分清楚地表現出它作為多種產業生長點和地區的增長中心的特點。因此毫無疑問，三星堆應是一座典型的古代中心城市，即都市，也是古蜀文明的高級中心之所在、權力中心之所在，

即古蜀王國的都城。

二、三星堆古城的形成

　　廣漢三星堆古城的形成過程，從一開始就表現出強烈的神權政治中心性質，以神權政體為中心的社會組織和政治機構，在城市形成進程中發揮着核心的聚合作用。

三星堆古城牆遺址

　　三星堆城牆的牆體異乎尋常地厚實，基部厚 40 米，頂部厚 20 米。如此牢固寬大並具永久性的城牆，其功能和用途是甚麼？不少學者以為其本身就是防禦體系，是為拱衛蜀王之都而營建的。這種解釋未必恰當。三星堆城牆固然高大堅厚，但它內外兩面卻都是斜坡，橫斷面呈梯形，與鄭州商城截然不同，這種形制根本不可能適用於戰爭防禦[1]。況且，從城牆剖面的文化遺物面貌和碳 14 測年數據來看，似乎幾道城牆的築成年代有先後早晚之分。如此，視其為防禦體系，將更加失去依據。有學者認為城牆與防禦洪水有關，其功能之一便是作為堤防。可是從地形和位置看，東西兩道城牆分別縱貫於鴨子河與

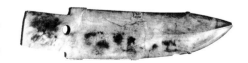

三星堆出土的玉戈

---

[1] 段渝：《關於長江文化研究的幾點思考》，《東南文化》1992 年第 1 期。

三星堆出土的青銅鳥頭　　　　　　　　　三星堆出土的鳥頭把勺

馬牧河之間，其橫斷面分別正對南北的兩道河流，卻不是以其縱斷面朝向河流，很難起到堤防的作用。南城牆雖與馬牧河几字形彎道的東邊相平行，然而馬牧河彎道卻又在城圈以內，因此也難以起到堤防的作用。

　　解釋三星堆城牆的功能和用途，最好是聯繫城內有關文化遺存加以綜合研究。迄今為止的三星堆考古發掘中，很少見到實戰所用的兵器，即或有其形制，也多屬儀仗、禮儀用器，例如玉戈、玉匕、無刃的三角形齒援青銅戈等。而標誌宗教神權及其禮儀活動的各類陶製品、玉石製品、黃金製品和青銅製品，出土卻極為豐富。強大的宗教神權，顯然是同城牆一道與生俱來的。城牆始建年代為三星堆遺址二期，恰恰在這一期中，遺址內開始出現一種很有特色的鳥頭柄勺，鳥頭長喙帶勾，形似魚鷹，與史籍所述商代蜀王魚鳧的形象驚人地相似。這種鳥頭柄勺，絕非一般的普通實用器，而是魚鳧氏蜀王國在特殊的宗教禮儀場合用以舀酒的神器。這種神器與城牆同時出現的現象，暗示着兩者之間具有某種不可分割的內在聯繫。將它們繫結在一起的紐帶，正是宗教神權。

　　可以表明三星堆城牆所具宗教性質和神權象徵性的，還有若干其他證據，其中重要的是三星堆遺址文化內涵的變化。三星堆遺址分為四期，第一期為新石器文化，第二期以後進入早期文明。引人注目的

三星堆出土的陶盉

是，在第一、二期之間，文化面貌出現了顯著變異，反映了社會結構及其運作機制的突變，這種突變是另一支文化戰勝土著文化的結果。作為這種文化征服後果的直接表現形式，最引人注目的便是巨型古城的誕生和鳥頭柄勺的出現，兩者最恰當不過地表明了社會組織領域內的本質性變化，以及政治上、宗教上新的機構的出現。結合《蜀王本紀》《華陽國志》等古文獻分析，這種轉變來自於魚鳧王對蠶叢、柏濩的征服，並在這個基礎上創立了以魚鳧王為核心的宗教神權政體——古蜀王國。作為這個宗教神權政體的象徵性神器——以魚鳧為形象製成的鳥頭柄勺，在這一時期的突然出現，絕不是偶然的。而城牆的營建，目的正在於適應這個新政體的宗教神權性質。城牆既然不足以構成防禦體系，它的首位功能又不是防禦洪水，那麼就只能合理地解釋為宗教性建築，神權統治者通過它那龐大的物質形式所產生的巨大威懾力量，炫耀神權政體至高無上的權威，並使王權在神權的庇護下達到充分合法化，藉以實施嚴酷的階級統治。聯繫到一、二號祭祀坑內瘞埋的大批青銅器、金器、象牙、玉石器來看，大型宗教禮儀活動和祭典等，有可能便是在寬闊的城牆上舉行的。這種情形，與美索不達米亞和中美洲古代文明、印加文明城牆、城堡的功能，竟毫無二致。

三星堆城牆遺址

三星堆出土的青銅人頭像群（部分）

　　由此可見，儘管魚鳧王征服蠶叢氏和柏濩氏的戰爭為三星堆成為古蜀國王都奠定了基礎，然而在這座古城的聚合形成過程中，根本性的促進因素卻是宗教神權。三星堆文化從夏代到商代的持續發展、城牆的連續使用和續有新築、鳥頭柄勺的始終存在和精益求精，以及金杖、金面罩、青銅雕像群、玉石禮器等神權政治產物的出現，都是同這座城市從聚合成形到規模不斷擴大的發展進程相一致的。

三、三星堆古城的功能、結構與佈局

　　商代三星堆蜀王都城規模龐大，聚集了大量人口。根據有關專家對中國早期城邑人口戶數平均佔地數值的研究，戶均佔地約為 158.7 平方米[1]，與《墨子·雜守》所記「率萬家而城方三里」，即戶均佔地 154.2 平方米的實際情形基本吻合。按此人口密度指數估算，商代三星堆蜀都面積 3.5—3.6 平方公里，約有 22698 戶。以每戶 5 口計，約有 113490[2] 人，這在當時確實算得上大城市了。

---

① 林澐：《關於中國早期國家形式的幾個問題》，《吉林大學學報》1986 年第 6 期。

② 段渝：《巴蜀文化是華夏文化又一個起源地》，《社會科學報》1989 年 10 月 19 日；《古蜀文明富於世界性特徵》，《社會科學報》1990 年 3 月 15 日；《論商代長江上游川西平原青銅文化與華北和世界古文明的關係》，《東南文化》1993 年第 2 期。

三星堆三號祭祀坑內的遺物類型和分佈

居住在三星堆古蜀都內的眾多人口中，可以依靠食貢獲取消費品的，僅是王室、顯貴等一小部分上層統治人物。不過他們使用消費品的某些種類，尤其是奢侈品，如大宗象牙、海貝、玉料、黃金、銅錫原料等，仍須通過交換從外獲取。中下層統治者雖可通過田產等解決衣食的主要來源，但也必須加入商品交換行列以獲得田產或租稅所無的各類商品。至於城市平民和工商業者，其主要衣食則必須仰給於市場。所有這些需要，都刺激了商品關係的發展和貿易網絡的擴大，並推動了地區之間和不同類型生產性經濟之間的各種經濟關係的廣泛建立。

考古發掘中，三星堆祭祀坑出土了大量來源於印度洋海洋文明的穿孔環紋貨貝，即齒貝，與雲南出土的貝幣一致，也與商、周貝幣的功能相同，是用於商業貿易的一種貨幣。這表明，作為王都和神權政治

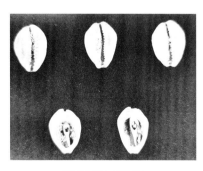

三星堆出土的海貝

中心，三星堆古城同時也積極發揮着組織貿易的功能。這種貿易，當主要是外貿。三星堆祭祀坑所出大型青銅人物雕像群、神樹、黃金權杖和黃金面罩，其文化因素的來源就與西亞近東文明有關，大量海貝也是原產於印度洋的深水產品，當從中亞和印度、緬甸等地區引入。可見，作為

古代都市，三星堆古城最大限度地
發揮了其經濟功能和對外文化交流
功能。

　　在城市佈局方面，三星堆古蜀
都的規劃佈局，目前還不能具體描
述。可以知道的是，三星堆古蜀都
是以中軸線為核心加以規劃、開展
佈局的，幾個重要遺址如宮殿區和
作坊區都分別位於中軸線的不同區
段上。中軸線東西兩側，東西城牆
以內，分佈着密集的文化遺存。中
軸線南端，南城牆內外，也發現密

發掘出土的三星堆遺址古城北城牆

集的文化遺存。其中有些是生活區，披露出大片房舍遺跡；有些是生
產區，發現陶窯、石璧成品半成品、大量生產工具，遺址內發現的陶
坩鍋和鑄造所遺泥芯 [①]，表明有大型鑄銅作坊。加上廣闊的城圈，具
宗教功能的雄偉的城牆，南城牆內的大型祭祀坑，這一切都使三星
堆古城在總體規劃和具體佈局上顯示出王都氣象。宮殿區、宗教聖
區、生活區、生產區，便構成商代三星堆古蜀國都城平面規劃的四個
基本要素。在三星堆古城的西城牆外，還分佈有墓葬區；但魚鳧王王
族以及統治者顯貴們的大型墓葬，至今還沒有發現。

四、十二橋文化與金沙遺址：成都城市的形成

　　古蜀王國城市文明的曙光不僅從三星堆躍然升起，而且還從早期
成都的地面上迸射而出。大量的考古資料說明，早期的成都，是一座
稍晚於三星堆蜀王之都的起源形成卻與它同步繁榮發展起來的具有相
當規模的早期城市。

---

① 陳顯丹：《論廣漢三星堆遺址的性質》，《四川文物》1988 年第 4 期。

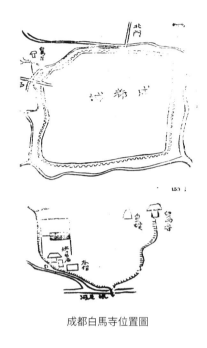

成都白馬寺位置圖

早在 20 世紀五六十年代，考古工作者就在成都市青羊宮、羊子山、百花潭、天回山等地相繼發現了古蜀文化的遺址、遺跡和遺物。在此之前，20 世紀二三十年代還在成都白馬寺發現大量蜀式青銅器。其中的許多文化因素，頗早於文獻記載所說蜀王開明氏定都於成都的年代。這些考古材料，實際上為探討成都這座城市的起源提供了重要依據。但由於古代文獻和考古資料的限制，學術界還不可能設想成都的城市起源會早於春秋戰國之際，更不敢貿然把它上溯到更早的商周時代。

1985 年至 1986 年，考古工作者在成都市區西部的十二橋，發掘了一座屬於商代晚期的大型木結構建築群，總面積達 15000 平方米以

成都白馬寺青銅矛描摹圖

上①。其中，發現了大型宮殿木結構建築廡廊部分的遺跡。在主體建築周圍，發現了密集排列的小型干欄式建築遺跡，它們是大型木結構宮殿建築的附屬建築群。大型主體建築與小型附屬建築相互連接，錯落有致，渾然一體，組成規模寵大的建築群體。

成都十二橋商周時期的古蜀建築遺存

1990 年初，又在十二橋遺址新一村住宅工程地面下，發掘出堆積 4 米以上的文化層，發現了縱橫交錯的房屋構件 20 餘根，還出土一批從商代早期到春秋戰國時期的青銅器和陶、石等器物②。這些為證明早在商代，成都業已形成為一座文明古城提供了直接依據。

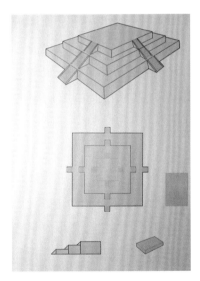

成都羊子山土台結構圖

在成都十二橋遺址北面的羊子山，還在 1956 年，考古工作者就曾經清理了一座高大的土台建築，即著名的羊子山土台③。土台為三級四方形，每層有登台土階，用泥草製土磚築牆，內以土夯實。在一望無際的成都平原，這座高達

---

① 四川省文管會、成都市博物館：《成都十二橋商代建築遺址第一期發掘簡報》，《文物》1987 年第 12 期；四川省文物考古研究院、成都文物考古研究所：《成都十二橋》，文物出版社 2009 年版。

② 周爾太：《十二橋商代建築遺址有新發現》，《成都晚報》1990 年 4 月 19 日。

③ 四川省博物館：《成都羊子山土台遺址清理報告》，《考古學報》1957 年第 4 期。

10 米以上的土台，顯得倍加巍峨高大。土台年代，原來認為其上限約在西周晚期至春秋前期。經林向先生研究認為，土台的始建年代，上限當在商代晚期或商周之際[1]。

　　成都羊子山土台的三級四方形制，與廣漢三星堆二號祭祀坑所出青銅大立人像，即古蜀王國神權政治領袖雕像的三層四方形基座，形制頗為一致，而青銅大立人像的三層四方形基座，正可以說是成都羊子山土台大型祭壇的縮影。不僅如此，成都羊子山土台的方向，測定為北偏西 55°，而廣漢三星堆遺址的兩個祭祀坑的方向，同樣也都是北偏西 55°。可見，作為三星堆古蜀王國高級中心調控下運轉的第二級中心，成都的文化面貌尤其是體現權力、義務的那些文化面貌，是處處與三星堆文化保持一致的。

三星堆二號祭祀坑出土的大型青銅立人像四方形基座

　　與十二橋文化早期階段屬於同一時期的成都市各考古遺跡，以十二橋建築群為中心，沿古郫江故道分別向北面和西南面的弧形地帶延伸分佈，其分佈範圍約達十多平方公里，包括撫琴小區、方池街、王建墓、指揮街、岷山飯店等地帶，物質文化均與十二橋遺址商代文化層相同[2]，並且其中任何一個遺址均未發現邊緣，證實它們原是同一個巨型遺址的不同組成部分。在各個遺址內，均發現豐富的陶器，其中絕大多數已碎。一般說來，文化層內每平方米範圍中（厚

① 林向：《羊子山建築遺址新考》，《四川文物》1988 年第 5 期。
② 王毅：《成都市蜀文化遺址的發現及其意義》，《成都文物》1988 年第 1 期。

約 20 厘米），可發現碎陶
片 100—1000 片 [①]，可見人
口的集中化所達到的相當
高度，表明商代的成都已
具頗為宏大的人口與建築
規模。

十二橋商周時期古蜀建築遺址

據發掘簡報，十二
橋遺址下文化層分為早、
中、晚三期。早期年代的
碳 14 測定數據有兩個，一為距今 4010±100 年（經樹輪校正），一為距
今 3680±80 年，均在夏代和早商時代的紀年範圍之內。中期年代約當
殷墟文化第一期，即相當於商代中期或稍偏晚的時期。晚期年代約為商

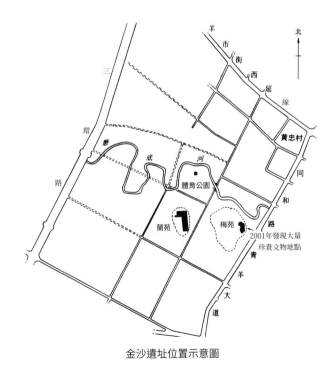

金沙遺址位置示意圖

---

① 羅開玉：《成都城的形成和秦的改建》，《成都文物》1989 年第 1 期。

金沙遺址出土的金冠帶

金沙遺址出土的黃金面罩

金沙遺址出土的太陽神鳥金箔飾

金沙遺址出土的黃金面罩

長6.9厘米，寬6.2厘米，厚0.1厘米，重4克

金沙遺址出土的蛙形金箔

金沙遺址出土的小型青銅人像　　　　金沙遺址出土的玉琮

末周初。這幾個碳測數據看來偏早，根據學術界近年來的研究，十二橋遺址商周文化層包括第一期和第二期兩個發展階段，遺址的第 13 層和第 12 層屬於第一期，第 11 層和第 10 層屬於第二期。第一期包一、二兩段，時代從殷墟三期到周初；第二期的時代在西周前期①。這組年代數據，不僅告訴我們，十二橋遺址早期階段與三星堆遺址相當一致的同步性發展，而且還告訴我們，十二橋遺址的早期文化層各期是連續發展演進的，達到了自身的穩步發展狀態。而以十二橋遺址為中心南北延伸分佈的古遺址群，年代與十二橋遺址基本一致，表明它們作為早期成都這個總遺址的各個組成部分，都是同步發展演進的。它們的共存關係，不單具有明顯的空間連續性，而且具有明確的時間穩定性。

　　2001 年，在成都市區西部發現了金沙遺址②。金沙遺址位於成都市區西郊二環路與三環路之間，遺址北側是故郫江，磨底河由西向東從遺址流過，將遺址分為南、北兩部分，北為黃忠村，南為金沙村。金沙

① 江章華：《成都十二橋遺址的文化性質及分期研究》，《四川大學考古專業創建三十五周年紀念文集》，四川大學出版社 1998 年版。
② 成都市文物考古研究所：《金沙 —— 21 世紀中國考古新發現》，五洲傳播出版社 2005 年版。

金沙遺址出土的跪坐石人像

遺址的分佈面積達 5 平方公里以上。

金沙遺址出土了大量珍貴文物，包括數以千計的金器、銅器、玉器、象牙、石器、骨器、木器等遺物，以及數以萬計的陶器、陶片。發掘清理大量極為重要的遺跡現象，如房址、陶窰、墓葬、窰穴、灰坑、象牙堆積坑、石器及豬牙等。金沙遺址出土黃金器物達 200 餘件，其中有黃金面罩、射魚紋金帶、鳥首魚紋金帶、太陽神鳥金箔飾、蛙形金箔、魚形金箔、金盒、喇叭形金器等，是先秦時期全國範圍內出土金器數量最大、種類最多的遺址。金沙遺址出土銅器約 1500件，主要有立人像、人頭像、立鳥、牛首、虎、龍頭、戈、璧形器、方孔形器、眼形器、鈴、貝飾等。出土玉器 2000 餘件，不僅數量多，種類豐富，而且製作工藝十分高超，主要有琮、璧、璋、鉞、戈、鑿、凹刃鑿形器、環、貝等器類，是我國出土玉器最多的遺址之一。金沙遺址還出土近千件石器，包括跪坐人像、虎、蛇、龜、鉞，製作十分精美。此外還出土 10 多件木器，主要有耜、神人像等，以及上萬件陶器、陶片。令人驚訝的是，金沙遺址出土了大量象牙，其數量之多、個體之大、保存之好，在中國乃至世界考古史上都是十分罕見的 [1]。

從金沙遺址的發掘情況來看，其出土的不同遺跡、

考古工作人員正在金沙遺址清理象牙

---

[1] 成都市文物考古研究所：《金沙 —— 21 世紀中國考古新發現》，五洲傳播出版社 2005 年版。

成都三和花園出土的大型建築基址

不同質地文物，表現出一定的功能分區，由此可以大致推測整個金沙遺址的規劃佈局：在金沙遺址東部區域，出土了1300多件包括金器、銅器、玉器、象牙、石器、骨器在內的遺物，還發現半成品石器分佈區、野豬獠牙分佈區和象牙堆積坑。象牙堆積坑內有大批象牙，伴出有玉器和銅器，這個區域可能是宗教禮儀活動區或作坊區。在金沙遺址中南部的「蘭苑」，發現大量房屋建築和紅燒土、成排的窖藏、400多個灰坑、80多座墓葬、1座陶窯，出土數以萬計陶器、陶片，以及少量玉石器、金器、銅器，時代大約在商代晚期，其中房屋建築遺跡主要分佈在「蘭苑」中北部，墓葬主要分佈在「蘭苑」西部和南部。這個區域應是人們的生活區並有一個小型墓葬區。金沙遺址中部「體育公園」發現房屋建築遺跡、紅燒土和15座墓葬，其中3座墓葬有隨葬品，出土少量玉石器和陶器，年代約在西周早期，這個區域似為居住區廢棄後的墓地。金沙遺址

金沙遺址出土的玉璧

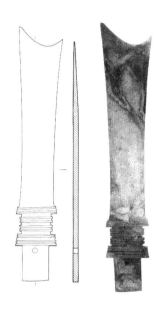

金沙遺址出土的玉璋及線描圖

東北部黃忠村發現了 17 座地面建築，面積都在 30 平方米以上，其中的 6 號房址的面積達到 430 平方米，是一座六開間的大排房。在這個區域清理了 13 座土坑墓，還發現了 17 座小型陶窯。黃忠村很可能是金沙遺址大型宮殿建築區的一部分[①]。

金沙遺址的遺物表現出寶墩文化晚期和三星堆文化的一些因素，但其主體文化與十二橋文化更為接近。金沙遺址出土的銅器、陶器、金器、玉器等文物，時代為商代晚期至春秋前期，與十二橋文化時代相當；金沙遺址出土陶器的主要種類都是十二橋文化的典型器物。因此，可以比較明確地認定，金沙遺址是成都十二橋文化的組成部分，是早期成都城市的核心區。

從金沙遺址包括羊子山土台、指揮街遺址、撫琴小區遺址、新一村遺址等的佈局和級別上看，黃忠村顯然是這個總遺址群的核心組成部分，無論其分佈面積、建築規模還是出土器物，都遠遠超乎其他遺址之上。可見，金沙遺址應當就是早期成都城市的中心之所在。這個中心所在的宮殿式建築，與位於其北面的羊子山大型禮儀建築遙遙相望，形成一座早期城市建築格局最明顯的標誌。這種規模佈局和尊卑有序、層次分明的等級體系，是任何一個史前鄉村都不能比擬的。顯然，以金沙遺址為中心的商代成都，是一座早期城市。

成都金沙遺址、十二橋遺址、羊子山土台建築遺址以及出土的金器、玉器、青銅器等所體現出來的技術專業化發展，在力學、幾何學、

[①] 朱章義、張擎、王方：《成都金沙遺址的發現、發掘與意義》，《四川文物》2002年第 2 期。

金沙遺址出土的玉牙璧　　　　　　　　　金沙遺址出土的玉貝

算學、金屬技術等方面科學知識的進步，動員、組織、支配勞動力資源、生產資源、自然資源和社會財富的廣泛深入，還反映出一個更加波瀾壯闊的時代背景，足以證明已經形成了一個擁有相當集中化權力的政治中心，在支配着大批手工業者、建築者、運輸者、掌握科學知識的專業人員、各級管理者，以及為這一大批脫離食物生產領域的社會各階層提供食物等基本生活資料的為數更多的農業生產者及其剩餘勞動。所有這些社會各階級、階層，在一個擁有眾多建築物但其空間分佈又十分有限的範圍內如此地集中，發生着種種複雜的關係，這恰恰是一座古代城市所必然具備的社會結構，説明一個植根於社會而又凌駕於社會之上的政權組織已經形成。它雄辯地證明，商代晚期的成都，是一座當之無愧的早期城市。

五、成都城市的功能、結構與佈局

　　早期成都城市的形成過程，走了一條與三星堆古蜀都完全不同的道路，成都城市的最初起源與形成，同宗教神權沒有直接關係。迄今為止，成都商周時期遺址出土的大量卜用甲骨，絕大多數出於一般性遺址，並且均為無字甲骨，鑽鑿形態極不規整。這與商周王朝的甲骨有着規整的形態相比，反映了占卜行為不由王室巫師集團掌握的特點。而且，從三星堆遺址絕未出土卜用甲骨來看，成都出土的甲骨又反映了占

金沙遺址出土的卜用龜甲

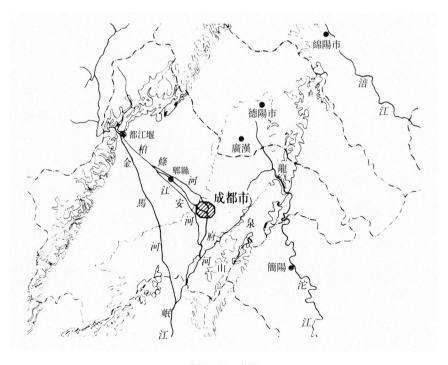

成都平原示意圖

卜行為由民間自主的情景。此即《國語‧楚語下》所謂「夫人作享，家為巫史」，一般民眾均可自主接神，自定位序，自作享祀。這實際上表明，早期成都還沒有形成凌駕於社會之上的神權政治集團。

　　早期成都之所以是一座自由都市，是由於在它的聚合形成過程中，工商業發展是主要的推動力量。從十二橋遺址、金沙遺址、黃忠小區遺址來看，商代晚期成都已經開始向着早期的工商業城市方向發展，擁有青銅器、玉器、陶器、石器、骨器等作坊。三星堆出土的雕花漆木器，大概也同成都的漆器生產傳統有關。由成都的大量人口所決定，當時已形成一定規模的市場，當無疑問。商代至兩周成都各考古遺址曾出土不少卜甲，其中的主要品種陸龜並不產於成都平原。《山海經‧中山經》：「又東北三百里曰岷山，江水出焉，東北流注於海，其中多良龜。」良龜即形體豐碩、甲版寬大的大龜，成都商周考古所見此種大龜的甲版不少，當取之於此，可見大龜或其腹甲必在成都有銷售市場。

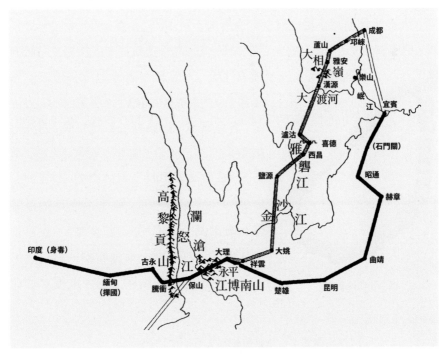

南方絲綢之路示意圖

成都是大河沖積平原，成都平原本土缺乏銅、錫等青銅原料，其青銅作坊的生產原料也必須仰給於商品交換。成都金沙遺址出土的成噸象牙，也不可能取自成都平原，必定是從古哀牢以西、以南地區甚至緬印地區通過貿易而來的。成都指揮街周代遺址孢粉組合中，發現成都平原不出產的鐵杉、珙桐，以及最近幾十年才引進成都的雪松花粉[①]，還出土僅產於川西高原的白唇鹿犄角標本，這些觀賞性很強的動植物，顯然都來自於交換。

　　成都聚集着數量龐大的人口，需要消費巨量的農產品、副食品和各種手工製品。城市各階級、階層中，能夠依靠食貢獲取消費品的，僅是王室、顯宦等一小部分上層統治人物，而他們消費品的某些種類，特別是奢侈品，仍須通過交換從外獲取，如大宗的象牙、海貝、玉料、黃金、銅錫原料等，均如此。中下層統治者雖可以衣租食稅方式，或因擁有各類產業（主要是田產）解決其衣食的主要來源，但要獲得租稅所無或農田不產的各類商品，也必須加入商品交換行列。至於城市平民和工商業者，其主要衣食必須仰給於市場，經由交換解決。所謂「公食貢，大佚食邑，士食田，庶人食力，工、商食官，皂隸食職」[②]，實際是指社會各階級、階層的職業性質，主要針對階級地位和階級關係而言。這與《國語·周語上》所記「庶人、工、商，各守其業，以共其上」，《左傳·昭公七年》所記「天有十日，人有十等」，《左傳·襄公九年》所記「其庶人力於農穡，工、商、皂隸不知遷業」相同，所指主要是階級關係和職事劃分。可見所謂「食某」，並不是指其生活資料的唯一來源和唯一的經濟形式。而城市的經濟結構，也從來沒有如此

西亞琉璃珠串飾

---

① 羅二虎等：《成都指揮街遺址孢粉分析研究》，《南方民族考古》第 2 輯，1989 年。
②《國語·晉語四》。

單純，即令早期城市亦非如此。所以，無論殷商西周還是春秋戰國時代，成都必然擁有進步的工商業及其組織管理機構。

不僅如此，早在商周時代，成都就已初步成為我國西南同南亞、西亞進行經濟文化交流的樞紐。早在商代，三星堆蜀都的大型青銅人物雕像群、神樹、黃金權杖和黃金面罩，其文化因素的來源就與西亞近東文明有關，當經南亞地區引入[①]，大量海貝也是原產於印度洋的深水產品。在兩周時期，居住在成都的古蜀國王公乃至一般平民流行佩戴一種稱為「瑟瑟」的寶石串飾或琉璃珠串飾，後世屢有出土。杜甫寓居成都時的詩作《石筍行》就說：「君不見益州城西門……雨多往往得瑟瑟，此事恍惚難明論。是恐昔時卿相墓，立石為表今仍存。」成都西門一帶，確是古蜀王國的墓區所在，近年不斷發現大批墓葬。據杜詩，唐時瑟瑟往往出於成都西門地面下，足見隨葬之多、蜀人佩戴此種串飾之普遍。

瑟瑟（Sit-sit）是古代波斯的寶石名稱，是示格南語或阿拉伯語的漢語音譯[②]。成都西門多出瑟瑟，既稱瑟瑟，顯然杜工部認為是來自西亞、中亞

俯瞰成都平原

---

① 段渝：《古蜀文化是華夏文化又一個起源地》，《社會科學報》1989 年 10 月 19 日；
　《古蜀文明富於世界性特徵》，《社會科學報》1990 年 3 月 15 日；《論商代長江上游川西平原青銅文化與華北和世界古文明的關係》，《東南文化》1993 年第 2 期。
② ［美］勞費爾：《中國伊朗編》，商務印書館 1964 年版，第 345—347 頁。

之物。由此可見，作為古代都市，成都的確已最大限度地發揮了其經濟功能和對外文化交流功能。由此也可看出，漢代成都之所以發展成為中外聞名的國際貿易都市 [1]，實由先秦而然，可謂源遠流長。

在佈局方面，成都城市依江山之形，沿郫江古道成新月形分佈，城市聚合之初的核心部分是金沙村、黃忠村和十二橋，羊子山土台是城市最高大宏偉的建築。早期成都城市的規劃佈局完全不存在中軸線，它最顯著的特點有二：一是無城牆，二是不成矩形，與三星堆古蜀都和中原商周城市均判然有異。而這兩個特點是緊密相關的，一方面在於適應城市的地理環境，另一方面則是為了適應城市的工商業主導功能。

六、成都平原早期城市的中外比較

（一）城市規模比較

先看華北早期城市。河南偃師二里頭遺址是迄今已知中原最早的都城遺址，或以為是夏都陽城或斟鄩，或以為是商湯之都亳，迄無定論。該城無城牆，但有宮殿區以及分佈於四周的居住區和手工作坊。河南偃師尸鄉溝商城是早商城址，包括大城、小城、宮城三重城垣，城址總面積 200 多萬平方米 [2]。河南鄭州商城，公認是一座商代早期的都城，或以為是商都亳，或以為是商都隞。這座商王朝都城被一夯土城垣環繞，總面積約 3 平方公里，城內東北部有大片宮殿遺址。這幾座處於城市形成早期階段的夏商王朝國都，除鄭州商城外，無一可同商代三星堆古蜀都和商周之際成都的規模相比。

再看古埃及城市。位於尼羅河三角洲西部邊緣低沙漠地區的梅里姆達遺址(Merimda)，碳 14 測年數據為公元前 3820±350 年，覆蓋面積18 萬平方米，估計人口約有 1.6 萬。K. W. 巴策爾斷定是一座新石器時

---

① 段渝：《秦漢時代西南國際都會的形成》，《成都文物》1997 年第 2 期。

② 《偃師商城的初步勘探和發掘》，《考古》1984 年第 6 期。商煒、楊錫璋、王巍、
　　杜金鵬：《偃師商城與夏商文化分界》，《考古》1998 年第 10 期。

安陽殷墟宮殿復原圖

鄭州商城遺址

埃及泰勒阿瑪爾奈古城宮殿遺址

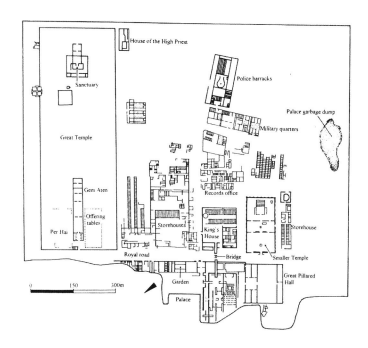

阿馬那城市中心平面示意圖（埃及）

亞歷山大城

代城鎮[1]，但後來的研究證實，梅里姆達遺址並非屬於新石器時代，而是屬於埃及文明形成時期的涅伽達文化 II 期(Naqada Culture II)，甚至早王朝時期的城址[2]。前王朝時期的希拉康坡里遺址(HierakonPolis)，由一個中心城市和周圍若干附屬的鄉村組成，面積約 8 萬平方米，人口約有 4000 至 1 萬[3]。在該城市發展的第二階段，即早王朝和古王國時期，面積達到 8.6 萬平方米[4]。與古埃及的早期城市相比，中國古代的早期城市，在進入夏代以後，規模要大得多。三星堆古城和成都古城，比上述埃及古城大出幾倍甚至幾十倍，人口也多出幾倍甚至十幾倍。

　　最後看美索不達米亞蘇美爾城市和印度河文明時代的摩亨佐·達羅城市(Mohenjo-Daro)。迄今已知全球最早的古城遺址，是位於約旦的耶利哥遺址，距今約 7000 年。兩河流域蘇美爾早期城市，則以傳說

① K. W. Butzer, *Archaeology and Ceology in Ancient Egypt*, Science, Vol. 132, No. 3440, p. 1618, 1960.

② *The Cambridge Ancient History*, Vol. 1, part2, p. 7, 1971.

③ K. W. Butzer, 上引文 , pp. 1619-1620.

④ J. E. Quibell, *Hierakonpolis*, part2, p. 15, 1902.

耶利哥遺址

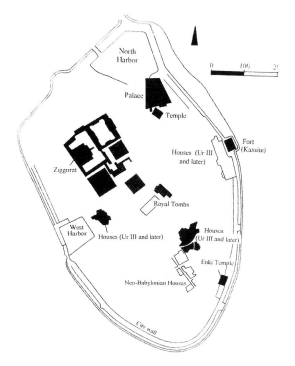

烏爾城市平面示意圖

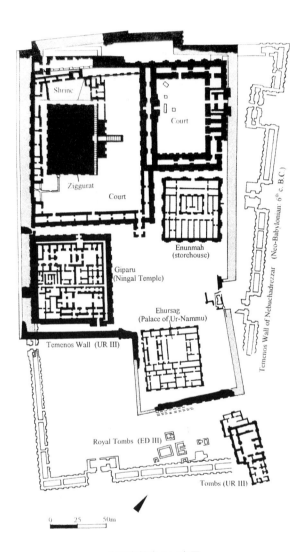

烏爾宗教中心示意圖

烏魯克遺址

近東古城遺跡

摩亨佐・達羅巨大的澡堂

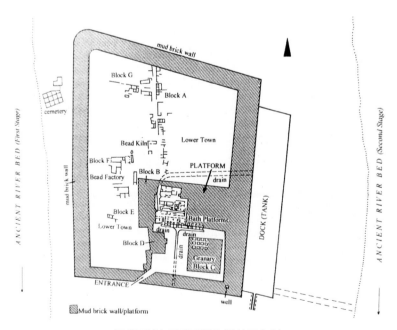

羅塔爾城市平面示意圖（哈拉巴文化）

中亞伯拉罕的故鄉烏爾(Ur) 以及烏魯克(Uruk) 最為著名。烏爾古城佔地 220 英畝(約 89 萬平方米)，將近 1 平方公里，而烏魯克城牆則包圍了 2 平方英里(約 3.2 平方公里) 以上的土地 [①]。印度河文明時代的摩亨佐·達羅城市，佔地為 2.5 平方公里 [②]。蘇美爾城市的人口，V. G. 柴爾德估計在 7000 到 2 萬人之間 [③]，法蘭克福(H. Frankfort) 估計不超過 2.4 萬人 [④]，吳雷(L. Woolley) 則估計有 3.4 萬人 [⑤]。至於摩亨佐·達羅的人口總數，V. G . 柴爾德估計接近 2 萬，日知等中國學者則推測為 3 萬 5 千人 [⑥]。總的說來，三星堆和成都的規模與西亞和印度河文明早期城市接近，但人口密度卻大得多。

(二) 早期城市體系比較

一般說來，在邦國林立的上古時代，一個邦國只有一個政治經濟中心，而一個文明古國也只有其王都可以稱得上城市。《左傳·莊公二十八年》：「凡邑，有先君宗廟之主曰都，無曰邑。」《釋名·釋州國》釋曰：「國城曰都，都者國君所居，人所都會也。」王都不僅政治地位高於邑聚，而且是宗廟之所在，人口也最為集中，具有城市的規模。邑只是較大的聚落，不具備城市的規模、人口數量、功能體系和性質。如以 V. G. 柴爾德、R. M. 亞當斯和 B. N. 古梁耶夫等分別提出的早期城市的界定標準來衡量，古代相當多的小邦雖然有都，卻不一定就有城市。

在商代，「大邦殷」是一個龐大邦國聯盟的首邦，其邦國本土也只有一座城市，即商王都。商都「不常厥邑」[⑦]，徙都頻仍，史稱「前八後

[①] ［美］劉易斯·芒福德：《城市發展史：起源、演變和前景》(1961)，中國建築工業出版社 1989 年版，第 48 頁。

[②]《世界上古史綱》編寫組：《世界上古史綱》上冊，人民出版社 1979 年版，第 348 頁。

[③] V. G. 柴爾德：《城市革命》(1948)，《當代國外考古學理論與方法》，三秦出版社 1991 年版，第 1—12 頁。

[④] H. Frankfort, *The Birth of Civilization in the Near East*, 1954.

[⑤] L. 芒福德：《城市發展史》。

[⑥]《世界上古史綱》上冊，第 348 頁。

[⑦]《尚書·盤庚》。

雅典衛城遺址

五」，每遷新都，故都即廢。至於尸鄉溝商城與鄭州商城的關係，尸鄉溝商城要早於鄭州商城，尤其尸鄉溝商城小城的建成使用年代約在二里頭文化第四期[①]，可能是商湯滅夏後所都之西亳，大城則稍後發展起來，而鄭州商城則可能是隞都。此外，湖北黃陂盤龍城商城、山西夏縣東下馮商城、山西垣曲商城，雖均在商代早期，但相距太遠，不能構成城市體系，而且它們也只是方國或軍事據點。殷代的侯甸男衛外服體制，雖在空間組織形態上與城市體系有些近似，但外服君長稱為「邦伯」，其邦不直屬「大邦殷」版圖。因此，在「大邦殷」本土內，僅有一都，而沒有城市體系。正因有如此特點，日知等學者才稱殷商為城邦制國家。

　　周初政體也是方國聯盟，周王實為共主，常稱各國為「友邦」，稱各國君長為「友邦塚君」[②]。其時周為兩都，形成西土和中土兩個中心。宗周重在宗廟先君之主，成周重在軍事。雖然成周號稱「天下之中，四方入貢道里均」[③]，但真正具有組織區域性商業的功能，從《兮甲盤》銘文看，

① 王學榮：《偃師商城佈局的探索和思考》，《考古》1999 年第 2 期。

② 見《尚書·周書》諸篇。

③《史記·周本紀》。

克諾索斯宮殿廢墟

米諾斯宮殿平面示意圖

是在西周中晚期之際。而邑一級的聚落，是在春秋中葉以後，隨着從卿大夫專權到「陪臣執國命」局面的形成和發展，才開始逐漸上升形成為城市，即所謂「城市之邑」①。這時的城市，除少數具有國家政治中心或軍事重鎮的主導功能外，大多數已走上工商業城市的發展道路，比起殷商西周時代已有了非常顯著的變化和巨大的歷史性進步。

在全球最早產生城市的兩河流域南部，蘇美爾城市文明的典型特徵是城邦制國家，一個城市連同它附近的鄉村就組成一個國家實體，城邦之間只有聯盟，談不上城邦內部的城市體系。

在印度河文明的摩亨佐·達羅城市與哈拉巴城市，分別位於印度河上、下游，相距 400 英里，形成兩個中心，「顯然是兩個彼此獨立的國家的都城（或許多城邦聯盟的中心所在地）」②。當然，更談不上其間具有甚麼城市體系的關係。

古希臘城市有所謂上城、下城之分，上城一般為城堡，是政治中心之所在，戰時作為避難所，是城市的屏障；下城一般為城市居住區，是城市的工商業和文化中心。但上、下城是一個連續的城市整體，不能分離，一旦割裂便不能成其為完整意義上的城市。因此，在一個城市國家以內，同樣不存在城市體系。

商代三星堆古蜀都和成都，兩座城市相距不過 40 公里，起源、形成年代雖有早晚差別，但繁榮年代卻相差無幾。在這兩座城市的周圍，都分別分佈着密集的遺址。其內均有主體建築和一般性建築，擁有作坊區、生活區、宗教區、宮殿區。每座城市的遺址都具有空間連續性，自成一體，各自呈現出城市的完整面貌。這與黃河流域古城一般雄踞於周邊各聚落之上，成為特定地域內若干聚落群中唯一的政治經濟中心的情況有着明顯的區別；與西亞、埃及和印度河城邦的情況，也有重要的差異；與古希臘城市國家上、下城的情況，更有內涵和性質的

①《戰國策·趙策一》。
②《世界上古史綱》上冊，第 342 頁。

克里特克諾索斯遺址

邁錫尼古城遺址

不同 ①。可見，像蜀國這類早期城市體系及其空間組織形態，在世界文明初期的城市史上是不多見的。

我們知道，城市體系的形成，尤其是功能體系分區建立的城市體系，一般屬於比較晚近的現象，它主要導源於工商業經濟的高度持續發展。古蜀國早期城市體系的形成，正反映了其工商業經濟興盛發達的情況。無怪乎秦大夫司馬錯力主秦惠文王伐蜀時說：「得其布帛金銀，足以富國強兵」，足以「利盡西海」②。而古蜀歸秦後，也確使「秦益強富厚，輕諸侯」③。

（三）城市起源模式比較

中原城市的起源，一般認為與統治權力有關，是為了防禦和保護目的而興建起來的 ④。張光直先生進一步論證說，中國早期城市不是經濟起飛的產物，而是政治領域中的工具 ⑤。換言之，中原城市首先是作為區域的政治軍事中心而出現的，經濟增長、城市起源即以此為基本條件並建立在此基礎之上。古蜀的城市起源則有不同類型，三星堆古城和成都的聚合模式，均與中原有異。而且，東周時代成都平原的若干新興城市，其起源主要同成都平原農業經濟、城市手工經濟與盆地四周山區畜牧業或半農半牧業經濟的交流有關，或與南方絲綢之路國際貿易有關。這種情形，與中原東周時代的城市大多從過去的封邑、采地轉化而來的情況，也有顯著區別。這實際上表明，中國古代城市的起源、形成和演進，也同文明起源一樣，存在着多種模式和多元演進道路。而不同地區、不同類型的城市，最終都確立起工商業主導功能，則是城市發展的必然方向。

---

① 段渝：《古中國城市比較說》，《社會科學報》1990 年 1 月 25 日；又見《人民日報》1990 年 2 月 8 日（海外版）。
②《戰國策·秦策一》。
③《戰國策·秦策一》。
④ 傅築夫：《中國經濟史論叢》上冊，三聯書店 1980 年版，第 321—323 頁。
⑤《關於中國初期「城市」這個概念》，《文物》1985 年第 2 期。

第 五 章

三星堆：古蜀文明與夏商文明和長江中游文明

三星堆文化是在自身高度發達的新石器文化基礎上，在文明諸要素不斷產生的基礎上，主要吸收了中原夏商文明和長江中游文明的若干文化因素以及其他地區文化的因素，最終形成的高度發展的古代文明，確切印證了中國文明「多元一體」格局的形成和發展過程。

一、三星堆與夏文化

　　蜀、夏同源，是帝顓頊之後的不同分支，由此而使蜀、夏在文化上有不少內在聯繫。這在考古資料上可以得到比較充分的證明。

　　(一) 蜀與夏：帝顓頊之後的兩支親緣文化

　　從古史傳說看，黃帝、昌意、乾荒、顓頊是發源於西北地區的一

黃帝後裔世系表

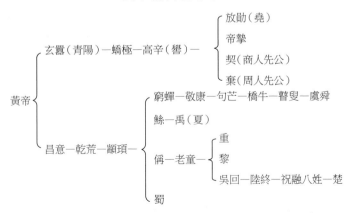

三星堆出土的陶盉   三星堆出土的高柄豆

三星堆出土的青銅牌飾

支文化，後來黃帝和顓頊先後入主中原，成為黃河中游地區的主宰者，其文化也成為構成早期中原文化的淵源之一。

　　由黃帝和帝顓頊的東遷，可以知道，兩位古史上的帝與後來成都平原的古蜀文化，其間關係可以經由兩條途徑相聯繫。其一是由西北至岷江上游以達於成都平原，即由顓頊的母系蜀山氏所在之地南出岷江河谷至古蜀文化的腹心之地。其一是從中原經長江中游溯江西上達於成都平原，即由顓頊入主中原後所建之都帝丘[①]（今河南濮陽），南下長江與古蜀文化相溝通。這兩條途徑，在考古學上均有若干證據，足以證明黃帝、帝顓頊與巴蜀文化關係的存在。

　　考古學已證實，四川廣漢三星堆文化古城遺址是夏商之際至商末古蜀王國的都城。三星堆遺址的年代則可上溯到距今 4700 年前。三星堆遺址在考古分期上分為四個大的時期，第一期屬於新石器文化，第二期以後進入文明時代。第一期屬於寶墩文化範疇，第二期則有一組新文化因素，與第一期顯然不同，從考古學上證實了有新文化的進入並成為三星堆文化的主人和當地的統治者。這種顯著的文化變易，不僅表現在陶質陶色上，在陶器形制上的變化上也引人注目。在出土的屬於這一時期的新型陶器組合中，包含有二里頭文化（夏文化）的因素，如陶盉、高柄豆，以及青銅牌飾。這些文化因素出現在取代三星堆一期的三星堆二期，充分表明它們是作為這支新文化的一部分入主三星堆的。換言之，這些夏文化的因素，是三星堆二期主人帶進的，是三星堆二期新型文化的組成部分之一。

　　據鄒衡先生研究，陶盉是夏文化的禮器之一，《禮記·明堂位》所謂「夏后氏以雞彝」，雞彝即是形態仿自於雞的一種陶盉，所以二里頭文化的陶盉往往捏出眼睛[②]。三星堆遺址出土的陶盉，也恰在封口處捏出眼睛，並在鋬上刻劃橫斜相同的紋路。兩者細部的相似，以及二里

---

①《左傳·昭公十七年》。
② 鄒衡：《夏商周考古學論文集》，文物出版社 1980 年版。

二里頭遺址晚期出土的陶盉

頭陶盉在形態上早於三星堆陶盉等情況，說明三星堆二期與中原二里頭夏文化存在某種內在的聯繫[1]。三星堆陶盉從二期到四期一直存在和發展演變，說明了這種聯繫的必然性和深刻內容。李學勤先生指出，在商代及其以前，蜀與中原便有文化上的溝通，從考古上看，蜀、夏同出於顓頊的傳說絕不是偶然的[2]。這一論述確有根據。可以說，蜀與夏是帝顓頊之後的兩支親緣文化。

我們認為，三星堆二期至四期文化的主人，是古史傳說中的魚鳧氏。魚鳧氏的來源，正好與《山海經·大荒西經》所載顓頊所化的魚婦（即魚鳧）有關。此篇所說「風道北來……是為魚婦」，即是從神話學的角度，反映出來的魚鳧氏的來源。而「顓頊死即復甦」，更從這一古人特有思維方式的角度，反映出魚鳧在成都平原建立古蜀王國的史跡，表明魚鳧氏與顓頊確實有着千絲萬縷的聯繫。

顓頊是夏文化早期因素的來源之一，禹為其後，夏啟又為禹後。因此，三星堆二期出現的若干夏文化因素，正是對魚鳧氏古蜀文化與顓頊關係的一個極好說明。魚鳧氏來源於岷江上游，岷江上游正是蜀山氏之所在，為顓頊母家的居所。其地新石器文化也受到西北

顓頊帝畫像

① 孫華：《巴蜀文物雜識》，《文物》1989 年第 5 期。
② 李學勤：《〈帝系〉傳說與蜀文化》，《四川文物》「三星堆古蜀文化研究專輯」，1992 年。

甘青地區古文化的若干影響，這種現象應與古史傳說所謂「昌意娶蜀山氏女，曰昌僕，生高陽」有關①。可見，三星堆文化所反映的蜀山氏與昌意（乾荒）和顓頊的關係，兩者是恰相一致，而年代則有早晚之別，從而證明黃帝和顓頊與蜀的關係是千真萬確的史實，不能輕易否定。

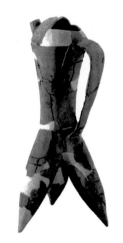

二里頭遺址出土的陶盉　　　　　　三星堆遺址出土的陶盉

二里頭夏文化與三星堆文化相聯繫的另一途徑是長江。徐中舒先生早就指出，四川新繁水觀音遺址出土的陶鬹、陶豆，與湖北、河南、安徽、江蘇出土的後期黑陶，可以說是一系的宗支。從這些陶器的分佈，可以清楚地看出古代四川與中原地區的聯繫，其主要道路是沿江西上的②。長江三峽地區的考古發掘和研究也一再證實，在三峽地區長江沿岸，三星堆古蜀文化遺存同二里頭夏文化遺存是交互分佈的。這種現象無疑是對兩者關係的重要說明。

（二）三星堆文化中二里頭因素的來源

三星堆文化是由三星堆遺址而命名的③。學術界曾將三星堆遺址

---

①《史記·五帝本紀》。

② 徐中舒：《論巴蜀文化》，四川人民出版社 1981 年版，第 4—6 頁。

③ 四川省文物管理委員會等：《廣漢三星堆遺址》，《考古學報》1987 年第 2 期。

桂圓橋遺址發掘現場

的文化遺存分為四期，時代從新石器時代晚期直至商末周初[①]。後來，有學者把三星堆遺址的遺存分為三期，其中的第二期稱為三星堆文化，年代大致為中原的二里頭文化時期到殷墟文化第一期；把三星堆遺址的第三期遺存稱為十二橋文化，時代為殷墟文化第一期至第三期[②]。再後來，有學者把成都平原的先秦考古學文化分為寶墩文化→三星堆文化→十二橋文化→上汪家拐遺存，其中三星堆文化又被分為三期，年代為距今 3700 年左右至殷墟文化第二期[③]。2009 年桂圓橋遺址發現後，學術界又提出成都平原的考古學文化序列為「桂圓橋文化（距今 5100—3460 年）→三星堆一期（寶墩）文化（距今 4600—4000 年）→三星堆文化（距今 4000—3100 年）→三星堆四期（十二橋）文化（距今

<hr />

① 陳顯丹：《廣漢三星堆遺址發掘概況、初步分期 —— 兼論「早蜀文化」的特徵及其發展》，四川大學博物館等編：《南方民族考古》第 2 輯，四川科學技術出版社 1990 年版。

② 孫華：《試論廣漢三星堆遺址的分期》，四川大學博物館等編：《南方民族考古》第 5 輯，四川科學技術出版社 1993 年版。

③ 江章華等：《成都平原先秦文化初論》，《考古學報》2002 年第 1 期。

3100—2600 年）」①。另有學者認為：「金沙
遺址發現後被納入十二橋文化。金沙遺址
出土了大量青銅器、金器、玉器、石器、
象牙等，它們不僅風格與三星堆的同類
遺物相同，而且表明該文化與三星堆文化
具有相同的知識系統和價值系統。從這
個角度看，二者或許同為三星堆文化。」②
這就是說，三星堆文化的年代，應是距今
4000—2600 年。這個分析是很有道理的。

二里頭文化遺址出土的陶爵

　　二里頭文化，是以河南偃師二里頭
遺址為代表，以豫西、晉南為主，分佈範圍及於豫東、冀南的一支考古
學文化，絕對年代約為距今 3900—3500 年 ③。多數學者認為，二里頭文
化就是夏文化。

二里頭文化遺址出土的銅盉

　　在三星堆遺址二期即三星堆文化的形
成期，出現了一組新的文化因素，其中與二
里頭文化相關的有陶盉、高柄陶豆等等。
那麼，是否可以如有些學者所說的那樣，三
星堆文化中那些二里頭文化因素，是單獨地
從二里頭文化直接傳入的呢？對此，有必要
做些分析。

　　我們知道，二里頭文化的面貌有其獨
特的特徵，最典型的有一組區別於其他考
古學文化的陶器組合。在這組陶器中，作炊
器的是鼎、折沿深腹罐、侈口圓腹罐等。作

① 萬嬌、雷雨：《桂圓橋遺址與成都平原新石器文化發展脈絡》，《文物》2013 年
　　第 9 期。
② 施勁松：《三星堆文化的再思考》，《四川文物》2017 年第 4 期。
③ 夏鼐：《碳十四測定年代與中國史前考古學》，《考古》1979 年第 4 期。

倔師二里頭遺址宮城東牆

食器和容器的是深腹盆、三足盤、平底盆、豆、小口高領罐、甕、缸等。另外還有澄濾器，器蓋以及觚、爵、盉等酒器。侈口圓腹罐口沿部位的花邊形裝飾的深腹盆、甑、侈口罐等口沿下附加對稱的雞冠形鋬，是這組陶器中很有特色的風格[①]。

青銅器方面，二里頭遺址歷年來出土不少青銅器，有工具、武器和禮器。工具主要是小刀、鑽、錐、鑿、錛、魚鈎等，造型簡單；武器有鏃、戈和鉞，戈分為直內和曲內兩種，鉞有上

二里頭遺址中期的陶盉

二里頭遺址後期的乳丁紋青銅爵

---

① 中國社科院考古所：《新中國的考古發現和研究》，文物出版社 1984 年版，第 212、213 頁。

盤龍城遺址出土的青銅鼎　　　　　　　　　　　　　商方鼎

商晚期的北單簋

二里頭遺址出土的鑲嵌綠松石銅牌飾　　　　三星堆遺址出土的鑲嵌綠松石銅牌飾

三星堆遺址出土的陶缽

三星堆遺址出土的陶罐

下闌；禮器有爵和鈴 [1]，還發現背面有紐的銅牌形器 [2]。

　　根據二里頭文化的陶器組合的特點，我們再來看它在三星堆文化中所佔的比重，就很容易看出，二里頭文化的典型陶器組合並沒有在三星堆文化中出現。換句話說，三星堆文化中的一些二里頭文化的陶器形制，只是零星地、不成組合地出現，二里頭陶器組合中多數最典型的器物如鼎、爵等並沒有出現在三星堆文化當中。相反，三星堆文化的陶器組合是按自身的發展序列有序演進的。這表明，儘管三星堆文化中出現了二里頭文化的某些陶器形制，但二里頭陶器卻並沒有在三星堆陶系中佔據重要地位，更談不上佔據主導地位。

　　三星堆文化中出現的兩件銅牌飾，圖案形制與二里頭出土的極為相似，應與二里頭文化有關。但二里頭青銅爵、曲內戈以及青銅工具等，則不見於三星堆。而三星堆青銅文化的主體代表是大型雕像群，這在二里頭文化中是絕對沒有的。這也可以表明，儘管三星堆文化中發現了二里頭文化的某些青銅器形制，但二里頭青銅器卻並沒有在三星堆文化中佔據重要地位，更談不上佔據主導地位。

---

[1] 中國科學院考古所二里頭工作隊：《偃師二里頭遺址新發現的銅器和玉器》，《考古》1976 年第 4 期。

[2]《近十年河南文物考古工作的新進展》，載文物編輯委員會：《文物考古工作十年（1979—1989)》，文物出版社 1991 年版，第 179 頁。

　　三星堆遺址出土的陶器種類較多，據資料，復原的器形有罐、高柄豆、圈足豆、鳥頭把勺、盉、圈足盤、平底盤、甕、器蓋、喇叭形器、碟、瓶、杯、碗、壺、紡輪、網墜等 20 多種，每種又有不同的類型[①]。其中可見到的與二里頭文化有關的只有盉、高柄豆、觚，而且並不是所有高柄豆都與二里頭有關。可見，在三星堆陶器種類上，二里頭因素所佔比例很小，不到 7%，不佔主導地位。

　　從陶器功能上認識，三星堆文化自身的陶器組合是全方位的，炊器、食器、飲器、日常用器、器蓋、器座等，形成完整的功能體系。但其中的二里頭文化陶器則沒有形成完整的功能體系，只是零散、個別的，高柄豆只能盛裝少量食品，盉則只能盛水或酒，或做加溫水、酒之用，觚只能做飲酒之器，這三種功能不但根本構不成一個人們共同體所需陶器的功能體系，而且就每一種來說，也完全沒有它的組合配套器物，更可見其功能之片面。就陶盉而論，它只是盛酒之器，應有一群相應的酒器組合與之配套，才能形成一支文化的酒器組合。我們看三星堆文化的酒器，從釀酒之器高領大罐，到盛酒之器甕、缸、壺，到舀酒之器鳥頭把勺，再到飲酒之器平底束頸瓶形杯等[②]，應有盡有，形成完整的酒器組合及功能體系，這與其中二里頭文化因素僅見陶盉、陶觚的情形，是絕然不同的。可見，三星堆文化中的二里頭文化因素，從功能體系中看是極度缺乏、極不全面的。

　　從以上分析來看，二里頭文化因素不但沒有在三星堆文化中佔據主要地位，相反卻居於很次要的地位，同時它自身也並沒有形成組、群的集合關係，沒有形成文化特質集結（文化叢）和功能體系。這幾種文化因素，只有把它們與三星堆文化相充分結合時，才能形成完整的組、群關係和功能體系。

　　顯而易見，試圖從陶器的角度來論證三星堆文化中的二里頭因素

---

① 四川省文物管理委員會等：《廣漢三星堆遺址》，《考古學報》1987 年第 2 期。
② 林向：《蜀酒探原》，《南方民族考古》第 1 輯，四川大學出版社 1987 年版。

三星堆遺址出土的陶杯　　　　　　　三星堆遺址出土的陶甕

是由夏商之際遷入成都地區的夏遺民所帶來，這種觀點沒有得到考古
材料的有力支持。況且，三星堆文化的形成期(三星堆遺址二期) 相當
於二里頭二期，而這個時代比夏商之際(相當於二里頭四期) 早了足有
200 年，怎麼可能說較早的事物是由較晚的事物造成的呢？

　　要從陶器方面分析一支新型文化的形成，應該而且必須看這支文
化形成時期新出現的全部陶器組合，即是把新出現的陶器看成一組完
整的文化特質集結，而不僅僅是看其中的一種文化因素。對於三星堆
文化來說，也必須如此，就是要看在它的形成時期(即三星堆遺址二
期) 同時新出現了哪些陶器。從公佈的資料看，三星堆遺址二期同時
新出現的器物，有喇叭形大口罐、陶盃、高柄豆、平底束頸瓶、圈足盤、
器蓋、觚、杯、碗、盤等 [1]。這些陶器形成一個比較完整的組合及功能
體系，不能把其中的某幾件從中剝離出來指認為屬於另一支文化。由
於這組陶器是同時新出現的，功能體系也是完整的，所以這一組完整
的陶器組合才是三星堆文化形成時期的特色要素。換言之，只有把這一
組陶器作為一個完整的組合，才能證明從三星堆遺址一期到三星堆遺

[1] 四川省博物館：《廣漢三星堆遺址》，《考古學報》1987 年第 3 期；陳顯丹：《廣
　漢三星堆遺址發掘概況、初步分期》，《南方民族考古》第 2 輯，四川科技出版
　社 1990 年版。

九鼎圖

址二期發生變化的原因，才能說明一支新型文化進入三星堆地區，改變了當地原先的文化面貌。顯然，作為一組完整的陶器組合，三星堆文化形成期的這組富於特色的陶器，絕不是直接來源於二里頭文化的。

如前文所述，三星堆文化的開創者是魚鳧，那麼，在三星堆文化形成期所出現的這一組陶器組合就應當是魚鳧帶入的。而魚鳧為帝顓頊所化，與夏同源，所以在魚鳧文化中有夏文化的某些色彩是完全可以理解的，是不足為異的。我們有甚麼理由一定要去把這支完整的文化支解開來呢？

蜀與夏既然是帝顓頊之後的兩支親緣文化，就不能不有某些內在的文化聯繫。三星堆文化中所包含的二里頭文化因素，正是這種關係的生動體現。

不過，儘管蜀、夏同源，文化上源具有相關性，但既已別為支系，發展地域有異，政治單位不同，蜀在西南立國稱雄，夏在中原建立王朝，因而文化上必然又具有相當差異。三星堆文化與二里頭文化在主體文化面貌上的差異，正是二者別為支系、獨立發展、自成體系的生動體現。夏王朝作為中原之主，以九鼎象徵至高無上的國家政權；蜀為西南雄長，則以金杖象徵王權，表明已別為一方之主，政體不與夏同。但是，即令如此，帝顓頊文化的傳統特徵仍頑強地在蜀地持續不斷地傳承下來，終魚鳧王朝之世，即從三星堆文化的形成期直到它的衰亡，始終未曾間斷。這種現象，正是中華文明「多元一體」的一個生動體現。

二、三星堆與商文明

商文明是一個高度發達而開放性十分強烈的文明。有商一代，商王朝在政治上與黃河流域和長江流域各個方國發生並保持着程度不等的廣泛聯繫，文化上則在吸收各地優秀文化的同時，向各地做強勁輻射，因而不但大大擴展了商王朝的版圖範圍，還極大地拓寬了商文明的分佈空間，使它盛極一時，成為世界古代文明史上最輝煌、最有影響力的文明之一。

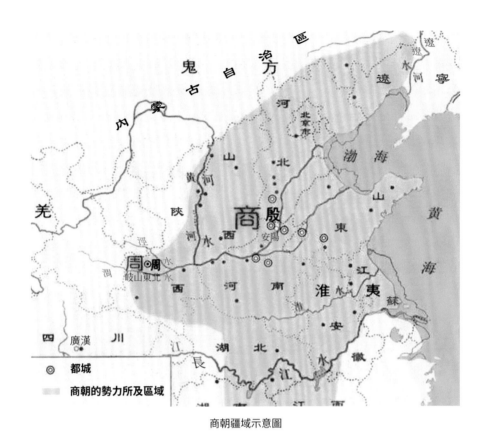

商朝疆域示意圖

　　在商王朝政治擴張和文明輻射的強烈衝擊下，深居西南腹地的古蜀王國不能不對它發生深刻的聯繫，不能不對它做出強烈的回應。

　　然而，要深入研究商王朝與古蜀王國的關係，長期以來卻存在着相當大的困難。由於文獻不足徵，商蜀關係的研究從來就是先秦史和考古學研究的一個難點。雖然早在殷墟卜辭裡，就有商王朝與古蜀關係某些方面的記載，但由於卜辭過於簡略，加上歷史文獻的闕載，所以學者們對殷墟卜辭中關於商蜀關係內涵的解釋有着不同的理解和説法，而其解讀也主要集中在對古蜀地理方位的考釋方面，對商蜀之間的政治關係、經濟往來和文化交流等具體內容則頗少論及。上個世紀60年代，學者們曾根據四川新繁水觀音和彭州竹瓦街出土的青銅器

資料，論説商末周初蜀文化所受商文化的影響[①]，不過也僅限於對青銅器形制、花紋等方面的認識。近年由於三星堆青銅文明的重大考古新發現，才使人們從根本上改變了從前對古蜀所謂蠻荒無禮樂的陳舊看法。學術界充分認識到，商代的古蜀王國，原來是一個擁有大型城市、燦爛青銅文化和文字（符號）的高度發展的文明古國。最近一個時期以來，學術界根據三星堆文化的考古新材料，重新認識古蜀與商文明的關係，在青銅文化的研究方面取得了若干成果，多認為三星堆青銅禮器與商文明有着密切的關係。然而在兩者的政治與經濟關係的研究方面，仍然是多付闕如，至多也僅具體而微，這不能不説是一大缺憾。

（一）殷墟甲骨文中的蜀

黃帝畫像

殷商時代，在秦嶺以南、橫斷山縱谷以東的長江上游地區，以今成都平原廣漢三星堆為中心，分佈範圍北達陝南漢中，東至長江三峽，南臨古代南中，西及橫斷山東麓的古蜀王國，是一個神權與王權高度結合，實行神權政治的古代王國[②]。古蜀王國雖然僻處西南腹地，在地理上同黃河流域中原地區相距遙遠，具有悠久的始源、獨特的文明模式和文化類型，但並非與黃河流域中原地區相互隔絕，恰恰相反，古蜀文明不論同夏文明還是商文明，都有着千絲萬縷的聯繫。歷史文獻表明，在從史前向文明演進的時期，黃帝、顓頊、

---

① 王家祐、江甸潮：《四川新繁、廣漢古遺址調查記》，《考古通訊》1958 年第 8 期；四川省博物館：《四川新繁水觀音遺址試掘簡報》，《考古》1959 年第 8 期；王家祐：《記四川彭縣竹瓦街出土的銅器》，《文物》1961 年第 11 期；四川省博物館等：《四川彭縣西周銅器窖藏》，《考古》1981 年第 6 期；馮漢驥：《四川彭縣出土的銅器》，《文物》1980 年第 12 期。
② 段渝：《商代蜀國青銅雕像文化來源和功能之再探討》，《四川大學學報》（哲學社會科學版）1991 年第 2 期。

大禹等中國古史傳說中的英雄人物都同古蜀有着深刻的關係①。在夏代，古文獻記載「後桀伐岷山」②，考古資料也顯示出三星堆古蜀文化與二里頭文化具有某些關係，應與蜀、夏均為帝顓頊後裔的歷史淵源關係有關③。在殷商時代，古蜀與商王朝的關係雖然罕見於歷史文獻，卻較多見於殷墟甲骨文，考古資料也有不少根據可資佐證。

　　關於殷墟卜辭中蜀的地理位置，向有爭議。唐蘭考釋甲骨文中的「巴方」和「蜀」，認為均在四川境（引者注：即今四川和重慶境）④。董作賓認為「約當今之陝南或四川境」⑤。島邦男認為約在陝西東南商縣、洛南附近⑥。郭沫若認為「乃殷西北之敵」⑦。胡厚宣認為在山東泰安南至汶上⑧。陳夢家先是認為約在殷之西北、西南，後又釋蜀為旬，

① 參見《史記·五帝本紀》《華陽國志·蜀志》等史籍，並見「東漢熹平二年朐忍令景雲碑」有關「術禹石紐、汶川之會」的記載。東漢熹平二年朐忍令景雲碑現藏重慶中國三峽博物館。參見段渝：《酋邦與國家起源：長江流域文明起源比較研究》附錄《大禹傳說的西部底層》，中華書局 2007 年版，第 446—463 頁。
②《古本竹書紀年》記載：「後桀伐岷山，岷山女於桀二人，曰琬、曰琰。桀受二女，無子，刻其名於苕華之玉，苕是琬，華是琰。」屈原《天問》：「桀伐蒙山，何所得焉？」蒙、岷一聲之轉。《韓非子·難四》：「是以桀索崏山之女。」崏與岷通。《左傳·昭公四年》：「夏桀為仍之會，有緡叛之。」《昭公十一年》：「桀克有緡以喪其國。」緡、岷音通。顧頡剛先生認為，夏桀所伐岷山當為有緡氏，地在漢山陽郡東緡（今山東金鄉縣），與蜀無關。但年湮代遠，事屬渺茫，以此蓋棺定論，似嫌倉促。《管子·山權數》「湯以莊山之銅鑄幣」，莊山即漢嚴道（今四川榮經）銅山，《史記·佞幸列傳》記載漢文帝「賜鄧通嚴道銅山得自鑄錢」，即指此。夏末商初成湯在嚴道採銅鑄幣固不足信，但與夏桀伐岷山之說一樣，總是事出有因，有文獻為據，且均將年代上推至夏末，也不能毫無根據，而成向壁虛構之言。參見段渝：《四川通史》第 1 冊，四川大學出版社 1993 年版，第 43 頁。
③ 段渝：《三星堆文化與夏文化》，《中國文物報》2000 年 8 月 2 日學術版。
④ 唐蘭：《天壤閣甲骨文存考釋》，北平輔仁大學，第 54 頁。
⑤ 董作賓：《殷代的羌與蜀》，《說文月刊》第 3 卷第 7 期，1942 年。
⑥ 島邦男：《殷墟卜辭研究》，（台北）鼎文書局 1975 年版，第 378—383 頁。
⑦ 郭沫若：《卜辭通纂》，科學出版社 1958 年版，第 119 頁。
⑧ 胡厚宣：《殷代之農業》，《甲骨學商史論叢》二集，上海書店 1990 年版。

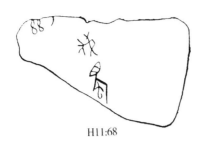

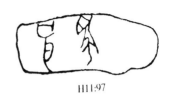

H11:68

H11:97

周原甲骨文中的「蜀」字

以旬在山西新絳西 ① 。童書業則認為巴、蜀原本都是漢水上游之國,春秋戰國時才南遷入川 ② 。徐中舒在其享有盛譽的論文《殷周之際史跡之檢討》中,認為巴、蜀均南土之國,殷末周文王經營南國,巴蜀從此歸附 ③ 。

確定殷墟卜辭中蜀的地望,關鍵在於確定卜辭中與蜀相關的一系列方國的地望。與蜀同在一辭的,有羌、缶等方國,羌為西羌,古今無異詞。缶,卜辭中屢與「我方」發生關係。我方,據卜辭「乙未〔卜〕貞:

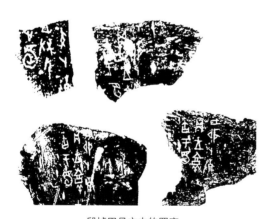

殷墟甲骨文中的蜀字

立事於南,右比我,中比輿,左比 𡴆 (曾)」(《掇》2. 62),地在輿、曾之西,均為南國。曾在漢水中上游,見於周成王時銅器《中𪓐》銘文。位於曾國之西的「我方」,其地當在漢水上游附近,因此缶地亦當在漢水上游。缶,應即

① 陳夢家:《商代地理小記》,《禹貢》第 7 卷第 6、7 期合刊;《殷墟卜辭綜述》,中華書局 1988 年版,第 295 頁。
② 童書業:《古巴國辨》,《文史雜誌》1943 年第 2 期。
③ 徐中舒:《殷周之際史跡之檢討》,《中研院歷史語言研究所集刊》7 本 2 分,1936 年。

文獻中的褒。古無輕唇音，讀褒為缶。褒即夏代褒姒之國，地在漢中盆地故褒城。殷墟卜辭記「伐缶與蜀」(《粹》1175)，又記「缶眔蜀受年」(《乙》6423)，顯然兩國地相毗鄰。缶既在陝南，則蜀亦當在此，殆無疑義。

但陝南之蜀並非獨立方國，它是成都平原蜀國的北疆重鎮，是蜀地的一部分，故亦稱蜀。蜀在早商時期就已日漸強大，三星堆巨大的古城即建築於早商，足見當時蜀國實力之強。到商代中葉，古蜀王國已形成強盛國家，其時蜀國疆域甚廣，北及漢中。漢中盆地近年所出商代晚期的青銅器群中[①]，蜀式三角形援無胡直內戈佔全部兵器的84%以上，另有青銅人面具、獸面具、陶尖底罐等也是古蜀文化的產物，都是古蜀文化向北連續分佈的結果，說明漢中曾是蜀境。當地出土的蜀戈之多，說明是蜀的北方軍事重鎮。可見，殷墟卜辭中的商蜀關係，實際上記載的就是雙方在各自邊境接壤地帶所發生的一系列和戰事件。

殷墟卜辭中所見商、蜀關係，有如下數辭：

(1) 口寅卜，㱿貞，王[illegible]人正蜀　　(《後》上 9. 7)
(2) 丁卯卜，㱿貞，王𦎫缶於(與)蜀　　(《粹》1175)
(3) 貞，[illegible]弗其𢦏羌、蜀　　(《鐵》105. 3)
(4) 丁卯卜，共貞，至蜀，我又(有)事　　(《纂》547)
(5) 癸酉卜，我貞，至蜀無禍　　(《乙》811)
(6) 癸巳卜，貞，旬在蜀　　(《庫》1110)
(7) 貞，蜀不其受年
王占曰，蜀其受年　　(《乙》6422)
(8) 缶眔蜀受年　　(《乙》6423)
(9) ……𢀛蜀……　　(《乙》7194)
(10) 口蜀御口　　(《鐵》1. 30. 6)

① 唐金裕等：《陝西省城固縣出土殷商銅器整理簡報》，《考古》1980年第3期。

鄭州商城遺址

盤龍城遺址

(11) ……蜀射三百　　　　　　　　　　　　（《鐵》2.3.8）

(12) 庚申卜，母庚示蜀不用　　　　　　　（《南明》613）

以上十二辭可分五類。(1) 至(3) 辭是商王征蜀。(4) 至(6) 辭是商王(？)至蜀、在蜀。(7) 至(10) 辭是殷王卜蜀年、卜蜀禍。(11) 辭是蜀向商王朝提供服役。(12) 辭是商人用蜀人為祭祀犧牲。

從卜辭看，蜀與商王朝和戰不定，是國際關係，而不是方國與共主的關係。第一類戰爭卜辭意義明確，無須深述。後四類則需要分析。

據陳夢家《殷虛卜辭綜述》，凡卜辭中所見「才(在) 某」「至某」之例者，即作為殷商方國，對商王室有五種義務：卜其年則當有入貢其穀物的義務；參加商王室征伐多方的戰役；入龜於王室；來其牛、馬等；載王事①。通觀上列卜辭，很難認為古蜀對商王朝有這些義務。

卜辭中雖有商王卜蜀年，但絕無蜀入穀於商的記載，應為商覬覦蜀年之辭。雖蜀有龜，且多良龜②，卻絕無蜀入龜於商的記載。第(4) 辭「至蜀」，應為「我方」至蜀，不是商王至蜀，故第(5) 辭「我貞(『我方』提供的貞人)」，卜問是否至蜀無禍。第(9) 辭「……巷蜀」，是詛咒蜀人之辭。第(10) 辭蜀御，也並非如有的學者所說是蜀向商提供御手。御者祀也，為攘災除禍之祭③。此辭殘，全辭不明。第(11) 辭亦殘，無法確定是否為蜀向殷王室提供射手。第(12) 辭是卜問是否用蜀人作為祭祀母庚的犧牲，證明了商王室捕捉蜀人為人牲的事實。除這些而外，卜辭中完全沒有蜀入衛、來牛馬、參加征伐多方的戰役以及載王事等記載。

據《尚書·酒誥》，商王朝將其征服的方國均納入「外服」體制：「越在外服：侯、甸、男、衛邦伯」，邦伯即方伯，方國之長。「侯，為王斥侯也」。「甸，田也，治田入穀也」。「男，任也，任王事」。「衛服，為

---

① 陳夢家：《殷虛卜辭綜述》，中華書局 1988 年版，第 316 頁。

② 參見《山海經·中次九經》，成都平原考古亦可充分證實。

③ 楊樹達：《積微居甲文說》，上海古籍出版社 1986 年版，第 30、31 頁。

王捍衛也」[①]。按生產區域和地理方位[②]，如果蜀國被商王朝征服，納入商王朝的外服體制，那麼蜀的班次和職貢應當為男服，治田入穀，貢獻於商王朝。但卜辭的記載卻不能支持這種推測。並且，卜辭對蜀絕不稱方。而卜辭所見之蜀，均在蜀之北疆重鎮陝南地區，不是蜀的中央王朝所在地。可見蜀王不是殷代外服方伯，蜀國並沒有成為商王朝的外服方國。

湖北天門石家河遺址出土的玉人（左）；湖北武漢盤龍城遺址出土的青銅面具（中）；三星堆二號祭祀坑出土的青銅面具（右）

　　從對考古資料的分析中，我們可以得出同樣結論。三星堆早期蜀國都城，總面積 3.6 平方公里，大於作為早商都城的偃師商城（總面積 1.9 平方公里）[③]，而與商代前期都城鄭州商城的面積相比亦稍大（鄭州商城總面積 2 平方公里以上）[④]。按照商王朝的內、外服制度和匠人營國之制 [⑤]，王都必定大於方國之都，故卜辭屢稱商都為「大邑商」。夏、商、西周時代方國都城遺址的面積，均遠遠小於夏、商、周王都。湖北黃陂盤龍城是方國都城，總面積僅 7 萬平方米 [⑥]。山西夏縣東下馮方國城址，南垣約長 400 米，餘三垣不清 [⑦]，總面積甚小。可見，方國都城無

---

① 孔晁注：《逸周書·職方解》，《四部叢刊初編》本。
② 關於商代外服制的生產區域和地理方位等問題，載於徐中舒：《論西周是封建社會》，《歷史研究》1957 年第 5 期。
③ 黃石林，趙芝荃：《偃師商城的發現及其意義》，《光明日報》1984 年 4 月 4 日。
④《鄭州商代城址發掘報告》，《文物資料叢刊》第 1 輯，文物出版社 1977 年版。
⑤《尚書·酒誥》，《周禮·考工記》，《十三經注疏》本，中華書局 1980 年版。
⑥《盤龍城一九七四年度田野考古記要》，《文物》1976 年第 2 期。
⑦《山西夏縣東下馮遺址東區、中區發掘簡報》，《考古》1980 年第 2 期。

不小於王都，這是三代定制，不能逾越 ①。但蜀都不僅大於早商都城，也大於中商都城。如將蜀國納入商代外服體制，顯然是嚴重逾制，在當時根本無法想像。這種情形清楚地表明，蜀國都制與商王朝都制分屬於兩個不同的政權體系，二者在政治上平行發展，相互之間不存在權力大小的區別。由此不難看出，蜀國沒有成為商王朝的外服方國，這與殷墟卜辭中絕不稱蜀為方是恰相吻合的。

（二）商、蜀和戰與資源貿易

商代中葉，古蜀三星堆文明走向極盛，與商文明平行發展，比肩而立。這種形勢，從當時全中國範圍內各大地域文化與商文明的力量對比來看，都是十分特殊的，在整個商代歷史上也是極為罕見的。

盤龍城遺址出土的青銅尊　　　　　江西新干大洋洲出土的神人像

商王朝經過數代苦心經營，到武丁在位時，「朝諸侯，有天下，猶運之掌也」②，對黃河流域中下游地區的統治，近乎取得絕對權力。但對長江流域則不然。在長江中游今湖北黃陂盤龍城，有商王朝的城邑，在遺址中出土 159 件殷商青銅器（二里崗期），器形分作 29 種，其

---

① 參見《左傳·隱公元年》，《十三經注疏》本，中華書局 1980 年版。
②《孟子·公孫丑上》，《十三經注疏》本，中華書局 1980 年版。

江西新干縣大洋洲出土的虎耳方鼎

中有大量鉞、戈、矛等兵器 [①]。在湖南寧鄉曾出土數以百計的商代晚期青銅器，其中一些青銅器鑄造極為精美，較之中原同時代器物，有過之而無不及，以至有學者認為是湖南就地鑄造的，其青銅鑄造技術已超過中原地區 [②]。在江西新干大洋洲出土了四百多件青銅器 [③]，雖然其中一些器物頗受商文明影響，但主要是地方風格，不能說是商文明的亞型，表明那裡存在一支較強的地域文明。這種形勢說明，商王朝在長江中游的政治擴張並不十分順利，頗有阻力。至於長江上游和西南地區，情況則更為複雜。

長江上游、西南地區以蜀為泱泱大國，殷墟卜辭中已見有蜀的記載，是一個有實力、有影響的地域性政治實體和文明。陝南漢中地區的考古發現還證實，古蜀又是一支富於實戰能力的強大軍事力量。尤其廣漢三星堆青銅文明的發現，更顯示出古蜀王國具有鮮明個性的青銅文明特點，而它的青銅文明，在主體方面並不是商文明所能涵蓋的。由三星堆極宏富、極輝煌的青銅文明，可知當時的蜀必然是一個擁有相當廣闊地域的大國，也是一個握有相當豐富資源的大國。商中葉時，蜀的北境在漢中，這已由

漢中城固出土的青銅人像

①《盤龍城商代二里崗期的青銅器》，《文物》1976 年第 2 期。
② 夏湘蓉、李仲均、王根元：《中國古代礦業開發史》，地質出版社 1980 年版，第 203 頁。
③ 彭適凡等：《江西新干大洋洲商墓發掘簡報》，《文物》1991 年第 10 期。

漢中城固出土銅器群 ① 所證實 ②。蜀的東境在長江三峽之東，這也由大量考古材料所證實 ③。而蜀的南方是廣袤的南中之地，三星堆祭祀坑出土的數十尊西南夷青銅人頭像，已表明南中是蜀的附庸 ④。因此，如果從地域廣運的視角看，蜀擁有長江上游和上、中游之交，北至陝南、南至南中的廣闊地域。雖然它的腹心之地只有成都平原一塊，但由於根基深厚，基礎廣博宏闊，觸角伸出很長，支撐點密集、深廣而牢固，所以能夠強大到極致，以至敢於起而與商王朝相抗衡。

銅戈（涼山州博物館藏）

就資源而論。

農業資源方面，黃河中、下游主要是旱作農業區，商代是溫暖氣候，農產量應當不錯。但商都殷墟積聚了巨量人口，需要消費巨量糧食，並且，商王室上下和朝內外大小官員又大量飲酒，「作長夜之飲」，「腥聞在上」⑤，也需消耗大量糧食原料，而商王朝都城殷墟所在地區是有名的沁陽田獵區，不可能提供巨量糧食滿足其需要。所以商王經常為農業收成擔憂，卜辭中常見「卜年」之辭，就意味着商王朝時感面臨人口壓力與糧食短缺矛盾所造成的嚴重威脅。

① 唐金裕等：《陝西省城固縣出土殷商銅器整理簡報》，《考古》1980 年第 3 期。
② 段渝：《論商代長江上游川西平原青銅文化與華北和世界古文明的關係》，《東南文化》1993 年第 2 期。
③ 段渝：《論早期巴文化 —— 長江三峽的古蜀文化因素與「早期巴文化」》，載《巴渝文化》第 3 輯，西南師範大學出版社 1994 年版。
④ 段渝：《商代蜀國青銅雕像文化來源和功能之再探討》，《四川大學學報》（哲學社會科學版）1991 年第 2 期。
⑤《尚書·酒誥》，《十三經注疏》本，中華書局 1980 年版。

古蜀王國的中心成都平原，是一個不算很大的沖積平原，現在面積充其量不超過9500平方公里，古代開發有限，並沒有達到這個水平。假如僅憑成都平原的農業資源，是絕不可能造就出也不可能支撐起一個敢於同商王朝相抗衡的強大政治實體的。但是，蜀自三星堆二期即夏代以來，長期奉行沿江東進的政策，大力向東方擴張，佔有川中、四川盆地東部之地，又東出三峽，據有夔、巫之地，其擴張衝擊波一直推進到西陵峽以東的江陵荊南寺，前鋒幾乎快觸及

四川鹽源發現的四聯星青銅杖首（涼山州博物館藏）

到江漢平原。這些地區不是商王朝的統治區，甚至不是商王朝的爭奪區，加之文明程度淺演，不能抗衡古蜀三星堆文明的強勁擴張之勢，因而成為蜀國北疆漢中盆地和漢沔嘉陵江經濟區的戰略大後方。古蜀王國西南的南中廣大地區也是古蜀的戰略大後方，那裡稻作農業相當發達，資源極其豐富，是商王朝的政治勢力和軍事力量不能觸及之地，卻長期為古蜀所控臨。上述三個農業發展區域——成都平原經濟區、漢沔嘉陵江經濟區、南中經濟區，共同支撐起了古蜀文明的基礎。三星堆古蜀王國都城之所以有巨大的城圈、龐大的人口和複雜的政治宗教機構和輝煌的文明，就在於它植根於其所統治的廣闊地域的富足農業資源之上。商代長江流域氣候較之現代更為溫暖，是稻作農業較理想的經營地區，收成相當豐厚，漢代寒冷期這裡尚且能夠「無凍餓之人」，「無凶年憂」[①]，商代更應如此，所以才會引起商王朝的覬覦。由此可見，長江上游、西南地區農業資源的富足，使古蜀能夠供養大量非食物生產者，培育一個複雜的政治組織及其龐大的分級制體系，從而創造出燦爛的古代文明。

①《漢書·地理志》。

　　戰略資源方面，尤其青銅原料方面，中原無錫，可開採的銅礦也少。商王朝的青銅原料究竟來自何方，學術界還沒有取得一致意見。翦伯贊認為來自長江上游西南地區[①]，石璋如認為就在河南商王朝本土[②]，但均苦於沒有確據而不能論定。近年以來安徽、江西發現了古銅礦，有證據表明商代已在那裡進行開採。如此看來，商王朝的青銅原料，可能大多來源於長江流域。作為商王朝南土據點的湖北黃陂盤龍城[③]曾出土有孔雀石[④]，或許可以表明盤龍城的功能之一，就是扮演維護長江流域「金錫之道」的兵站的角色。殷墟 5 號墓的部分青銅原料，已經科學測試證實來源於雲南[⑤]。這表明，除長江中游而外，商王朝青銅原料的另一個重要來源地是長江上游。

青銅戈（雲南省曲靖市麒麟區文管所藏）

　　商王朝要獲取長江上游雲南地區的銅、錫、鉛礦料，就非得首先跨越古蜀國不可，或者通過古蜀國，讓古蜀起中介作用。不管採取哪種形式，總之在商王朝從雲南獲取青銅原料的過程中，不可避免地會與古蜀發生各種關係。

　　古蜀國青銅原料的來源，同樣並不在成都平原古蜀的腹心地區。川西高原漢之嚴道（今四川滎經）地區，那裡古有銅山，漢文帝「賜

① 翦伯贊：《中國史綱》第 1 卷，三聯書店 1950 年版，第 207 頁。

② 石璋如：《殷代的鑄銅工藝》，《中研院歷史語言研究所集刊》第 26 本，1955 年。

③ 江鴻：《盤龍城與商朝的南土》，《文物》1976 年第 2 期。

④ 中國古代冶金編寫組：《中國古代冶金》，文物出版社 1978 年版，第 5 頁。

⑤ 金正耀等：《廣漢三星堆遺物坑青銅器的鉛同位素比值研究》，《文物》1995
年第 2 期；中國科技大學科研處：《科研簡報》第 6 期，1983 年 5 月 14 日。

「零關」摩崖石刻題記（位於越西縣丁山鄉丁堰村，題記刻在村子西面羅家山山腳古道旁的崖壁上。題記刻於清代，行書，豎寫）

鄧通嚴道銅山，得自鑄錢，鄧氏錢布天下」[①]，銅礦資源相當豐富。《管子·山權數》所稱「湯以莊山之銅鑄幣」，莊、嚴同義，莊山之銅即指嚴道銅山。這意味着嚴道銅山是古蜀國青銅原料的產地之一。除此而外，川西高原的靈關（今四川蘆山）、徙（今四川天全）、青衣（今四川雅安），以及南中北部川西南山地的邛都（今四川西昌）、朱提（今四川宜賓、雲南昭通）等地，也是蜀國銅礦資源的來源地[②]。但是，以上產銅地區卻並無產錫的記載，因此古蜀的大部分青銅原料必然來於其他地區。據科學測試，古蜀國青銅器的鉛料來自雲南[③]，而古蜀國青銅器同雲南青銅器的合金成分又十分接近。由此看來，雲南是古蜀國青銅原料的主要來源地之一。

商王朝和古蜀國都要在雲南取得青銅原料，必然就會因此而發生關係。但對於這些關係，歷史文獻完全沒有記載，只有上引《管子·山權數》記有「湯以莊山之銅鑄幣」一語，透露出商王朝在蜀地取銅的一絲信息。這條材料並非完全不可靠。商代有銅貝是考古學上的事實，不但中原發現過，山西發現過，而且三星堆祭祀坑

三星堆遺址出土的青銅貝

---

①《史記·佞幸列傳》。

②《漢書·地理志》，《續漢書·郡國志》。

③ 金正耀等：《廣漢三星堆遺物坑青銅器的鉛同位素比值研究》，《文物》1995年第2期。

也曾出土 3 枚。雖然説早商成湯時期商在古蜀取銅不大可能，但如果説商中葉商王朝在古蜀取銅卻並非不可能。既然商中葉武丁時可以在古蜀國以南的雲南取銅，那又為甚麼不可能在古蜀地取銅呢？問題其實不在這裡，而在商王朝以甚麼方式，通過甚麼途徑在蜀、滇取銅。這個問題的實質，是要回答商、蜀關係的問題。

雲南江川李家山古滇國墓地出土跪坐於銅鼓之上的持傘銅男俑

顯然，蜀國因控制了南中而擁有富足的銅、錫、鉛資源，三星堆祭祀坑出土西南夷形象的青銅人頭像已充分證實南中廣大地區為古蜀所服，而三星堆青銅原料多來於雲南，這是不成問題的。而在歷年的雲南考古中，都幾乎沒有發現商文化的影響之跡，這就表明商王朝對雲南的關係不是直接而是間接的。商王朝要獲取雲南的青銅原料，只能通過古蜀國。從殷墟卜辭和漢中考古可以知道，商王朝並沒有征服古蜀國，古蜀國也不是商的臣屬方國。在這種情況下，為了獲取蜀國以南雲南地區的青銅原料，商王朝必須而且只能採用貿易方式，通過蜀為貿易中介的途徑來取得，甚至有可能直接與蜀進行貿易，從蜀人手中獲取青銅原料。這應當就是《管子》所説「湯以莊山之銅鑄幣」的本來面目。可見，商、蜀之間的銅礦資源貿易，是形勢使然。

從可能性上看，不論商還是蜀都有比較發達的貿易系統，而共同的貿易中介物是海貝即貝幣。這種貝幣在商、蜀地域內都有大量發現，背部磨平穿孔，以便串繫，進行交易。貝幣為商、蜀之間的銅礦資源貿易提供了雙方通用的等價商品，使雙邊貿易成為可能。殷墟卜辭中有「至蜀」「在蜀」的卜辭，也許就和銅礦貿易有關。

　　從商文化對蜀文化的影響來看，它主要體現在禮器上而不是兵器上。這意味着商王朝的軍事力量並沒有能夠深入蜀地，而是它的禮制深入到了蜀地，這是和平的文化交流的結果。如果聯繫到商、蜀雙方的青銅原料貿易來看，商王朝禮制對蜀文化的影響應是隨着貿易而來的，這正是文化交流的重要途徑之一。

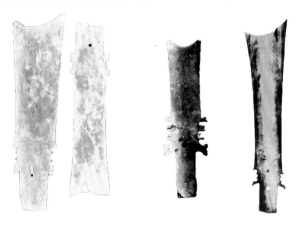

二里頭遺址出土的玉牙璋 (左)；三星堆一號祭祀坑出土的玉牙璋 (中)；
金沙遺址出土的玉牙璋 (右)

　　以上分析表明，有商一代，商王朝始終未能征服古蜀國，也沒有能夠控制古蜀國以南南中地區的銅礦資源。由於商王朝缺乏青銅原料資源，而對於富產青銅原料資源的南中地區又鞭長莫及，所以只能仰給於控制了南中資源的蜀。因而，為了保證青銅原料來源渠道的暢通，商王朝必須容忍一個強大的古蜀國在它南邊恣意發展 —— 既然不能摧毀它，那就只能利用它。這也是三星堆文明得以雄踞西南的重要政治、經濟原因之一。

（三）蜀與商的文化交流

　　固然，古蜀文明的諸要素，從總體上說來是獨立產生的，是組成中華文明的若干個區域文明之一，並非中原文明的分支和亞型。然而由於歷史、地理、民族、文化等各種因素，也由於未曾間斷的和戰關係，古蜀文明同中原文明之間卻存在着相互影響和文化滲透，直至出現文化趨同以至文化交融，實屬歷史發展的必然。

三星堆遺址出土的青銅尊　　　　　　三星堆遺址出土的青銅罍

三星堆遺址出土的玉戈

三星堆遺址出土的青銅爬龍柱形器

紅山龍

紅山龍

就青銅器而論，雖然古蜀青銅文化自成一系，具有鮮明的個性和特徵，但其中不僅可以見到中原青銅文化的明顯影響，而且有許多禮器本身就直接仿製於中原青銅器。比如，三星堆青銅人頭像雙耳所飾雲紋，青銅大面像鼻、額之間上伸的夔龍紋飾等等，都是中原青銅器常見的紋飾，而為古蜀所採借。又如，三星堆出土的青銅尊、罍和玉戈等青銅禮（容）器和玉鋒刃器，也完全仿製於中原文化。再如，三星堆出土的高柄陶豆、陶盃，其形制同樣淵源於中原文化。

三星堆出土的青銅爬龍柱形器上的龍，與華夏龍似是而非。它頭頂有一對長而彎的犄角，又有一對小犄角，下頜長有鬍鬚。其特徵，除具有龍的造型特徵外，又明顯地像一隻張口怒目的神羊，與紅山文化豬龍和華夏龍迥然異趣。這些同中有異、異中有同的特點，表明這尊三星堆龍是以山羊為原型之一，綜合採納了華夏龍的形態特徵，整體結合而成的龍，可謂之「蜀龍」。三星堆青銅大神樹樹幹上的一條帶翼的龍，可謂「飛龍」，雖然與紅山和華夏龍均不帶翼有異，但龍的形象來源於中原，則反映了飛龍入蜀的情況，同時也說明古蜀也是「龍的傳人」之一，並對文化交流、融合和傳播，起到了不可忽視的作用。

文化交流一般是在互動的狀態下進行的，兩種或兩種以上文化的交流，總是表現為交互感應的關係。中原文化與周邊各種文

化的關係，就是這種交互感應、交互作用的關係，因此才逐漸形成中華文化的整體面貌和傳統。中原文化與古蜀文化的關係也是如此，不能例外。

　　反映在考古學文化上，無胡式三角形援蜀式青銅戈和柳葉形劍，便是蜀文化贈與中原文化的禮品。蜀戈首先發源於蜀，年代在商代前期[①]。到了商代中後期，作為古蜀文化連續性分佈空間和古蜀國北方屏障與商文化西南政治勢力範圍交接地帶的陝南漢中，出現了這種無胡蜀戈。其後，到商代晚期，這種戈型又繼續向北流佈，以至今天在中原和殷墟續見出土。柳葉形劍的發源和流傳也是這樣，最早的柳葉形青銅劍，出土於成都十二橋（2 件）、廣漢三星堆（1 件）。到殷末周初，陝南、甘肅等地才有這種劍型出現。它們反映了古蜀文化與中原文化之間互動的、交互感應的關係。

三星堆青銅神樹上的帶翼之龍

　　在古文字方面，在廣漢三星堆遺址出土的一些陶器上，發現有刻劃符號[②]，作乄、八、ᗠ、弓、圖、㐃、⌒等形。例如，在一件 I 式小平底罐肩部，刻劃有乄形符號。一件 I 式高柄豆的圈足外壁，有一⌒形符號。一件 I 式小平底罐的肩部，有三枚成組、兩組對稱的圖形符號。在一件 II 式陶盃的襠間，也各有一圖形符號。這些陶器上的刻劃符號，顯然不是偶然的刻劃痕跡。同一種符號出現在不同的器物上，這

---

① 杜廼松：《論巴蜀青銅器》，《江漢考古》1985 年第 3 期；林春：《巴蜀的青銅器與歷史》，載李紹明、林向、徐南洲主編：《巴蜀歷史·民族·考古·文化》，巴蜀書社 1993 年版，第 164—173 頁。

②《廣漢三星堆遺址》，《考古學報》1987 年第 2 期。

蜀式柳葉形青銅劍

一現象説明，這些符號及其含義已經固定化，約定俗成。其意義，正如大汶口陶器上的刻劃符號一樣，均代表着較早期的古文字。乂符號可能具有計數的意義，八符號亦然。這兩種符號，均與西安半坡、臨潼姜寨 [①]，以及二里頭夏代遺址 [②] 和侯馬東周遺址 [③] 所出土的陶器符號，有相同的意義。𠬢、𫝀兩字意義不明。🅰符號，原《報告》稱為「貝紋」。從這個字的形體分析，確像貝形，顯然是一個象形字，當釋為「貝」。𢆶字的形體，像以一繩並列懸繫兩串貝之形，當釋為「朋」。此字與甲骨文朋字的字形近似。聯繫到三星堆一、二號祭祀坑所出土的大多數海貝均

重慶萬州新田出土的巴蜀文字銘文青銅戈

有穿孔的情況，釋貝為🅰，釋𢆶為朋，當有根據。👁符號，酷像人眼之形，外圈為眼眶，中間小圓為眼球，此字當釋作「目」。此字與河南舞陽賈湖遺址所出龜腹甲上的目字字形相較 [④]，三星堆遺址的目字更突出兩眼角罷了。

　　廣漢三星堆二號祭祀坑内出土的一塊牙璋的射部和柄部，兩面各陰刻兩組圖案，每一組包括五幅圖案，其第二幅圖案的「兩山中間，刻有一個𦥑形符號」 [⑤]。這個符號不僅在年代上遠遠早於後來的巴蜀符號

① 王志俊：《關中地區仰韶文化刻劃符號綜述》，《考古與文物》1980 年第 3 期。

② 方酋生：《河南偃師二里頭遺址發掘簡報》，《考古》1965 年第 5 期。

③ 侯馬市考古發掘委員會：《侯馬牛村古城南東周遺址發掘簡報》，《考古》1962 年第 2 期。

④ 馮沂：《河南省舞陽賈湖新石器時代遺址第二至六次發掘簡報》，《文物》1989 年第 1 期。

⑤ 二陳：《廣漢三星堆遺址二號祭祀坑發掘簡報》，《文物》1989 年第 5 期，圖三八、三九。

（春秋戰國），而且在迄今所見的全部巴蜀符號中無從查找，它顯然不是其中的一種。從這個符號的方塊化、抽象化和線條化等特點來看，與春秋戰國時期巴蜀青銅戈上的方塊表意字有異曲同工之處，應當説是文字而不是紋飾或符號。從結構分析，此字大約是合體字，由《》和口兩個獨體字構成。口像器皿之形，《》像器中所盛物之形。此字在結構上已簡化到看不出所像事物的程度，且以兩個獨體象形符號形成會意，與漢語古文字中「比類合宜，以見指撝」[①]的會意字屬於同一原理，與埃及古文字中會意字的構成原理亦同[②]。這個字的意義，由它所在牙璋圖案中的位置可以看出，應與祭祀有關，有可能是祭名，但其具體意義和讀音不詳。

三星堆二號祭祀坑出土的玉璋圖案線描圖（局部）

在與廣漢三星堆二號祭祀坑年代大致相當的成都十二橋商代木結構建築遺址的第12層內出土的一件陶紡輪，腰部刻有丹、亢兩字[③]。這兩個字與三星堆二號祭祀坑牙璋上文字一樣，也是抽象化、線條化了的方塊表意文字。此兩字必非偶然的刻劃符號，從字形結構分析，頗似漢語古文字中的指事字。其橫筆、直筆和折筆是基本的象形結構，中間的小圓點「·」和兩旁的小圓「··」則是其所指明的事物要點。估計這兩個字的字義與城市佈局和作坊所在地的關係有關，但尚不能確定。此

①《説文解字》卷15上《敍》，中華書局1963年版。

② A. Gardiner, *Egyptian Grammer*, Oxford, 1982.

③ 四川省文物管理委員會、四川省文物考古研究所、成都市博物館：《成都十二橋商代建築遺址第一期發掘簡報》，《文物》1987年第12期，圖三八、圖四〇：4。

三星堆遺址出土陶器上的文字

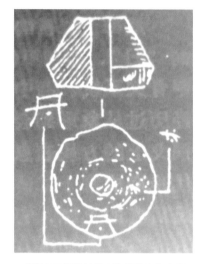

成都十二橋遺址出土陶紡輪上的文字

類「象人為的事物之形」的構字方法具有普遍性。如漢語古文字中「井」字就作井中一個小圓點的形態，井像四周圍欄之形，當中的小圓點「‧」則指水井 ①。又如，甲骨文中「亦」是人的正面形象，在其腋下分別加上一個小點，兩小點即示其兩腋所在。可見，陶紡輪上兩字確為文字無疑。因此，年代與之相仿並且屬於同一文化系統的三星堆陶器上的刻劃文字和牙璋上的文字，也是文字。

固然古蜀地區與中原「言語異聲，文字異形」②，「蜀左言」③，古文字自有源流、自成體系，字體、結構、音讀均與漢語古文字不同 ④。但是從廣義上看，古蜀文字不論是方塊表意字還是表形字，都確定無疑地屬於象形文字系統，都肯定從具有形、音、義三要素的象形文字發展而來。這儘管和世界古文明初期任何一個古文字系統相同，然而由於古蜀文字從其起源孳乳時代直到戰國秦漢時代，雖經歷了上千年的發展演變，其基本結構卻依然未變，保持着象形文字系統的鮮明特徵──這又明顯區別於蘇美爾、埃及等文字系統，而與漢語古文字具有相當的共性。中原文字儘管也有分合重組的發展演變史，但是「即便是形聲字，也還是要借用字形來表達其音，而不必另製音符，所以漢字完全屬於象形

---

① 徐中舒：《古井雜談》，《四川大學學報》(哲學社會科學版) 1977 年第 3 期。
② 許慎：《說文解字‧敘》，上海古籍出版社 1981 年版。
③ 揚雄：《蜀王本紀》，《全上古三代秦漢三國六朝文》本，中華書局 1958 年版。
④ 段渝：《巴蜀古文字的兩系及其起源》，《考古與文物》1993 年第 1 期。

文字系統」①。古蜀方塊表意字脫胎於象形字而存其風骨；古蜀符號中的聲符也是從意符演變而來的，未另製音符。這正是古蜀文字與中原文字的共同基礎所在。

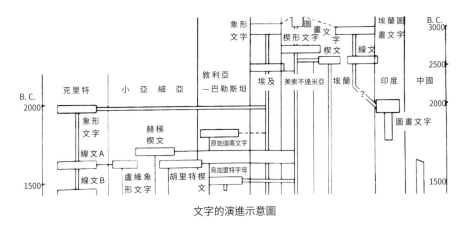

文字的演進示意圖

　　李學勤先生指出，我國先秦古文字中，除漢字外唯一可以確定的，只有巴蜀文字②。徐中舒先生很早就曾指出，巴蜀文字與漢字在構成條例上具有一定的共同基礎；而它們的分支，則當在殷商以前③。李復華、王家祐先生認為，巴蜀方塊字可能就是夏代文字④。這些分析判斷，不能說沒有一定道理。正因為巴蜀文字同中原文字有一定的共同基礎，而古蜀人與中原炎黃文化有着某種歷史上的不可分割的關係，所以文化交流能夠暢達，文化融合能夠進行。也正因為如此，所以蜀中才有可能僅在統一於中原後不久，便很快湧現出一大批如司馬相如、揚雄、王褒、嚴君平、犍為舍人等享譽中華的大文學家、大哲學家和大語言文字學家。

　　在早期城市方面，成都平原城市的起源模式、網絡特點以至結構功能等方面，與中原城市區別甚大。儘管如此，古蜀城市起源、形成和

① 徐中舒：《漢語古文字字形表·序》，四川人民出版社 1981 年版。

② 李學勤：《論新都出土的蜀國青銅器》，《文物》1982 年第 1 期。

③ 徐中舒：《論巴蜀文化》，四川人民出版社 1981 年版，第 47 頁。

④ 李復華、王家祐：《關於「巴蜀圖語」的幾點看法》，《貴州民族研究》1984 年第 4 期。

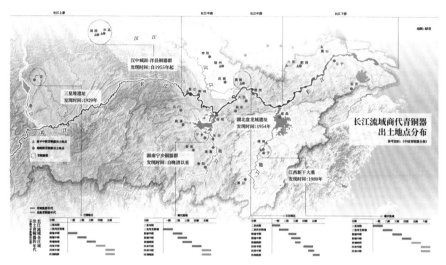

長江流域商代青銅器出土地點分佈示意圖（選自《三聯生活週刊》2021 年 6 月 2 日）

發展的步伐，卻與中原城市是大體一致的 [①]。這顯然是受到某種共同因素的制約，但其中最主要的是黃河流域和長江流域政治、經濟形勢的連鎖演變，使城市在發展過程中出現若干趨同的促動因素，從而成為中國古代城市演變的共同基礎。

可以説，三星堆與商文明的關係，如同三星堆與夏文化的關係一樣，都是中華文明「多元一體」的重要體現。

三、三星堆與盤龍城

三星堆文化植根於長江上游成都平原，發育於新石器時代，興起於夏商時代，延續到春秋初葉。其空間分佈範圍，大致上北達漢中城固一線，南及滇中，西連岷山，東至三峽，而其影響所及還要廣闊得多，對先秦以至秦漢時期四川盆地及周邊的文明演進產生了深遠影響。盤龍城遺址興起於長江中游江漢平原，對殷商時期的江漢平原乃至殷墟及後來的長江中游文化都發生了廣泛的影響力。可以説，三星堆與盤龍城都對長江流域的文明化進程起到了重要的推動作用。這裡僅對三

---

① 段渝：《巴蜀古代城市的起源、結構和網絡體系》，《歷史研究》1993 年第 1 期。

星堆和盤龍城城市文明和政體架構以及文化關係進行概略比較，以期有助於長江流域文明化進程的深入研究。

（一）城市文明

三星堆古城面積 3.6 平方公里，周圍遺址面積 12 平方公里。盤龍城遺址包括城址、大型建築與墓葬等高等級遺存，盤龍城遺址範圍 1.1 平方公里，城垣內面積 7 萬多平方米 [①]。三星堆文化時期的城市包括三星堆古城、成都市金沙遺址和十二橋遺址以及其他遺存，從城市史的視角看，三星堆文化無疑是典型的城市文明。就城市起源模式而言，三星堆城市聚合形成的主要因素是神權，成都則以王權和工商業為形成發展的主要因素。在商代古蜀王國的政治結構中，三星堆是蜀王之都，是古蜀王國的權力中心和首位城市，以金沙遺址和十二橋遺址為核心形成的早期成都，是三星堆古蜀王國的次級權力中心和次級城市，它們與古蜀分佈在其他地點的不同層級，共同建構起商代古蜀文明權力系統和政治系統的空間構架、層級組織及早期城市體系，其核心為三星堆王都 [②]。

盤龍城宮殿遺址復原展示圖

---

① 張昌平、孫卓：《盤龍城聚落佈局研究》，《考古學報》2017 年第 4 期。
② 段渝：《巴蜀古代城市的起源、結構和網絡體系》，《歷史研究》1993 年第 1 期。

盤龍城遺址

根據《盤龍城》發掘報告，盤龍城遺址年代範圍大體上是從二里頭文化晚期到殷墟文化第一期，絕對年代約當公元前 16 世紀至公元前 13 世紀 ①。盤龍城遺址是以城垣及宮殿區為核心，周邊分佈有墓葬、手工作坊以及普通居址等不同遺存的大型聚落 ②。盤龍城城垣大體呈方形，南、北城垣長約 260 米，東、西城垣寬近 290 米。學術界認為，盤龍城聚落經歷了形成、繁盛和衰落三個階段：第一階段的中心聚落在王家嘴，第二階段在王家嘴北面興建夯土城垣，隨後在城垣內形成宮殿區，第三階段宮殿區被廢棄，中心聚落轉移到宮殿區以北楊家灣南坡 ③。在第一階段，盤龍城初步形成為一個商文化據點。在第二階段，盤龍城發展成為周邊聚落如江陵荊南寺、黃梅意生寺等的統治中心。這一階段興建的城垣和宮殿，一方面是作為高於地區各聚落的統治中心界域的標誌，另一方面則是出於防禦和保護的需要，相當於一座政

① 湖北省文物考古研究所：《盤龍城：1963—1994 年考古發掘報告》，文物出版社 2001 年版。

② 中國社會科學院考古研究所：《中國考古學‧夏商卷》，中國社會科學出版社 2003 年版，第 231—234 頁。

③ 張昌平、孫卓：《盤龍城聚落佈局研究》，《考古學報》2017 年第 4 期。

治軍事堡壘。第三階段盤龍城雖然在局部上仍有一些發展，但原有的一些聚落已被廢棄，直至消亡。

　　三星堆古蜀國王都和成都城市（金沙、十二橋）的聚合形成模式，與盤龍城完全不同。三星堆城市聚合形成的核心因素是神權，而盤龍城的形成跟商文化南下獲取長江流域的銅礦資源等戰略物資直接相關，是商文化的直接進入，主要與經濟領域的資源獲取和政治領域的軍事防禦、保護有關。而古蜀由三星堆王都和成都城市（金沙、十二橋）構成的早期城市體系則完全不見於盤龍城。

　　三星堆文化的城市文明是由其龐大而複雜的層級組織架構所決定的，作為次級城市的金沙在商周之際發展成為首位城市，這是三星堆文化的演進和繼續發展，所以三星堆城市文明非但沒有消亡，相反卻持續發展成為覆蓋整個四川盆地的城市群。盤龍城則是一座單體城市，而且隨其政治勢力的消長而發生權力中心的變動，其表現形式即是中心聚落的幾次轉移，以至最終在殷墟一期以後消亡不存。

　　（二）政體架構

　　三星堆祭祀坑內出土的大批各式青銅人物雕像，它們的服式、冠式、髮式各異，顯示了不同族類的集合。它們所展示出來的圖景是，以作為古蜀群巫之長的青銅大立人為中心，以作為西南各部族首領的青銅人頭像為外圍所形成的有中心、分層次的人物像群，用以象徵古蜀王國以宗教掩蓋政治，以文化代替暴力，使控制合法化的現實情況，展現出三星堆神權在跨地域政治社會中的強大統治[1]。

　　三星堆一、二號祭祀坑出土的青銅人物雕像有好幾種形制，各式之間存在着服式、冠式和髮式上的若干區別。服式上，有左衽長袍、對襟長袍、右衽長袖短衣、犢鼻褲等，各不相同。冠式上，有獸面（或花狀齒形）高冠、平頂冠、雙角盔形冠等區別。髮式上，有椎髻、辮髮、光頭等區別。不論從人類學還是從中國古代文獻對古代民族的識別標

①　段渝：《政治結構與文化模式：巴蜀古代文明研究》，學林出版社 1999 年版，第108—121 頁。

準來看，衣、冠、髮式都是區分族別的最重要標誌，此外還有語言、飲食等。三星堆文化的語言和飲食今已難以詳考，但就其衣、冠、髮式而言，一、二號祭祀坑出土的青銅人物雕像群明顯地表現了不同族類的集合。證之史籍不難看出，這些族類包括氐、羌和西南夷諸族。

根據結構分析，這些雕像所代表的社會地位至少有兩個層級。二號祭祀坑所出連座通高 260 厘米、與真人大小基本一樣的頭戴獸面高冠的青銅大立人像，衣襟前後均飾帶翅龍紋，雙手前伸圍抱，做手握象牙狀，可以肯定是群像之長、一代蜀王，即古蜀王國的最高政治領袖，同時又是主持宗教禮儀活動的神權領袖，即群巫之長、一代大巫師。第二個層級是各式人頭雕像，其間看不出有明顯的高低貴賤之分，它們共置一處，無主次之別，意味着地位基本沒有差別。各坑人像與禮器共存的情況，表現出眾多族類舉行共同祭祀禮儀活動的情景。這個青銅雕像群結構的核心，便是青銅大立人[①]。同一時期三星堆文化的空間分佈，除三星堆遺址及其周邊區域而外，從考古文化上顯示出來的還有成都金沙和十二橋遺址商代文化層、羊子山土台、指揮街遺址、新繁水觀音遺址、雅安沙溪遺址、漢源和石棉商代遺址和遺存、

盤龍城遺址出土的青銅鼎

盤龍城遺址出土的青銅爵

① 段渝：《商代蜀國青銅雕像文化來源和功能之再探討》，《四川大學學報》(哲學社會科學版) 1991 年第 2 期。

盤龍城遺址出土的青銅鼎　　　　　　　　盤龍城遺址出土的青銅斝

漢中城固青銅器群、渝東鄂西成片分佈的三星堆文化因素，以及《華陽國志·蜀志》所記載的岷江上游的蜀文化等一大片連續性空間，它們不論在文化面貌還是文化內涵上都同屬於三星堆文化，它們與三星堆文化的關係，是三星堆文化結構框架中各個層面和各個支撐點同文化中心的關係。

　　盤龍城的層級組織結構，目前在考古資料上還不能説是完全清楚的。盤龍城的權力中心在不同時期有所轉移，第一階段出現高等級建築和青銅兵器，第二階段既有高等級權貴的精美青銅器、城址、宮殿，也有一般性居民的聚落遺存，第三階段同樣有高等級遺存、高級權貴的青銅器和一般性居民的聚落遺存。但目前資料似乎還沒有顯示出在盤龍城遺址內曾經存在過統治集團內部的不同層級，而在遺址內的高等級文化遺存之間也還看不出有大的等級差異。不過，從長江中游商文化的分佈看，盤龍城作為商王朝在長江中游的統治中心，其規格高於分佈在周邊的其他商文化聚落。以此看來，長江中游的商文化聚落群在政治上應有兩個層級，第一個層級是作為地區高級統治中心的盤龍城，第二個層級是盤龍城周邊的商文化聚落，它們在盤龍城高級中心的統率下，一道構成商王朝南土的統治體系。

　　三星堆文化主要是在自身新時期文化高度發達的基礎上，主要吸收了中原商文化的因素，同時也吸收了長江中下游的相關文化因素，從

盤龍城遺址出土的青銅獸面具

而形成的高度發展的古代文明。盤龍城則不同，盤龍城本身就是中原二里頭、二里崗文化南下的產物，盤龍城興建的目的不在於佔領該地 [①]，而是把該地作為掠取銅礦資源和其他資源的中轉站或者説是資源集散地。因此，盤龍城與三星堆在城市性質和功能上是完全不同的。

三星堆和盤龍城都出土了大量青銅器，三星堆青銅器主要出土於祭祀坑，盤龍城青銅器主要出土於墓葬。其間區別主要在於，三星堆古蜀王國是徹頭徹尾的神權王國，青銅器大量用於祭祀；而盤龍城出土的青銅器大量的屬於禮器，只有少量與宗教相關的器物，如綠松石黃金龍、青銅面具等，表明了二者政體性質的差別。

（三）文化關係

江水上下，一葦可航。無論從歷史文獻還是考古資料看，長江上游文化與長江中游文化一直有着較為密切的關係。

在巫峽以東的西陵峽長江幹流兩岸，甚至遠達江漢平原的西邊，

湖北天門肖家屋脊遺址出土的石家河文化玉人（左）；三星堆二號祭祀坑出土的金面青銅人頭像（右）

① 施勁松：《江漢平原出土的商時期青銅器》，《江漢考古》2016 年第 1 期。

夏商時代分佈着若干屬於三星堆文化的遺存，出土了許多三星堆文化的遺物，它們是古蜀文明從成都平原沿江東下，東出三峽，連續分佈的結果，也是三星堆文化分佈空間的極東界限之所在。西陵峽兩岸的三星堆文化集結，表現在文化形態上，是三星堆文化所特有的夾砂灰陶系，陶器有圜底罐、小平底罐、尖底杯、尖底鉢、長柄豆、陶盉、豆形器、鳥頭柄勺等器物組合群。表現在數量上，幾乎佔據了西陵峽地區夏商時期文化遺存一、二期的主要物質遺存地位。其分佈範圍，上接巫峽地區的三星堆文化遺存，下達江漢平原西部的江陵荊南寺。這些文化遺存，均具有與三星堆文化相近的發展演變進程。湖北省考古學界普遍認為，這種文化無論與鄂東以盤龍城為代表的中原文化相比，還是與鄂西以沙市周梁玉橋為代表的江漢土著文化相比，都迥然

有異，明顯地是受到了以三星堆遺址為代表的早期蜀文化的影響[1]。

長江三峽是古蜀與中原往來的主要途徑

三星堆古蜀王國的東部邊緣，是在渝東鄂西之際，即長江三峽的夔門、巫山之間[2]。考古學上，在成都平原到川中丘陵、渝東平行嶺谷，再東出三峽直到鄂西宜昌地區的長江幹流兩岸，從二里頭時期開始直到商周之際，三星堆文化因素已經在這片廣闊地

① 王勁：《對江漢流域商周時期文化的幾點認識》，《江漢考古》1983 年第 4 期；楊權喜：《略論古代的巴》，《四川文物》1991 年第 1 期；郭德維《蜀楚關係新探》，《考古與文物》1991 年第 1 期。

② 徐中舒：《論巴蜀文化》，四川人民出版社 1982 年版，第 99 頁。

域內形成空間連續分佈狀態。渝東鄂西的大多數三星堆文化遺存，都屬於一般性居址或地點，在鄂西出土了標誌古蜀王國魚鳧王權統治的鳥頭柄，有可能是古蜀王國鎮撫其東界的官員駐節之地。

在二里頭文化(相當於夏代後期) 前後，渝東鄂西之際的社會和文化進化速度較為緩慢，程度較為淺顯，土著文化都是新石器文化，總體上尚未進入文明階段。在這個時候，已經達到高度發展的古蜀文明向渝東連續分佈，進行擴張，其勢有如破竹，不可阻擋，在當地難以遭遇強大的軍事抵抗，所以基本上未見軍事壁壘一類考古遺跡。在這種情形下，文化接觸和交流的環境比較有利於蜀，因此古蜀文化的東部邊緣，就主要發揮了其文化交流的功能，商文化的若干因素，就是經由長江走廊，源源不斷地從長江中游傳播到長江上游成都平原的三星堆古蜀王國。

商代的青銅龍虎尊　　　　　三星堆出土的青銅龍虎尊
（安徽阜陽阜南縣出土）　　　（三星堆一號祭祀坑出土）

例如，三星堆青銅器吸收了通過長江中游傳入的青銅器的某些因素，尤其是青銅容器。青銅容器不論在商文化還是盤龍城，都是作為禮器使用的，亦即所謂宴享之器，青銅鼎、尊、罍等重器不但作為煮肉和盛酒的器物在廟堂使用，而且還是政治權力和宗教權力的象徵物。三星堆文化的青銅容器尊、罍，在形制上與長江中游同類器物有不少相似之處，如青銅尊的高圈足、肩上的立鳥以及器身的紋飾等，顯然

是從長江中游傳入，而三星堆出土的一件龍虎尊，與長江下游安徽阜南出土的龍虎尊相似，也應是通過長江中游獲取的。不過，三星堆文化並不是把青銅尊、罍用作盛酒之器，而是用以盛放物件尤其是貴重之物，功能完全不同。如三星堆出土的青銅尊內就盛放着海貝，而不是酒液。意味着三星堆文化沒有接受商文化的禮制理念，而僅僅借用了器物的形制。在政治權力和宗教權力的象徵性上，三星堆文化與「藏禮於器」這種中原文化的理念和行為，是完全不同的。三星堆文化中至今未發現任何形式的鼎，也表明了其權力象徵物與盤龍城商文化之間的區別。

文明沒有優劣，只有發展模式和發展方向的不同，以及發展程度和發展水平的差異。三星堆文化作為地域性特徵十分明顯的文明，其獨特的文明發展模式、發展水平、政體架構以及規模等，均與商文化體系中的盤龍城有着顯著的差異，這種差異主要來源於二者不同的文化系統。雖然如此，不論三星堆文化還是盤龍城，都在中華文明的大框架內共同對推進長江流域文明的演進起到了十分重要的作用。

E. R. 塞維斯（Elman R. Service）在《文化進化論》（*Cultural Evolution: Thoery in Practice*）中，從文化人類學角度提出文化演進的「種系發生進化的非連續性原則」和「進化的地域非連續性原則」[①]，商代長江中游和長江上游青銅文明的相繼興起，即表現出同樣情形。在商代早中期，作為商文化在長江中游的重要分支，盤龍城堪稱其時長江流域最輝煌的青銅文明，對長江中游早期文明的形成和文明化進程起着引領作用，帶動了地區文明的演進。殷墟一期以後，隨着盤龍城的消亡，長江中游的文明進程變得遲緩，而三星堆青銅文明則於這個時期在長江上游勃然興起，成為商代中晚期長江流域最燦爛的古代文明。

---

① E. R. 塞維斯：《文化進化論》，黃寶瑋等譯，華夏出版社 1991 年版，第 33—34 頁。

第六章

三星堆：商代中國黃金製品的南北系統

不論在古代文獻還是考古學上，迄今還沒有中國新石器時代的黃金製品被發現。考古學上中國早期的黃金製品出現在青銅時代，目前所見資料中最早的一例，要數 1976 年在甘肅玉門市火

玉門火燒溝齊家文化遺址出土的金耳環

燒溝遺址的墓葬中出土的黃金製品，有黃金製作的「鼻飲」和齊頭合縫的金耳環，與彩陶、石器、青銅器和銀器共存，其年代大致與夏代同時，相當於齊家文化的後期 ①。除此而外，在中國其他地區尚未發現夏代的黃金製品。

玉門火燒溝齊家文化遺址出土的金耳環（距今約 4000—3800 年，現藏於甘肅省文物考古研究所。兩隻耳環均為橢圓形，周長約 89 厘米）

① 甘肅省博物館：《甘肅省文物考古工作三十年》，《文物考古工作三十年（1949—1979）》，文物出版社 1979 年版，第 142、143、151 頁。

甘肅齊家文化遺址出土的單耳泥質紅陶壺

中國早期的黃金製品較多地出現於商代。從地域上劃分，商代的黃金製品，在中原和北方地區主要發現於北京、河北、河南、山東、遼寧和山西，在南方則集中發現於四川。這些出土的黃金製品，不論從它們的形制、數量或製作方法上，還是從它們的功能體系上看，都存在南北之間的系統區別，從而反映了商代南方系統和北方系統不同的價值取向、價值觀念以及其他一些問題。

一、商代黃金製品的北方諸系統

這裡所說的南方和北方，是指地理學上以秦嶺和淮河劃線所區分的南方和北方。

中國北方地區現已發現的商代黃金製品主要如下：

1. 河南鄭州商城

在鄭州商城發掘中，在商城東北角內側的祭祀坑內，出土一團極薄的金箔片，展開之後是一件夔龍紋金葉飾片[1]。

2. 河南安陽殷墟

1931 年至 1932 年殷墟第四、五、六次發掘，出土黃金塊 2 塊及小片金葉[2]，黃金塊出土於 E16 坑內，黃金葉出土位置不詳。在安陽後岡的商墓中還發現少量黃金製品，如後岡大墓內發現黃金葉[3]，後岡 M47

---

[1] 河南省博物館、鄭州市博物館：《鄭州商代城遺址發掘報告》，《文物資料叢刊》（一），文物出版社 1977 年版，第 42 頁。

[2] 李濟：《安陽最近發掘報告及六次工作之總估計》，《李濟考古學論文選集》，文物出版社 1990 年版，第 275、282 頁。

[3] 石璋如：《河南安陽後岡的殷墓》，《中研院歷史語言研究所集刊》第 13 本，1948 年。

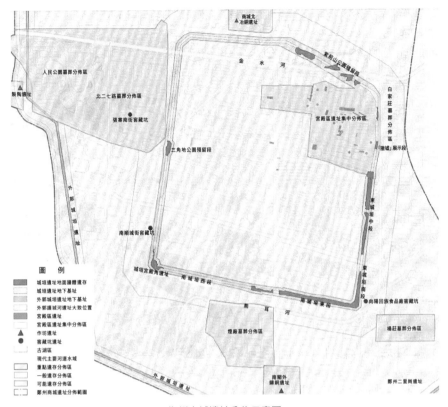

鄭州商城遺址分佈示意圖

河南安陽殷墟小屯宮殿遺址地形全貌

二層台上也發現黃金葉 ①。在安陽侯家莊甲種 I 式大型墓 HPKM1001 的盜坑填土中發現有黃金殘片 ②。新中國建立以前共在小屯發掘出金葉 24 片，最薄僅 0.5 毫米 ③。

　　1953 年在安陽大司空村 171 號墓出土金箔 1 件，厚僅 0.01 毫米 ④。

　　此外，在安陽殷墟曾發現一塊重一兩的金塊，尚未進行製作，大概是天然金初經熔化而自然凝結者 ⑤。

　　3. 河南輝縣琉璃閣

　　在河南輝縣琉璃閣 141 號商墓內出土金葉片，共重 50 克 ⑥。

　　4. 河北藁城台西

　　20 世紀 70 年代在河北藁城台西村商代中期墓葬 M14 內發現金箔片，金箔片上壓印有雲雷紋，厚度不到 1 毫米 ⑦。

　　5. 山東益都蘇埠屯

　　在山東益都蘇埠屯商墓內，出土金箔 14 片，均極薄而均勻 ⑧。

　　6. 北京平谷劉家河

　　1977 年在北京平谷劉家河發現了一座商代中期墓葬，墓內出土一批黃金製品 ⑨，計有：金臂釧 2 件，形制相同，係用直徑 0.3 厘米的金條製成。兩端作扇面形，相對成環，環直徑 12.5 厘米。一件重 93.7 克，另一件重 79.8 克。

---

① 鄒衡：《商周考古》，文物出版社 1979 年版，第 101 頁

② 鄒衡：《商周考古》，第 98 頁。

③《小屯》丙編《殷墟墓葬》。

④ 中國科學院考古研究所：《一九五三年安陽大司空村發掘報告》，《考古學報》第 9 冊，1955 年；參考《中國冶金簡史》，科學出版社 1978 年版，第 34 頁。

⑤ 郭寶鈞：《中國青銅時代》，三聯書店 1963 年版，第 48 頁。

⑥ 中國科學院考古研究所：《輝縣發掘報告》，科學出版社 1956 年版。

⑦ 河北省文物管理處台西工作隊：《河北藁城台西村商代遺址發掘簡報》，《文物》1979 年第 6 期；河北省文物考古研究所：《藁城台西商代遺址》，文物出版社 1985 年版，第 136 頁。

⑧ 山東省博物館：《山東益都蘇埠屯第一號奴隸殉葬墓》，《文物》1979 年第 8 期。

⑨ 北京市文物管理處：《北京市平谷縣發現商代墓葬》，《文物》1977 年第 11 期。

北京平谷劉家河商墓出土的金臂釧　　　　　北京平谷劉家河商墓出土的金耳墜

北京平谷劉家河商墓出土的金笄

金耳墜 1 件，一端作喇叭形，寬 2.2 厘米，另一端作尖錐形，彎曲成直徑 1.5 厘米的環形鈎狀，重 6.8 克。

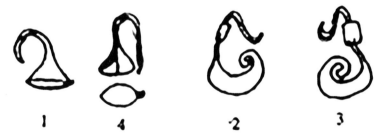

耳飾　1. 平谷劉家河（金）　2. 石樓後蘭家溝（金）　3. 永和下辛角村（金）　4. 唐山小官莊（銅）

金笄一件，長 27.7、頭寬 2.9、尾寬 0.9 厘米，截斷面呈鈍三角形，重 108.7 克。此外，還出土金箔殘片，殘存 2×1 厘米，無紋飾。

7. 北京昌平雪山村

1961 年在北京昌平雪山村的一座墓葬中，發現一副黃金耳環[1]，一

---

[1] 鄒衡：《商周考古》，文物出版社 1979 年版，第 130、135 頁；魯琪、葛英會：《北京市出土文物展覽巡禮》，《文物》1979 年第 4 期。

端作喇叭狀，另一端作 O 形。

8. 河北盧龍東闕各莊

1972 年在河北盧龍東闕各莊商代晚期墓葬中出土與饕餮紋鼎、乳丁紋簋共存的金臂釧，兩端接頭處作扇面形 ①。

9. 遼寧喀左和尚溝

1979 年在遼寧喀左和尚溝墓地 M1 內出土 2 件金臂釧，兩端作扇面形 ②，年代約為商末。

10. 山西石樓後蘭家溝、永和下辛角村、呂梁石樓鎮桃花莊

山西石樓出土的殷墟式黃金耳飾

在山西石樓後蘭家溝 ③、永和下辛角村 ④ 分別發現了與殷墟式青銅器共存的黃金耳飾 5 件，耳飾柄端作橫 S 形，垂端作捲雲形，柄的中部穿綠色珠。

另在呂梁縣石樓鎮桃花莊墓內人骨腿骨處和頭骨處發現金片，還出土上有綠松石的金片 8 片 (可能是耳環) ⑤。

11. 山西保德林遮峪

在山西保德縣林遮峪發現了與殷墟式青銅器共存的弓形金飾 2 件 ⑥，素面，兩尖端各一穿孔，一件高 11.1、寬 26、厚 0.5 厘米，一件高

① 河北省博物館文管處：《河北省出土文物選集》，1980 年。

② 郭大順：《試論魏營子類型》，《考古學文化論集》(一)，文物出版社 1987 年版，第 85 頁。

③ 郭勇：《石樓後蘭家溝發現商周銅器簡報》，《文物》1962 年第 4—5 期。

④ 石樓縣文化館：《山西永和發現殷代銅器》，《考古》1977 年第 5 期。

⑤ 謝青山、楊紹舜：《山西呂梁縣石樓鎮又發現銅器》，《文物》1960 年第 7 期。

⑥ 吳振錄：《保德縣新發現的殷代青銅器》，《文物》1972 年第 4 期。

山西保德林遮峪出土的黃金弓形飾　　　　山西保德林遮峪出土的黃金弓形飾（局部）

13、寬 29.1、厚 0.5 厘米，另有金絲 6 根。

　　從以上我國北方地區商代黃金製品的出土情況，可以看出它們具有兩個明顯的共性：第一，它們都出土於墓葬（殷墟金塊除外）；第二，它們都是作為裝飾品（人體裝飾物或器具飾件）來使用的（金塊除外）。從墓葬的角度上看，儘管對於山西保德、石樓、永和等處出土點的墓地情況，目前還了解得很少，但包括青銅器和黃金飾物均屬墓葬的隨葬品，則是可以肯定的 [①]，而其他地點出土的黃金製品都確鑿無疑地出於墓葬。從裝飾品的角度上看，安陽後岡 M47 出土的黃金葉，是與綠松石、蚌片等一道組成的圓形飾物，顯然是裝飾在木器或其他易朽器物上的遺痕 [②]。至於藁城台西 M14 出土的金箔片，原來也是漆盒上的飾件，這從出土的漆盒尚見痕跡便一望可知 [③]。金葉和金箔片雖然在用途上並不與其他地點所出作為人體裝飾物的金臂釧、金耳環、金笄、弓形金飾（弓形胸飾）等相同，但從作為裝飾品這個意義上說，它們則是共同的、一致的。

　　然而，由於地域、民族和文化區系的不同，商代北方地區的黃金製品又存在着一些明顯的差別。

---

① 中國社會科學院考古研究所：《新中國的考古發現和研究》，文物出版社 1984 年版，第 241 頁；林澐：《商文化青銅器與北方地區青銅器關係之再研究》，《考古學文化論集》（一），文物出版社 1987 年版，第 130 頁。
② 鄒衡：《商周考古》，文物出版社 1979 年版，第 101 頁。
③ 河北省文物考古研究所：《藁城台西商代遺址》，文物出版社 1985 年版，第 148 頁。

　　金箔見於藁城台西、平谷劉家河和山東蘇埠屯商墓，鄭州商城、殷墟、輝縣琉璃閣等地出土的金葉其實也屬金箔一類，不過切割成葉形而已。殷墟出土的金塊，大概是供進一步加工捶製成金箔的材料。除此而外，北方其他地區尚未發現商代金箔。藁城台西就其文化面貌看，與商文化很少差別，應屬商文化的亞區。平谷劉家河就其青銅器看，更接近於安陽殷墟早期墓葬中所出的同類器形 [1]，應為附屬於商王朝的方國遺存。平谷劉家河位於燕山南麓，在商、周二代均屬所謂「北土」。《左傳·昭公九年》記載詹桓伯説「及武王克商……肅慎、燕、亳，吾北土也」，大概劉家河出土的青銅器和黃金製品，就是商代燕（北燕）的文化遺存。由此看來，北方的金箔均出於商文化區和與之密切相關的方國，其他文化區域則未見，這似乎意味着殷人和殷商文化有製作金箔的習俗，而北方其他文化則沒有這種傳統。

　　出土金臂釧的北京平谷劉家河，與遼寧喀左和尚溝在文化面貌上差別很大。喀左和尚溝墓地屬於燕山以北、長城以外介於夏家店下層文化與夏家店上層文化之間的魏營子類型 [2]，年代為商末周初，晚於劉家河墓葬。而在夏家店下層文化中，除和尚溝墓地出土兩端作扇面形的金臂釧外，其他地點迄未發現，也沒有發現同類別的青銅或其他質料的臂釧。這種情況表明，燕山以北大小凌河流域魏營子類型的金臂釧，是由燕山南麓平谷劉家河傳播而至的。關於這一點，如果聯繫到1961 年在寧城南山根屬於夏家店上層文化的石棺墓 M101 內發現的金臂釧來看，將會更加清楚。

　　南山根 M101 內出土的金臂釧，兩端也作扇面形 [3]，其形制與劉家

---

[1] 中國社會科學院考古研究所：《新中國的考古發現和研究》，文物出版社 1984 年版，第 240 頁。

[2] 郭大順：《試論魏營子類型》，《考古學文化論集》（一），文物出版社 1987 年版，第 79—98 頁。

[3] 中國科學院考古研究所內蒙古工作隊：《寧城南山根發掘報告》，《考古學報》1975 年第 1 期。

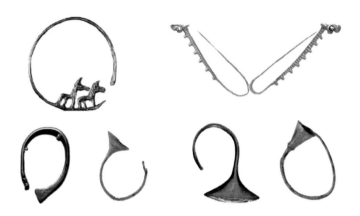

甘肅、內蒙古、北京和新疆等地早期青銅文化墓葬出土的喇叭形金耳環或青銅仿製品

河和和尚溝所出大體相同，所不同的僅在南山根 M101 金釧的兩端是相對接的，而劉家河和和尚溝金釧則不合縫對接。不過由此卻可以很清楚地看出，夏家店上層文化的金臂釧顯然是從魏營子類型演變而來。可見，不論在地域傳遞關係、形制演變關係還是時代早晚關係上，都可以說明兩端扇面形金臂釧從燕山南麓向燕山以北、長城以外發展的事實，而不是相反。至於燕山以南河北盧龍東闕各莊出土的金臂釧，從其形制與劉家河所出相同，以及年代晚於劉家河等情況分析，可以認為是劉家河金臂釧向其東南方向鄰近方國發展的結果。

　　金耳飾根據其形制可在地域和文化上分為兩個系統，一個系統是燕山以南、長城以內的夏家店下層文化的喇叭形金耳飾，另一個系統是太行山以西黃河東岸的商代方國文化的穿珠式金耳飾，兩個系統的金耳飾在形制上完全不同。

　　黃河東岸山西石樓、永和等地出土的穿珠式金耳飾，均與殷墟式青銅器同出，表明它們是太行山以西黃河東岸的商王朝方國的文化遺存，可能與商代的「鬼方」有關[1]。古文獻多見「鬼方」和「伐鬼方」的記

① 山西省文物工作委員會：《建國以來山西省考古和文物保護工作的成果》，《文物考古工作三十年（1949—1979）》，文物出版社 1979 年版，第 58 頁。

陝西淳化黑豆嘴商周墓葬出土的捲雲形金耳墜飾　　河北臨漳磨溝出土的齊家文化金耳環

載，《周易·既濟》九三説「高宗伐鬼方，三年克之」，《周易·未濟》九四以及《後漢書·西羌傳》引《竹書紀年》等記載略同。高宗是殷王武丁廟號，武丁時殷王朝西伐至太行山以西地區，使商文化擴張到黃河東岸，「邦畿千里，維民所止，肇域彼四海」①，這一史實與該區多次發現殷墟式青銅器的現象恰相一致，是很能説明問題的。不過，山西黃河東岸出土的穿珠式金耳飾，卻絕不見於商文化和商代其他文化，表明是該區方國文化有特色的地方產物。有學者認為山西黃河東岸各地與金耳飾同出的一些青銅器具有斯基泰文化（Scythian Culture）的特徵。可是斯基泰文化的形成年代，一般認為僅能追溯到公元前 7 世紀 ②，遠遠晚於殷墟文化的年代，可見此説完全不能成立，而穿珠式金耳飾也與斯基泰文化完全沒有關係。

　　至於燕山南麓、長城以內的北京平谷劉家河和昌平雪山村出土的喇叭形金耳飾，兩者形制相同，應屬同一系統。考慮到喇叭形青銅耳飾是燕山以南夏家店下層文化的典型飾物，在河北大廠大坨頭 ③、天津

---

①《詩經·商頌·玄鳥》。

② 莫潤先：《斯基泰文化》，《中國大百科全書·考古學》，中國大百科全書出版社1986 年版，第 482、483 頁。

③ 天津市文化局考古發掘隊：《河北大廠回族自治縣大坨頭遺址試掘簡報》，《考古》1966 年第 1 期。

北京平谷劉家河商墓出土的金耳墜　　　　北京平谷劉家河遺址出土的商早期金臂釧

薊州張家園 [1]、圍坊 [2]、北京昌平雪山 [3]、房山琉璃河劉李店 [4]、河北唐山大城山 [5]、小官莊 [6] 等地均有發現，因而燕山南麓所出與此相類的喇叭形金耳飾就完全有可能脫胎於夏家店下層文化的喇叭形青銅耳飾。雖然這兩種耳飾在形制上也存在一點差異，金耳飾的柄部作 O 形、青銅耳飾的柄部作倒 U 形，但這種差異所體現的是同一文化中同類製品的早晚變化關係，而不是異質文化之間的關係。正如張忠培等先生所分析的那樣，較早的喇叭形耳飾的柄呈倒 U 形，較晚的出現了 O 形柄，而形制與青銅耳飾相同的金質耳飾，出現在較晚的階段 [7]。所以，喇叭形金耳飾應為夏家店下層文化的產物，平谷劉家河出土的這種金耳飾，應來源於夏家店下層文化。這種情況表明，喇叭形金耳飾這種文化因

[1] 天津市文物管理處：《天津薊縣張家園遺址試掘簡報》，《文物資料叢刊》第 1 輯，文物出版社 1977 年版。
[2] 天津市文物管理處考古隊：《天津薊縣圍坊遺址發掘報告》，《考古》1983 年第 10 期。
[3] 魯琪、葛英會：《北京市出土文物展覽巡禮》，《文物》1979 年第 4 期。
[4] 北京市文物管理處、中國科學院考古研究所、房山縣文教局琉璃河考古工作隊：《北京琉璃河夏家店下層文化墓葬》，《考古》1976 年第 1 期。
[5] 河北省文物管理委員會：《河北唐山市大城山遺址發掘報告》，《考古學報》1959 年第 3 期。
[6] 安志敏：《唐山石棺墓及其相關的遺物》，《考古學報》第 7 冊，1954 年。
[7] 張忠培、孔哲生、張文軍、陳雍：《夏家店下層文化研究》，《考古學文化論集》（一），文物出版社 1987 年版，第 68 頁。

素的流動方向，恰與上文所論兩端扇面形金臂釧的流動方向相反，不是從劉家河墓葬流向夏家店下層文化，而是從夏家店下層文化流向劉家河墓葬，誠可謂相反相成。

至於出土於太行山以西黃河東岸山西保德的弓形金飾，則在商代的黃金製品中獨樹一幟，其他地區均未發現這類製品，迄今尚無可以進行比較研究的材料。大概如同分佈於與之相距不遠的穿珠式金耳飾一樣，弓形金飾同樣也是該區方國文化有特色的地方產物。

從以上的分析討論中可以初步總結出商代黃金製品北方諸系統的幾個特點：

第一，中原商文化區的金箔系統，其分佈空間大體上在燕山以南的華北平原範圍內，並向東伸展到山東半島西部邊緣。

第二，燕山南麓、長城以內平谷劉家河的兩端扇面形金臂釧系統。這個系統有着向燕山以北、長城以外做歷時性輻射的發展趨勢。

第三，燕山南麓夏家店下層文化的喇叭形金耳飾系統。這個系統與同一文化類型的青銅喇叭形耳飾具有發展演變的密切關係。

第四，太行山以西黃河東岸的穿珠式金耳飾和弓形金飾系統。這個系統既沒有東跨太行，也沒有西越黃河，而是自成一系，與其他系統之間不存在交流傳播關係。

北京平谷劉家河商墓出土的金笄

總的說來，商代北方地區的黃金製品主要分佈在黃河以東的華北平原及其北側和西側，而以西側尤其北側的燕山南麓為發達，製作較精，水平甚高。不過，諸系都存在數量不豐、種類不多、形體較小等特點。與同一時期的青銅器相比，北方諸系統的黃金製品明顯地處於較低的發展水平，地位也遠在青銅器之下。

二、三星堆：商代黃金製品的南方系統

迄今為止的考古資料表明，商代南方的黃金製品集中分佈在西南地區的四川廣漢三星堆遺址和成都市金沙遺址。

廣漢位於橫斷山縱谷東側的成都平原中部，水網密佈，生態良好。1986 年夏，在廣漢三星堆遺址相繼發現兩個祭祀坑，出土大批青銅、黃金、玉石製品以及大量象牙和海貝[1]。其中的各種黃金製品多達數十件，一號坑計出 4 件，二號坑計出 61 件，另有金箔殘片殘屑等 191.29克，還有 4 件黏貼於青銅人頭像上的金面罩[2]，可謂全國當時已發現的商代遺址中出土黃金製品最為豐富的，其數量超過北方諸系統出土量的總和。三星堆黃金製品的年代，可以根據祭祀坑青銅器的年代予以確定。三星堆祭祀坑的年代，一號坑的下埋年代相當於殷墟一期，其中青銅器的年代在二里崗上層一、二期與殷墟一期偏早階段之間，二號坑的下埋年代約在殷墟三、四期之間，其中青銅器的年代均在殷墟二期的年代以內[3]。因此，與兩個祭祀坑內青銅器密不可分的黃金製品的年代，可以分別確定為商代中期和商代晚期。2019 年至 2021 年 5 月，三星堆新發掘的祭祀坑內，又出土包括金面罩、金帶、金葉等大量金器，因報告尚未發表，暫不論列。

三星堆一號祭祀坑裡發掘出土的金杖

---

① 四川省文物管理委員會等：《廣漢三星堆遺址一號祭祀坑發掘簡報》，《文物》1987 年第 10 期；四川省文物管理委員會等：《廣漢三星堆遺址二號祭祀坑發掘簡報》，《文物》1989 年第 5 期。

② 四川省文物考古研究所：《三星堆祭祀坑》，文物出版社 1999 年版。

③ 陳德安：《三星堆遺址的發現與研究》，《中華文化論壇》1998 年第 2 期。

　　金沙遺址位於成都市區西部，從 2001 年 2 月發掘至 2002 年中，共出土金器 200 餘件，器類主要有人面罩、射魚紋帶、四鳥繞日飾、鳥首魚紋帶、喇叭形器、盒形器、球拍形器、魚形器以及大量器物殘片等，其年代約為晚商到西周[①]。金沙遺址所出金器，有些與三星堆所出極似，可歸於三星堆文化系統，另有一些則不見於三星堆文化。

　　三星堆出土的各種黃金製品，根據發掘報告[②]，主要有如下種類：

　　1. 金杖

　　1 件，用純金皮包捲木芯而成，長 143、直徑 2.3 厘米，重 463 克。杖的上端有一段 46 厘米長的平雕圖案，分為三組，用雙勾法雕刻出魚、鳥、人頭、羽箭等圖案。

三星堆出土的金杖（局部）

　　2. 金面罩

　　7 件，均用純金皮模壓而成，雙眉，雙眼鏤空，鼻部凸起。其中 4 件分別黏貼在青銅人頭像面部，3 件當為從青銅人頭像面部脫落者。這 3 件脫落的金面罩與青銅人頭像面部大小相似，一件殘寬 21.5、高 11.3 厘米，重 19.62 克；一件殘為兩半，一耳殘缺，寬 23.2、高 9.6 厘米，重 29.36 克；另一件殘損過甚，僅殘面部的一側，殘寬 19.3、高 12.2 厘米。

　　3. 金果枝

　　二號坑出土的三號小神樹，果柄有數處用金箔包捲。從這種現象

① 成都市文物考古研究所、北京大學考古文博學院：《金沙淘珍 —— 成都市金沙村遺址出土文物》，文物出版社 2002 年版。

② 四川省文物考古研究所：《三星堆祭祀坑》，文物出版社 1999 年版。以下引此，不再一一注明。

三星堆出土的戴金面罩青銅人頭像

三星堆出土的戴金面罩人頭像

三星堆出土的金面罩

三星堆出土的三號神樹

分析，果枝原本均有金箔包捲，是典型的金枝。

4. 璋形金箔飾

14 件，分 A、B 兩型，A 型 2 件，B 型 12 件，共重 10.15 克。

璋形金箔飾

5. 虎形金箔飾

1 件，通身模壓目形斑紋，高 6.7、長 11.6 厘米，重 7.27 克。

6. 魚形金箔飾

19 件，分大號和小號兩種，大號 5 件，小號 14 件，共重 44.81 克。

7. 金箔帶飾

有寬、窄兩種，寬帶飾殘為 6 片，重 10.82 克；窄帶飾有兩種共 13 件，共重 37.58 克。

三星堆一號祭祀坑出土的虎形金箔飾

三星堆出土的魚形金箔飾

8. 圓形金箔飾

6 件，大小相同，直徑 2.1 厘米，圓心處有一小圓穿，共重 4.37 克。

9. 四叉形器

1 件，寬 6.9、高 9.4 厘米，重 6.02 克。

三星堆二號祭祀坑出土的金箔四叉形器　　三星堆二號祭祀坑出土的金葉、金璋

10. 金箔殘片

5 件，形制不規整，共重 14.20 克。

11. 金箔殘屑

56 片，重 14.90 克。

12. 金料塊

1 塊，長 11.9、寬 4.4、厚 0.2—0.5 厘米，重 170.44 克。

金沙遺址出土的金器主要有如下種類[1]：

1. 太陽神鳥金箔

直徑 12.5 厘米、厚 0.02 厘米、重 20 克。

太陽神鳥金箔飾及線描圖

2. 魚紋金帶

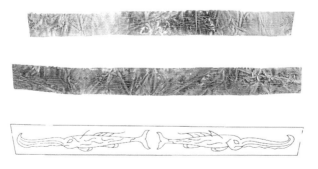

金沙遺址出土的射魚紋金帶及線圖

---

[1] 成都市文物考古研究所編著：《金沙 —— 21 世紀中國考古新發現》，五洲傳播出版社 2005 年版。

2 件，一件長 21.6、寬 2.03、厚 0.02 厘米；一件長 21.9、寬 2.03、厚 0.02 厘米。共重 11 克。

3. 金面具

2 件，2001 年出土的一件高 3.7、寬 4.9、厚 0.01—0.04 厘米，重 5 克。2007 年出土的一件高 19.9、寬 11 厘米。

金沙遺址出土的黃金面罩　　　　　　金沙遺址出土的黃金面罩

4. 金冠帶

直徑 19.9、寬 2.8、厚 0.02 厘米，重 44 克。

金沙遺址出土的金冠帶

金沙遺址出土的金冠帶　　　　　　金沙遺址出土的金冠帶線描圖

5. 蛙形金箔飾

2 件，一件長 6.9、寬 6.2、厚 0.1 克，重 4 克。一件長 7、寬 6、厚 0.16 厘米，重 3 克。

6. 喇叭形金器

直徑 11.6、高 4.8、厚 0.02 厘米，重 51 克。

金沙遺址出土的蛙形金箔飾及線描圖

金沙遺址出土的喇叭形金器　　　　　金沙遺址出土的三角形金器

7. 三角形金器

長 25、最寬 7.2、厚 0.02 厘米，重 48 克。

8. 魚形金箔飾

長 4.9、寬 1.1、厚 0.02 厘米，重量不足 1 克。

9. 盒形金器

高 3.1、長徑 9.4、短徑 3、厚 0.03 厘米，重 50 克。

10. 几字形金器

高 18.3、寬 1、厚 0.05 厘米，重 12 克。

以上僅是 2019 年 10 月啟動三星堆新一輪考古發掘以前的情況。在三星堆新一輪發掘中，又出土大量金器，包括鳥形金飾、金樹葉、金帶、大量金箔、金面具殘片等，尤其是出土一件寬 28、高 23 厘米的大型金面具，金器的出土數量遠大於 1986 年的數量。由於發掘還在進行，報告尚未發表，此處暫不論列。

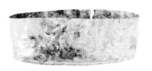

金沙遺址出土的金盒

金沙遺址出土的魚形金飾　　　　金沙遺址出土的几字形金器

　　從三星堆文化黃金製品的形制、出土情況尤其他們與大型青銅製品群密不可分的關係等情況，很容易看出它們具有幾個明顯的特點：第一，數量多。三星堆祭祀坑出土達到近百件(片)，金沙遺址出土超過 200 件，在商代中國首屈一指。第二，形體大。尤以金杖、金面罩為商代中國黃金製品之最。第三，種類豐富。為北方系統各系所不及。第四，均出土於祭祀坑或祭祀區，而非出於墓葬。第五，大多數金器與實用器或墓葬裝飾用品無關，而與大型宗教禮儀、祭典和祭祀儀式所用祭祀用器有關，或與王權(政治權力)、神權(宗教權力)和財富壟斷權(經濟權力)的象徵系統有關[1]。

　　三星堆文化黃金製品中最重要的種類是金杖和金面罩。這兩種製品的文化形式在商代中國的其他任何文化區都沒有發現，即便在除三星堆遺址和金沙外的整個古蜀文化區也是絕無僅有。這種情況應當特別引起我們的重視。此外，數尊金面青銅人頭像和數十尊青銅人頭

---

① 段渝：《商代蜀國青銅雕像文化來源和功能之再探討》，《四川大學學報》(哲學社會科學版) 1991 年第 2 期。

三星堆出土的牙璋

像、立人像、跪坐人像、頂尊人像、鳥足人像、神壇、神殿以及各種青銅面具、神樹、眼形飾等，也與金杖、金面罩相同，都是為商代中國包括古蜀文化區所僅見。根據筆者對金杖、金面罩的起源、形制、功能體系、象徵系統和藝術風格等方面所做的比較研究，三星堆文化的金杖、金面罩等文化形式，很有可能是通過古代印度地區和中亞的途徑，從古代的西南夷道、蜀身毒道、滇緬道，經雲南、緬甸、印度、巴基斯坦、阿富汗等地區，採借吸收了西亞近東文明的類似文化因素，而由古代蜀人按照自身的文化傳統加以改造創新而成的，它們反映了商代中國西南與南亞、中亞和西亞古代文化之間的交流關係[①]。

　　關於三星堆文化的黃金製品，還有一些問題需要提出討論，這裡僅扼要討論金面罩與青銅人頭像的關係，以及耳飾、腕飾、腳鐲等問題。

　　據發掘報告，三星堆一號祭祀坑出土金面罩 1 件，二號祭祀坑出

---

① 段渝：《巴蜀是華夏文化的又一個起源地》，《社會科學報》1989 年 10 月 19 日；《古蜀文明富於世界性特徵》，《社會科學報》1990 年 3 月 15 日；《商代蜀國青銅雕像文化來源和功能之再探討》，《四川大學學報》（哲學社會科學版）1991 年第 2 期；《論商代長江上游川西平原青銅文化與華北和世界古文明的關係》，《東南文化》1993 年第 2 期；《支那名稱起源之再研究 —— 論支那名稱本源於蜀之成都》，載《中國西南的古代交通與文化》，四川大學出版社 1994 年版。

土金面罩 2 件，另在二號祭祀坑出土的 4 尊青銅
人頭像面部覆蓋（黏貼）有金面罩。學術界普遍
認為，這幾件金面罩原來應是黏貼在青銅人頭
像面部之上的。有學者進一步認為，三星堆青銅
人頭像的臉龐原來都可能覆有金面罩，只是大部
分已損毀[1]。這個問題還可以進一步深入探討。
從出土的 3 件金面罩本身，目前還無從分辨出它
們各自原來黏貼在哪種型式的青銅人頭像臉部，
所以還無法判定是否每一型式、每一尊青銅人頭
像臉部，原來都被覆以金面罩。

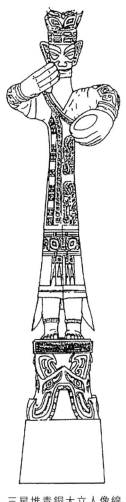

三星堆青銅大立人像線
描圖

　　從二號祭祀坑出土的 4 尊戴有金面罩的青
銅人頭像分析，可以分作 A、B、C 三型（發掘報
告分作 A、B 兩型，每型各 2 尊），A 型 2 尊，B、
C 兩型各 1 尊。A 型為戴金面罩青銅圓頭型人頭
像。B 型為戴金面罩青銅長臉型人頭像。C 型為
戴金面罩青銅長方臉型人頭像，面像與青銅大
立人像相同，而與 B 型有別。這三型戴金面罩青
銅人頭像，在與各自型式相同但未戴金面罩的青
銅人頭像中都只佔有很小甚至極小比例。如 C 型
頭像共有 37 尊，但戴金面罩者只有 1 尊。至於除
此三型以外的其他各型青銅人頭像，則均未發
現戴金面罩的痕跡。這是否意味着只有這三型青銅人頭像當中的某幾
尊才覆有金面罩，而其他則否呢？或是由於人頭像的製作有早晚之別，
而其黏貼金面罩的習俗因時而異了呢？這個問題目前還沒有可供進一
步分析研究的材料，只能存疑不論，留待來者。

　　三星堆黃金面罩在兩耳垂部留有穿孔，戴金面罩青銅人頭像以及

---

[1] 林向：《三星堆青銅藝術的人物造型研究》，《中華文化論壇》2000 年第 3 期。

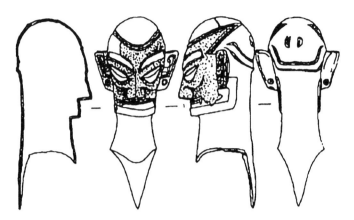

三星堆出土的金面罩圓頭型青銅人頭像線描圖

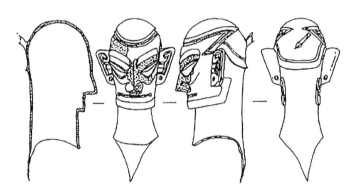

三星堆出土的金面罩圓頭型青銅人頭像線描圖

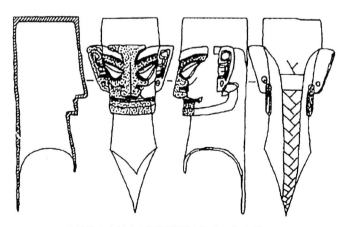

三星堆出土的金面罩長臉型青銅人頭像線描圖

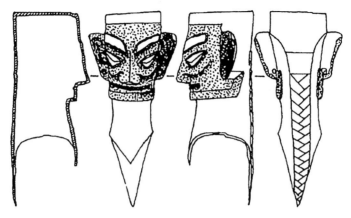

三星堆出土的金面罩長臉型青銅人頭像線描圖

三星堆出土的金杖

其他各種青銅人頭像、人面像和立人像，都在兩耳垂留有穿孔，顯然是作為佩戴耳飾之用的，但耳飾的實物迄無發現。不過，從三星堆金杖平雕圖案中的人頭像和玉石邊璋陰刻圖案中的人像上，可以知道三星堆文化至少有兩種耳飾形制：一種是鈴形耳飾（金杖、玉石邊璋），鈴身有兩道弦紋；另一種是雙環形（或套環形）耳飾（玉石邊璋）。由於這幾種人像、人頭像均為寫實之作，所以它們佩戴的兩種耳飾

三星堆出土的青銅大立人像的腕飾

三星堆出土的玉石邊璋圖案

原也應有實物存在，惜已損毀無存，自然也就無從知道原物是用黃金還是青銅或是其他金屬材料製成的。

從形狀上看，三星堆鈴形耳飾和雙環形耳飾，均不同於燕山南麓夏家店下層文化的喇叭形耳飾和長城以外北方草原的雙環疊壓形耳飾，也絕不同於太行山以西黃河東岸的穿珠式耳飾，而是自身發展起來的一個系統。

三星堆的腕飾和腳鐲見於青銅大立人像，雙手腕各戴腕飾 3 個，素面無紋飾，雙腳踝處各戴方格形腳鐲一個。由於不是原物，所以無從獲知腕飾和腳鐲的原物是用甚麼材料製成的。不過，青銅立人像的腕飾較粗，顯然與劉家河臂釧不同系；而青銅立人像的腳鐲，則在北方諸系統中絕未見到。由此可以知道，三星堆的腕飾和腳鐲，也是與北方諸系統沒有關係的。

以上分析討論說明，與北方諸系統相比較，不論從種類、形制還是從功能、象徵意義上看，三星堆文化的黃金製品都是自成一系的，完全看不到有受北方諸系統影響的任何跡象。這一結論，將有助於從一個重要側面闡明中華文明大框架中三星堆文化與商文化平行發展的歷史事實。

三、南北系統的技術異同

從技術特點上看，商代中國黃金製品的北方諸系統與南方系統之間有不少共同點，但也有若干差異。

黃金多以自然金，即生金的形態存在 [1]。中國古代將金礦分為砂金

---

[1] R. F. Tyiecote, *A History of Metallurgy*, 1976.

和山金兩種類型，砂金有「水沙中」淘洗的砂金和「平地掘井」開採的砂金兩種；山金則有殘積、坡積砂金礦床、古砂金礦床和脈金三種。早期的採金技術，一般都是「沙裡淘金」[①]，也有學者認為應是利用地表的天然金塊[②]。不管哪一種採金方法，都必須將自然金先行熔化或熔合，此後才能製器或進一步施以各種加工。自然金不可能不經熔煉，那種認為用鉛杵將金砂錘成顆塊是沒有根據的[③]。這表明，商代中國黃

三星堆出土的青銅大立人像的腳飾

金製品的南北系統，都是在掌握了黃金開採技術和自然金熔煉技術以後興起的。

從黃金的熔煉方面看，黃金的熔點為 1063℃，比純銅的熔點 1083℃稍低，而比青銅的熔點要高。商代已是青銅時代的高級發展階段，它是在掌握了純銅冶煉術的基礎上發展而來的。在二里頭遺址三區發現的一件銅銼[④]，含銅 98%，幾乎接近純銅[⑤]。在鄭州二里崗鑄銅遺址和同一時期的湖北盤龍城鑄銅遺址，均發現了煉銅原料銅礦石或孔雀石（氧化礦物）[⑥]，在湖南石門皂市相當於從二里崗到晚商的遺址

---

① 北京鋼鐵學院《中國古代冶金》編寫組：《中國古代冶金》，文物出版社 1978 年版，第 95 頁；夏湘蓉、李仲均、王根元：《中國古代礦業開發史》，地質出版社 1980 年版，第 298、302—304 頁。

② R. F. Tyiecote, *A History of Metallurgy*, 1976.

③ 華覺民：《中國古代金屬技術 —— 銅和鐵造就的文明》，大象出版社 1999 年版，第 450、451 頁。

④ 中國科學院考古研究所二里頭工作隊：《河南偃師二里頭遺址三一八區發掘簡報》，《考古》1975 年 4 期。

⑤ 中國社會科學院考古研究所：《新中國的考古發展和研究》，文物出版社 1984 年版，第 324 頁。

⑥ 廖新民：《鄭州發現的一處商代居民與鑄造銅器遺址簡介》，《文物》1957 年第 6 期；湖北省博物館：《盤龍城商代二里崗期的青銅器》，《文物》1976 年第 2 期。

三星堆新出土的黃金鳥

內還發現過不少銅塊[①]，殷墟發掘中也常常發現孔雀石，其中最重的一塊達 18.8 公斤[②]。在廣漢三星堆祭祀坑中，曾出土大量翻模鑄範用的泥芯（內範）及青銅熔渣結核，遺址內還出土大量厚胎夾砂坩鍋[③]，證明當地曾有大型青銅器鑄造中心，並意味着三星堆文化已達到首先煉出金屬銅、錫，再將金屬銅、錫同爐而冶的青銅時代高級階段[④]，表明早已掌握了純銅冶煉技術，為黃金熔煉準備了溫度和技術條件。因此，商代中國南北系統均已掌握了黃金熔煉技術，這是毫無疑問的。安陽殷墟和廣漢三星堆均出土了金塊，均是將自然金熔化後鑄成塊狀的，確鑿無疑地表明了這一事實。由此還可以看出，中國早期黃金製品的製作，是在進入青銅時代以後，而不是以前。

在黃金製品的最早階段，一般是直接將砂金在坩鍋中熔化後鑄成小件飾物，經過相當的發展後，才有可能進一步發展出捶製技術。這一點，已為玉門火燒溝夏代黃金「鼻飲」、耳環均非捶製品的情況所證實。平谷劉家河出土的金笄，從器表及斷面觀察，似為鑄件[⑤]。同出的兩件臂釧係用 0.3 厘米的金條製成。與金笄相比，有可能金臂釧是先將砂金熔化鑄成金條後，將兩端捶成扇面形，然後彎曲而成的。同出的金箔殘片，則表明已掌握了捶製技術。昌平雪山村和平谷劉家河出土的喇叭形金耳飾亦當為鑄件，其製作方法當與夏家店下層文化出土

① 高至喜、熊傳新：《湖南商周考古的新發現》，《光明日報》1979 年 1 月 24 日。

② 劉嶼霞：《殷代冶銅術之研究》，《安陽發掘報告》第 4 期，1933 年。

③ 陳顯丹：《論廣漢三星堆遺址的性質》，《四川文物》1988 年第 4 期。

④ 段渝：《四川通史》第 1 冊，四川大學出版社 1993 年版，第 105 頁。

⑤ 北京市文物管理處：《北京市平谷縣發現商代墓葬》，《文物》1977 年第 11 期。

的同形青銅耳飾相同。喀
左和尚溝出土的兩端扇面形
金臂釧，其製作方法應同於
劉家河，先鑄造而後施以捶
打。至於安陽殷墟和藁城台
西發現的金葉和金箔，則均
為捶打後切片而成的，台西
金箔還出現了模壓雲雷紋的
技術，在工藝上比上幾例均
更成熟一些。可見，北方諸
系統在技術上都已超過了黃
金製品的初期階段，但發展
不平衡，燕山南北以範鑄為

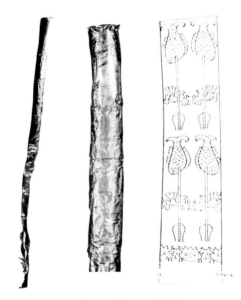

三星堆出土的金杖及圖案線描圖

主，商文化及其亞區以先範鑄後捶製為主。顯然，商文化的發展水平
更高。

　　與北方諸系統相比，南方系統三星堆文化的黃金製品在技術和加
工工藝發展上顯得水平更高一些，製作也更為精湛。比如金杖，根據
其長度和直徑計算，其金皮的展開面積為 1026 平方厘米。如此之大的
金皮，又捶製得如此平整、伸展，在那個時代實屬罕見，說明三星堆文
化時期蜀人對黃金良好的延性和展性等物理性能已有了充分認識。除
捶製外，三星堆黃金製品還較多地運用了包捲、黏貼、模壓、雕刻、鏤
空等深加工工藝和技術。再從金杖表面的平整度和光潔度分析，當時
可能還運用了表面矸光工藝。它們無疑是中國古代黃金加工工藝和技
術充分發展的科學結晶。

　　三星堆文化黃金製品的製作技術和加工工藝，有一些是商代北方
系統所沒有的。如雕刻、鏤空、包金等技術，在北方系統的黃金製品
中還沒有發現。北方系統中包金的最早實例，目前所見資料似為河南
浚縣辛村西周早期衛墓所出矛柄和車衡端的包金以及獸面飾包金和銅

泡 [1]。這種情況似可説明，商代北方系統的黃金製品在技術和工藝水平上遜色於南方系統的三星堆文化。這與北方系統尤其商文化高度發達的青銅器製作技術和工藝形成了強烈的反差。而這種差異，很大程度上是由黃金製品在南北系統中的功能差異所決定的。

四、南北系統的功能差異

從南北系統各自出土的黃金製品看，它們在功能上的差異也是一目了然的。

在北方諸系統中，燕山南麓和長城以外北方草原地區的兩端扇面形金臂釧系統、喇叭形金耳飾系統，以及太行山以西黃河東岸的穿珠式金耳飾和弓形金飾（疑為弓形胸飾）系統，其黃金製品的唯一功能在於人體裝飾。考慮到這些黃金製品多半從相同種類的青銅製品脱胎而來，因此可以基本論定，它們是作為那些相同種類青銅製品的藝術補充被加以看待、加以使用的。當然，從另一個角度上看，也可以認為它們是相同種類青銅藝術的新發展。但不管怎樣，它們的功能是人體裝飾，屬於生活用品，所反映的是審美觀念，而不是意識形態觀念。不

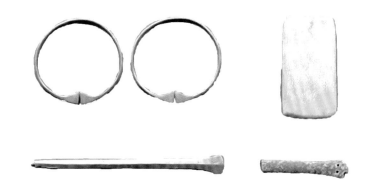

北京平谷劉家河商代墓葬出土的黃金飾件

---

[1] 郭寶鈞：《濬縣辛村》，科學出版社 1964 年版，第 61 頁。

過，從價值觀上看，由於黃金製品的出土量普遍少於相同種類的青銅製品，而且年代也較之為晚，因而就有可能反映了這幾個系統已把黃金視為稀世之珍那樣一種新的價值取向。

安陽殷墟和藁城台西屬於金箔系統。在這個系統中，黃金製品雖是新出之物，但不論其作用還是地位，都遠在青銅製品之下。殷墟和台西的金箔均出土於墓葬，從出土位置看，這些金箔均是充作墓內木器或漆器上所附飾件之用的，既不在墓的中心位置，更無法與墓內形制豐富、製作精良而洋洋大觀的各式青銅製品相比。

殷墟婦好墓出土的玉人

而且，台西墓地中出土金箔的 M14，其墓主屬於中下層統治者階級，其身份是「巫醫」[①]；相反，在大型墓內卻無黃金製品出土，這也證明黃金製品的地位遠在青銅製品之下。

事實上，殷商文化區出土黃金製品的數量是十分稀少的，絕大多數商墓內都沒有黃金製品出土，就連生前地位十分顯赫的殷王武丁之妻婦好的墓內，也沒有發現黃金製品，而在殷王室的文字檔案甲骨文中，也全然沒有關於貢納、掠奪或使用黃金的片言隻字記載。這種現象，無疑意味着商文化對於黃金持一種比較冷漠的態度，其價值取向並不傾向於黃金，而是傾向於富於傳統的青銅。

與北方諸系統形成鮮明對照的是，黃金製品在南方系統三星堆文化中據有極高、極優越的地位，其地位甚至超乎青銅製品之上。關於

---

① 河北省文物研究所：《藁城台西商代遺址》，文物出版社 1985 年版，第 146—149 頁。

後（司）母戊大方鼎

這一點，可以從對金杖、金面罩功能的分析中獲得足夠清楚的認識[1]。在三星堆文化這個神權政體中，金杖是國家權力的象徵物，代表着實際的政治權力，是集神權（意識形態權力）、王權（政治權力）和財權（經濟壟斷權力）為一體的最高權力的象徵。而在商文化中，象徵國家最高權力的是用青銅製成的「九鼎」。在三星堆文化中，即使是用青銅製成的各級統治者即所謂「群巫」的頭像，也要在面孔上覆以金面罩來顯示其高貴和尊崇。而在商文化中，黃金只配充作木器一類的附屬飾件。由此不難看出兩者之間重要的系統差異。十分明顯，商文化和三星堆文化對於青銅與黃金的不同價值取向，恰恰是兩個不同文化系統的不同價值觀念的反映。

　　最後需要指出，商文化與三星堆文化之間的上述差異，並不表示兩者文明發展水平的高低，只是反映了兩者價值取向的不同。在「國之大

[1] 段渝：《商代蜀國青銅雕像文化來源和功能之再探討》，《四川大學學報》（哲學社會科學版）1991 年第 2 期；《論商代長江上游川西平原青銅文化與華北和世界古文明的關係》，《東南文化》1993 年第 2 期；《政治結構與文化模式 —— 巴蜀古代文明研究》，學林出版社 1999 年版，第 83—141 頁。

事，在祀與戎」的時代 [①]，人們賦予黃金和青銅不同的文化內涵和價值，是完全可以理解的，尤其不同文化之間所存在的這種差異，當更無足怪。因此，商代南北系統黃金製品的功能差異，其實質是價值取向和價值觀念的差異，是由系統間不同的價值取向和價值觀念所決定的。

五、金杖與九鼎

古蜀王國用金杖標誌至高無上的統治權力，這同中原夏、商、周三代的最高權力標誌物是全然不同的。

根據古文獻記載，夏、商、周三代王朝都用「九鼎」象徵政權，在歷史上形成了一脈相承的文化傳統。關於此點，《左傳·宣公三年》有一段記載說得頗為詳細：

三星堆遺址出土的貼金青銅面具

　　昔夏之方有德也，遠方圖物，貢金九牧，鑄鼎象物，百物而為之備，使民知神、奸。故民入川澤、山林，不逢不若。螭魅罔兩，莫能逢之。用能協於上下，以承天休。桀有昏德，鼎遷於商，載祀六百。商紂暴虐，鼎遷於周。德之休明，雖小，重也。其奸回昏亂，雖大，輕也。天祚明德，有所底止。成王定鼎於郟鄏，卜世三十，卜年七百，天所命也。周德雖衰，天命未改。鼎之輕重，未可問也。

在先秦兩漢為數眾多的古文獻裡，涉及九鼎的材料十分豐富。所有史料都表明，中原三代王朝都把九鼎作為國家權力的最高象徵，稱之為

---

①《左傳·成公十三年》。

商代的三足鼎

商代的三足腹鼎

商代的人面方鼎

商代的青銅鼎

商代的饕餮紋鬲

商代的青銅簋

商代的青銅甗

西周時的大克鼎

西周時期的刖刑奴隸守門青銅鬲 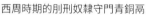　　　　商代的青銅爵

「神鼎」[1]「寶鼎」[2]，無一例外。

　　九鼎的來歷，古史傳說為「禹收九牧之金，鑄九鼎」[3]，「禹貢金九牧，鑄鼎於荊山下，各象九州之物」[4]。可以看出，原來是為控制天下的自然資源和社會財富，將各地的重要資源和財富製成圖像，鑄於鼎上，以此作為壟斷資源、徵收貢賦的依據，所以說是「遠方圖物，貢金九牧，鑄鼎象物，百物而為之備」。由於壟斷了基本資源和財富，壟斷者必然具有最高統治者的資格和權威，而鑄有天下資源和財富圖像的九鼎，也就成為了權力和財富的最高象徵物。

　　古代文獻說明，夏、商、周三代每一次王朝代興，九鼎便隨之易手，「夏后氏失之，殷人受之；殷人失之，周人受之」[5]，而秦圖王業，也要首先「據九鼎，案圖籍」[6]。可見，九鼎的轉移，實質上是權力與財富的再分

----

①《漢書‧郊祀志》。
②《史記‧封禪書》。
③《史記‧封禪書》。
④《史記‧秦本紀》張守節《正義》。
⑤《墨子‧耕柱》。
⑥《戰國策‧秦策一》。

配所帶來的政權轉移。史書記載周武
王伐紂，「乃命南宮百達、史佚遷九鼎
三巫」[①]；春秋時代楚莊王「觀兵周疆」，
「問鼎之大小輕重」[②]，都是對九鼎性質
的極好説明。

　　商、周考古中，發現中原王朝的確
有形制眾多的青銅鼎，並且形成了基本
與禮書相符合的鼎、簋相配的用鼎制
度，證實了九鼎「是王朝正統性的象徵，
它們表示着實際的政治權力」[③]。

三星堆出土的青銅尊

　　中原王朝用杖的記載始於周代。《禮記》和《呂氏春秋》中曾講到
用杖的事，稱為「几杖」，是由王朝授予七十歲以上大夫致仕(退休) 者。
《續漢書·禮儀志》中提到「王杖」，或稱作「玉杖」，同樣也是賜與年
高退休的大夫。這種杖，雖飽含尊榮，卻
無半點權力可言。這種杖，杖首多為鳩形，
據説取義於「鳩者，不噎之鳥也，欲老人
不噎」[④]。儘管考據家們對鳩杖的來歷説法
不一，但從其功用看，認為從傳統的中醫
觀點出發，以鳩作食療，可保養老人咽喉
這種看法，還是比較合理的。

三星堆出土的青銅罍

　　同中原王朝用鼎不用杖相反，古蜀王
國正好是用杖不用鼎。在有關古代蜀人史
跡的文獻材料中，沒有用鼎的片言隻字記

①《逸周書·克殷解》。

②《左傳·宣公三年》。

③ 鄭德坤：《中國青銅器的起源》，《香港中文大學中國文化研究所學報》第 16
　　卷，1985 年。

④《續漢書·禮儀志》。

載。在考古學文化上，商代古蜀文化的器物形制，例如陶器，是以小平底罐、尖底罐、高柄豆、鳥頭把勺等為基本組合的，明顯區別於以鼎、鬲、甗等三足器為基本組合特徵的中原商文化。三星堆遺址中，雖然出土有商文化中常見的青銅尊、罍等器物，卻絕無鼎出土。並且，即令是商文化的尊、罍等青銅器，在三星堆大型青銅器群中，也有着與商文化不同的使用功能。如三星堆青銅尊內就盛放着海貝，而不是如商文化那樣用作廟堂盛酒的宴享之器。這些現象足以表明，無論在古代蜀人的觀念還是實際政治生活中，鼎都處於無足輕重的地位，絕對未把它當作權力與財富的象徵。

第 七 章

三星堆：古蜀文明與歐亞古文明

中國與西方文明的聯繫和交流，在中國史籍裡出現較晚，到兩漢才見諸記載，但從考古資料分析，其間的接觸和文化交流實際卻要早得多，在先秦時期即已見端倪。考古學證據表明，古蜀文明與歐亞古文明之間的接觸和交流，早在公元前20世紀後期就已存在了。

一、金杖探源

　　三星堆一號祭祀坑出土的1柄金杖，十分引人注目。這柄金杖是用較厚的純金皮包捲而成的金皮木芯杖，杖長143厘米，直徑2.3厘米，淨重463克。杖的上端有一段長46厘米的平雕紋飾圖案，分為3組：最下一組線刻兩個前後對稱、頭戴五齒高冠、耳垂繫三角形耳墜的人頭。上面兩組圖案相同，下方為兩背相對的鳥，上方為兩背相對的魚，鳥的頸部和魚的頭部壓有一

金杖在祭祀坑內的情況

支羽箭 [①]。

　　這柄金杖，由於它與大量青銅禮器、青銅人頭像、人面像、玉石器、象牙、海貝等巨大的物質財富同出一坑，更由於用杖象徵權力是司空見慣的文化現象，因此人們很容易把它稱為「王權杖」，或簡稱「權杖」。

　　這樣來認識金杖的性質和它的象徵系統對不對呢？

　　不錯，它確實是一柄權杖，但它的權力象徵系統還遠遠不止於此，還要深刻廣泛得多。為了探明這個問題，首先就有必要考察權杖這種特殊文化形式的由來。只有正本清源，考鏡源流，才能找到解開金杖之謎的鑰匙，進而正確了解其文化內蘊、存在意義與價值。

四壩文化四羊首卵形青銅權杖頭

　　不論歷史文獻還是考古資料，都共同說明了這樣一個事實：金杖出現在殷商時代的成都平原，是絕無僅有，甚至是空前絕後的。它的孤立存在，表明了權杖不是成都平原古蜀王國文化固有產物的事實。

　　進一步擴大視野來看，即使是殷商時代的中國範圍內，除了在夏、商之際的四壩文化發現與三星堆金杖並不相同的四羊首卵形青銅權杖頭和漢白玉杖頭外 [②]，不論歷史文獻還是考古資料，也都沒有發現並表明用杖作為權力象徵系統的文化現象存在。

　　那麼，三星堆金杖，作為一種文化形式，是怎樣發生的，是從何而來的呢？

　　這就需要我們從世界文明史的廣闊背景中去尋求答案。

　　世界上出現的第一具杖，是西亞歐貝得文化第 4 期(Ubaid IV，公元前 4000 年代前期) 埃利都神廟地面下第 7—6 層墓中出土的一件男子

①《廣漢三星堆遺址一號祭祀坑發掘簡報》，《文物》1987 年第 10 期。
②梅建軍、〔日〕高濱秀：《塞伊瑪—圖比諾現象和中國西北地區的早期青銅文化 —— 兼評帕爾青格教授「塞伊瑪—圖比諾現象和西伯利亞動物紋飾的起源」一文》，《新疆文物》2003 年第 1 期。

雕像手中所握的杖 [1]。這根杖是一具無
杖首的短杖。學術界普遍認為，這種男
性氏族長或部落長手裡的小杖，顯然
是後世王權或杖標的起源。青銅時代
的西亞近東地區，從這種小杖發展而
來的真正的王權杖逐漸增多，實物遺
留下來不少。在今以色列境內的比爾
謝巴（Beersheba），發現了公元前 3300
年的砷青銅杖首；在死海西岸恩格迪

漢謨拉比法典石碑上的太陽神像

（Engedi）南部的洞穴中發現一個窖藏，其中有青銅權杖首 240 枚 [2]。在
保存至今的許多石刻、雕塑等藝術品中，也常常可以見到各種權杖。
比如，著名的漢謨拉比法典石碑，其上半部浮雕上的太陽神像，左手
所執的，就是一具無杖首的短杖。這幅浮雕證明，所謂權杖，不單單是
世俗的王杖，更重要的還是神杖，標誌着神的權力。

新亞述帝國時期手拿權杖的國王浮雕（約公元前
814 年。大英博物館藏）

亞述王宮浮雕中手拿權杖的國王（公元前 883─公元前 859
年。大英博物館藏）

[1] Strommenger, *5000 Years of the Art of Mesopotamia*, p. 12, 1964.

[2] R. F. Tylecote, *A History of Metallurgy*, 1976.

兩河文明的獅頭鷹紋梨形頭權杖（約公元前 2400 年。大英博物館藏）

阿卡德皇家銘文梨形權杖頭（沙爾卡利沙爾利時期，公元前 2217—公元前 2193 年。大英博物館藏）

古埃及納爾邁調色板

那爾邁調色板圖案描摹

古埃及國王圖特摩斯三世及其權杖

　　在古代埃及，也有大量權杖，學術
界認為這有可能是受西亞文化影響的結
果。在古埃及格爾塞文化末期(Gerzean
Culture，約公元前 3500 至公元前 3100
年)，開始出現圓盤形、犁頭形等形式的
權杖頭(macehead)。在舉世聞名的希拉

埃及梨形權杖頭（公元前 3650—公
元前 3100 年。紐約大都會博物館）

康坡里遺址(Site of Hierakonpolis) 神廟地面下所發現的埋有大量遠古
文物的所謂「大寶藏」中，出土了數十件標誌王權與神權的權杖頭，
其中最為著名的是蠍王權杖頭(Macehead of King "Scorpion") 和那爾
邁權杖頭(Macehead of King Narmer)。希拉康坡里第 100 號墓(即著
名的「畫墓」) 西牆的彩色壁畫上，最引人注目的是一位高舉權杖頭的
大人物。從這些實物、繪畫以及那爾邁調色板(King Narmers palette)
上看 [1]，這個時期埃及的權杖，幾乎都是短杖，杖身與西亞文化大致
一樣。

_____

[1] H. Frankfort, *The Birth of Civilization in the Near East*, 1954.

鏈枷和權杖在古埃及是法老權力的象徵，
一般交叉拿在胸前

圖坦卡蒙法老金面具

　　至少從第四王朝第三位法老凱夫倫(Chefren) 開始，埃及法老手執的權杖在形制上出現若干變化，杖身變得細長而無杖首[1]。第六王朝

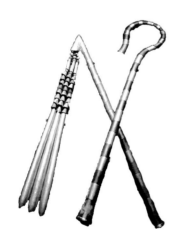

法老佩比一世(Pepi I) 那宏大的青銅雕像手中所執的權杖，同樣是杖身細長，高度齊肩，而無杖首[2]。新王國第十八王朝法老圖坦卡蒙(Tutankhamen) 位於「王谷」的陵墓中，則發現了眾多不同形制的權杖，既有金杖也有青銅杖；而圖坦卡蒙的雕像手中，也握着一具金質曲柄短杖。

　　埃及法老不僅是國王，而且是神，其權力具有王權與神權的雙重性質。

古埃及法老圖坦卡蒙的權杖

---

① G. Mokh *Tar, General History of Africa*, vol. II, 1981, plate 2. Ia, p. 108, p. 158.

② J. Ki Zerbo ed; *General History of Africa*, vol. I, 1981, p. 729, plate 28. 3.

所以，作為這種權力象徵系統的權杖，也被賦予着世俗的王權和宗教的神權，既是王杖，又是神杖，標誌着至高無上的權力。

至於古希臘、古羅馬的貴族統治者們手裡常執的權杖，早為人們所熟知。其實，這不過也是西亞近東文化傳播的結果罷了。

以上扼要論述説明，用杖這種原本普通的器物作為政治、軍事、經濟、宗教等獨佔權力的特殊象徵物，原來是西亞的一種地方性文化形式。隨着西亞文明之風的四向吹拂，這種文化因素及形式也被帶至世界其他文明地區。古代埃及、愛琴海諸文明，無不深受此風浸染。後來的歷史還表明，世界上許多地區、許多國度，先後使用權杖標誌其至高無上的統治權，追根溯源，大概都與西亞文明有着直接或間接的關係。

蘇美爾泥版（公元前 2500 年）上手持權杖的烏爾國王

三星堆出土的這柄金杖，從形制上看，與西亞、埃及較晚時期的權杖相似，屬於細長類型；並且，近東權杖的一個顯著特點，是在杖首或杖身頂頭部有圖案，描繪勝利者的功勳，或敘述某件關乎國家命運的大事。無獨有偶，三星堆出土的金杖同樣在杖身上端刻有平雕圖案，內容也同樣與國家權力有關。考慮到這些因素，同時也由於在古蜀王國本土和商代中國沒有使用權杖的文化傳統，因此，三星堆金杖看來是通過某種途徑，吸收了近東權杖的文化因素而製成的。

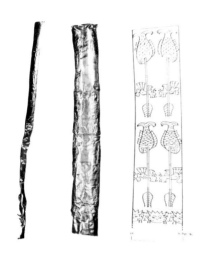

三星堆出土的金杖及圖案線描

金杖杖身上端的三組人、魚、鳥圖案說明，金杖既被賦予人世間的王權，又被賦予宗教的神權，本身既是王權，又是神權，是政教合一的象徵和標誌。

金杖上的人頭圖案，頭戴五齒高冠，耳垂三角形耳墜，與二號祭祀坑所出王形像造型——青銅大立人像相同，表明杖身所刻人頭代表着蜀王及其權力。魚、鳥圖案的意義在於，魚能潛淵，鳥能飛天，它們是蜀王的通神之物，具有龍的神化般功能。而能夠上天入地、交通於神人之間的使者，正是蜀王自身。所以，金杖不僅僅是一具王杖，同時也是一具神權，是用以溝通天地、人神的工具和法器。《淮南子·地形訓》說：「建木在都廣，眾帝所自上下」，都廣即是《山海經·海內經》中的「都廣之野」，指成都平原；而所謂「建木」，或許就是三星堆出土的青銅神樹。既然眾神從這裡上下於天地，那麼金杖上的魚、鳥，便能夠

三星堆出土的金杖圖案中的人頭像

三星堆出土的青銅大立人像

通過金杖那無邊的法力，溝通人神，揮灑自如了。自然，與魚、鳥同在圖案上的蜀王，就是指揮、支配人神之間交際的神了。

金杖的含義還不止於此。杖用純金皮包捲，而黃金自古視為稀世珍寶，其價值遠在青銅、玉石之上，因此使用黃金製成的權杖，又表現出對社會財富的佔有，象徵着經濟上的壟斷權力。所以説，三星堆出土的金杖有着多種特權複合性的象徵意義，標誌着王權(政治權力)、神權(宗教權力)和財富壟斷權(經濟權力)。這三種特權的同時具備，集中賦於一杖，就象徵着蜀王所居的最高統治地位。同時，它還意味着，商代的古蜀王國，是一個徹頭徹尾的神權政體。

二、雕像探源

三星堆一、二號祭祀坑內出土了大量青銅雕像，分為人物雕像、動植物像兩大類。其中，青銅人物雕像有 82 尊，包括各種全身人物雕像、人頭雕像和人面像。全身人物雕像有 10 尊，最大者通高 260 厘米，最小者僅高 3 厘米左右；既有站立，又有雙膝跽坐和單膝跪地等姿態的造型。人頭雕像的大小，一般同真人接近；根據髮式、服式和臉型，可以分作幾種不同的型式。人面像包括幾個不同的型式，最大一尊通高 65 厘米，通耳寬 138 厘米，厚 0.5—0.8 厘米。此外，還出土數具純

三星堆一號祭祀坑出土的青銅人頭像

三星堆二號祭祀坑出土的金面罩青銅人頭像

金打製成的金面罩。二號坑出土一尊青銅人頭雕像，面部還戴着金面罩。動植物雕像包括鷹、鳥、雞、蛇、夔、龍、鳳等造型，還有 6 棵青銅神樹，復原 3 棵，最高者高達 3.96 米 [①]。

面對這一大批青銅雕像，尤其是其中的青銅人物雕像，學術界對它們的性質、功能眾說紛紜，莫衷一是，似乎一時竟無法從中理出一條清晰的頭緒，找不出它的發生演化脈絡。對此，我們同樣也必須運用文化人類學的分析方法，與考古學和歷史學相結合，才能明察其功能體系。

三星堆出土的這些青銅人物雕像、青銅樹以及黃金面罩，不但在古代巴蜀地區，而且在夏商時代的整個中國範圍內，都是見所未見、聞所未聞的，不論文獻還是考古資料，都絲毫找不到這些文化因素的來源，也絲毫找不到它們發生演變的任何序列痕跡。這就顯然意味着，它們是借用了中國以外某文明地區的文化形式，同時根據蜀人自身的某種需要製作而成的。很明顯，要解開這個秘密，還得從世界文明史的角度說起。

在冶金史上，一般認為西亞的安那托利亞(Anatolia) 地區是世界冶金術的最早起源地 [②]，由此向埃及、巴爾幹、希臘、印度等

---

① 四川省文物考古研究所編著：《三星堆祭祀坑》，科學出版社 1999 年版。

② J. Mellart, *Catal Huyuk*, 1967.

阿卡德‧薩爾貢一世青銅頭像
（伊拉克巴格達博物館藏）

薩爾貢雕像

尼尼微出土的青銅雕像

尼尼微出土的青銅動物雕像

方向傳播 [①]。公元前 40 世紀末至公元前 30 世紀中葉，美索不達米亞（Mesopotamia）地區在全球最早進入青銅時代。至遲在公元前 30 世紀初，這個地區便開始利用青銅製造雕像。在烏爾(Ur)，發現了公元前 30 世紀初的青銅人頭像。在尼尼微(Nineveh)，發現了著名的阿卡德·薩爾貢一世(Sargon I of Akkad, 2800 B. C.) 的大型青銅人頭雕

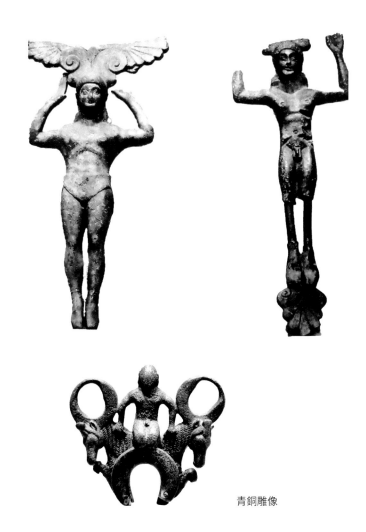

青銅雕像

① R. F. Tylecote, *A History of Metallurgy*, 1976.

古希臘青銅雕像

哈拉巴文化遺址出土的青銅車模型

摩亨佐・達羅遺址出土的青銅舞女雕像

像[1]、小型人物全身雕像[2]，還出土各種青銅人物和動物雕像[3]。在埃及，發現了古王國第六王朝法老佩比一世(Pepi I, 2200 B. C.) 及其王子的大小兩件一組的全身青銅雕像群[4]。古埃及文獻記載的這類雕像，製作年代還可早到公元前 2900 年[5]。中王國以後，埃及製作青銅雕像日益廣泛，在卡納克(Karnak) 遺址就曾發現大量青銅雕像的殘片。古代愛琴文明也有大量雕像，不過最引人矚目的還是覆蓋在死者頭部的純金面罩。印度河文明也曾深受近東文明影響，製作雕像。摩亨佐・達羅城址(City Site of Mohenjo–daro) 出土有人物雕像、動物雕像和青銅車，並以一尊男子人頭雕像和一尊青銅舞女雕像享譽世界。

　　黃金面罩最早也產生在美索不達米亞地區。烏魯克(Uruk) 文化期娜娜女神廟的大理石頭像，據說曾覆以金箔或銅箔。敘利亞畢面勒神廟地面下發現的一尊青銅雕像，也覆蓋着金箔。在伊拉克，還發現頭部和雙臂覆以金箔的青銅人物雕像。西亞

烏爾王陵出土的牛頭豎琴

① R. Willis, *Western Civilization,* vol. I, p. 18, 1981.

② R. Willis, *Western Civilization,* vol. I, p. 18, 1981.

③ 尼・伊・阿拉姆：《中東藝術史》，上海美術出版社 1985 年版。

④ H. R. Hall, *The Ancient History of the near East*, p. 136, 1947.

⑤ G. Mokh, *General History of Africa*, vol. II, plate 2. Ia, p. 108, p. 158, 1981.

邁錫尼文明的金面具

黃金牛頭　　　　　　烏爾王陵出土的黃金牛頭　　　　　　金公牛頭

安那托利亞神樹

藝術中的許多雕像都是飾以金箔的。如烏爾王陵出土的牛頭豎琴，牛頭即以金箔包捲；另外的幾尊金牛雕像，也以 0.5—2 毫米的金箔包捲覆蓋，明顯地是一種文化傳統[1]。埃及的黃金面罩，最馳名的是圖坦卡蒙王陵內的葬殮面具。邁錫尼文明也發現不少黃金面罩，覆蓋在死者頭部。這種文化形式，被認為是受到了埃及文化的影響。

至於青銅神樹，美索不達米亞地區似乎也是其淵藪。烏爾王陵出土過黃金神樹，上有帶翅的山羊。安那托利亞出土的公元前 2200 年的

克諾索斯壁畫《鬥牛圖》（局部）

---

[1] R. F. Tylecvte, *A History of Metallurgy*, 1976.

神樹，上面也有各種人物和動物雕像。埃及古王國的浮雕，刻有滿是奇珍異果、飛禽走獸的神樹圖案。愛琴文明時期的克里特人則以神聖的樹、樹枝和鳥作為女神的象徵，克諾索斯壁畫對此就有生動的描繪。令人饒有興味的是，在印度古代文明深受近東藝術影響的紀念性雕塑中，也有不少反映神樹的作品，藥師女與神樹的結合，便是這類作品的代表作。

三星堆二號祭祀坑出土的戴冠縱目青銅面具

　　以上扼要論述表明，青銅人物雕像群、神樹、黃金面罩等文化形式，在近東文明區出現的年代最早，並且向東南歐和南亞次大陸廣泛傳播。

克諾索斯壁畫（局部）

　　三星堆出土的青銅人物雕像群、神樹和黃金面罩，由於其上源既不在古蜀王國本土，也不在中國其他地區，卻同上述世界文明類似文化形式的發展方向符合、風格一致、功能相同，在年代序列上也處在較晚的階段，因此不能不使人考慮是吸收了近東文明的類似文化因素加以再創作而製成。對此，我們還可以根據其文化特徵進一步分析闡釋。

　　從雕像人物的面部形態上看，三星堆青銅人物雕像中除開那些具有典型西南夷特徵的形象外，高鼻、深目、頜下留一周鬍鬚等特徵給人以深刻印象。這類人物，不僅與同出的西南夷雕像面部特徵不同，而且與成都指揮街發現的扁寬鼻型的土著居民人頭骨的特徵不同，也與商代和商周之際華北以及長江中下游的各種人面像的特徵不同。顯然，此種風格的人物面部形態造型，來源於中國以外的文化。

三星堆二號祭祀坑出土的大型縱目青銅面具

　　在藝術風格上，三星堆青銅人物雕像群的面部神態幾乎雷同，莊嚴肅穆，眼睛大睜，缺乏動感和變化，尤其着意表現雙眼在面部的突出地位，這同近東雕像的藝術風格一致。眼睛多在面孔平面上鑄成較淺的浮雕，以明顯的雙眉和下眼眶來表現其深目，這也是近東雕像藝術習見的手法。對於人物雕像的現實主義表現和對於神祇雕像的極度誇張表現（如將眼球做成粗大的圓柱體，突出於眼眶外10餘厘米，將耳朵做成像戈一樣大而尖的式樣，突出於雙顴的斜上方），也與近東早、中期的藝術特點相同。對於神樹的崇拜，則反映了這種文化形式從近東向南連續分佈的情景。而這種上有奇珍異果、飛禽走獸的神樹，與中原商王朝的社樹「桑林」是完全不同的，不能混為一談。

　　在功能體系上，無論西亞、埃及還是愛琴文明的青銅雕像群，大多出於神廟和王陵，具有祭祀和紀念的功能及意義。三星堆青銅雕像群

三星堆出土的青銅器

全部出土於祭祀坑，無一不具宗教祭祀禮儀功能，無一不具紀念意義，它們顯然與殷墟等地出土的僅充作掛飾一類的小型雕像不能同日而語。

事實上，在任何文化交流和傳播當中，必須考慮文化因素與傳播速率、距離遠近和傳播手段、傳播方式等關係的問題。古代文化傳播，由於速率低、距離遠，幾乎所有傳播的文化因素都會發生程度不等的嬗變。文化面貌總與傳播速率和傳播距離成反比，速率越低，距離越遠，嬗變就越大；反之亦然。因此，世界上絕不會有毫無差別的東西。實際上，考古學上的類型學，就是本着這種原則來研究文化擴散和文化傳播的。同樣，這也是文化人類學和歷史學上最一般的比較研究原則。所以，文化傳播的比較研究，主要應觀察其風格、特徵、功能等大體，觀察是否形成了文化叢或文化特質集結的連續性分佈，而不是僅僅考慮其中的一、二個細枝末節。

三星堆一、二號祭祀坑出土的數百件青銅人物雕像、人頭像、人面像、獸面像，各種各樣的動植物雕像以及黃金面罩、青銅神樹等，五光十色，光怪陸離，構築成一個陰森、威嚴、凝重、恐怖而又莊嚴

蕭穆的巨大青銅空間，處處充溢着令人望而生畏的神秘王國氛圍，這正是神權政治中心的典型形式。目的之一，在於通過各種物質的複雜組合形式及其必然對人產生的巨大精神壓力，來顯示王權與神權至高無上的權威和力量。可以看出，三星堆遺址出土的大型青銅雕像群，毫無疑問是古蜀王國大型禮儀中心的主要器物組合，從內容到形式都表現出與商周王朝「左昭右穆」的宗廟禮儀制度截然不同的風格和氣勢，卻與宗教神權極其盛行的古代西亞文明有某些相似之處。而這些特點，正好同青銅雕像文化因素的傳播情形不無相合，難道不是足以引人深思的嗎？

三、古蜀藝術形式與近東古文明

（一）偶像式構圖與情節式構圖藝術形式的來源

史前從西起比利牛斯山、東到貝加爾湖的廣大歐亞地區，存在着一種所謂「偶像式構圖」的藝術形式。它的典型代表是裸體女像，學術界稱之為「早期維納斯」。歷史時期，在近東、中亞到南亞文明中，發展出了與偶像式構圖形式相並行的所謂「情節式構圖」的藝術形式。在中國東北地區西遼河流域的紅山文化，曾發現裸體女像。但在黃河流域和長江流域，迄今還沒有發現這類早期的裸體女像。在先秦時期的中原諸夏中，是不奉行偶像崇拜的。所以在夏商時代，黃河流域中原地區極少有人物圖像的塑造品，青銅器和玉石器不流行人物雕像，而以

大理石人頭像

紅山文化女神像

大地之母　　　　　　　　最早的大地之母

烏爾「皇家旗幟」

商代青銅簋上的饕餮紋

三星堆出土的青銅神壇

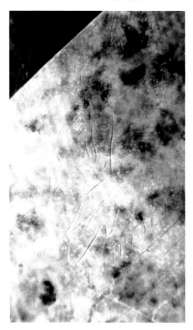

金沙遺址出土的灰白色刻紋玉璋上肩扛象牙的人物

動物和饕餮像為主，零星出現的人物像也主要是小型塑像和人面具，尤其沒有大型人物造型。春秋戰國時代，黃河流域青銅器的紋飾受到斯基泰文化的一些影響，但仍然缺乏偶像式以及具有故事情節性的造像和雕刻。漢代河南南陽和山東等地的畫像磚，始有富於情節的圖像，但這並不是黃河流域的文化傳統，從構圖形式和刻畫內容上看，它們很可能同秦滅巴蜀後，巴蜀的鍪釜甑和飲茶等習俗由秦人北傳中原的情形一樣，是由蜀地傳播而去的。

在古蜀三星堆文化和金沙遺址出土的大批文物上，我們可以看到偶像式構圖和情節式構圖這兩種藝術形式的存在。

三星堆二號祭祀坑出土的上下成四層的青銅神壇，其藝術形式是典型的情節式構圖；金沙遺址出土的玉璋所刻四組對稱的肩扛象牙跪坐人像，同樣也是典型的情節式構圖（參見第二章第四節「古蜀的象牙祭祀」）。而整個三星堆青銅製品，包括青銅人物雕像、動物雕像和植物雕像，如果僅從單件作品看，大量的是偶像式構圖；但這些青銅製品的功能是集合性的，必須把它們集合到一起，才能充

烏爾「皇家旗幟」復原圖（正面）

烏爾「皇家旗幟」復原圖（背面）

分認識其社會功能和藝術功能。我們已經指出，三星堆青銅製品群，既是古蜀王作為西南夷各部族之長的藝術表現，又是古蜀政治權力宗教化的藝術表現[1]。從這個意義上認識，三星堆大型青銅雕像群是為了表現古蜀王國的政治目的和意識形態意圖而製作的，對它們的藝術形式自然也應當從這個角度出發去認識，才有可能切合實際。因此，我們認為，三星堆青銅雕像製品群的總的藝術特徵，是情節式構圖，各個雕像之

---

[1] 段渝：《商代蜀國青銅雕像文化來源和功能之再探討》，《四川大學學報》（哲學社會科學版）1991 年第 2 期；段渝：《政治結構與文化模式 —— 巴蜀古代文明研究》，學林出版社 1999 年版，第 108—121 頁。

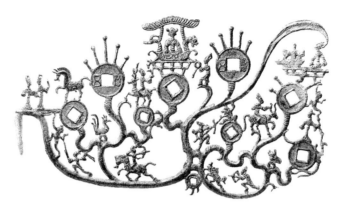

搖錢樹上的西王母

間的關係具有連續性，整個雕像群具有可展開的情節性。

　　將金沙遺址十號祭祀遺跡出土的玉璋上所刻四組對稱的肩扛象牙跪坐人像圖案，聯繫三星堆二號祭祀坑出土的牙璋上所刻祭山圖圖案，以及三星堆祭祀坑內出土的大型青銅雕像群、金杖圖案、神壇以及神殿立雕等分析，商周時期的古蜀文明在藝術形式尤其繪畫和雕刻藝術上，盛行具有連續、成組的人物和故事情節的圖案，並以這些連續、成組的圖案來表達其豐富而連續的精神世界，包括哲學思想、政治觀念、意識形態以及價值觀和世界觀等等。如果把這些圖案分類進行整理，並加以綜合研究，以分析古蜀文明的藝術形式及其文化內涵，將是很有意義的。由此我們還可以進一步看出，它們與同一時期中原玉器和青銅器圖案的藝術表現形式和內涵有很大不同，而與近東文明藝術形式的某些方面有着表現手法上的相似性。這種情形，當可以再次證實古蜀文明與近東文明之間所存在的某種關係。商周時期古蜀文明這種富於形象思維的文化特徵，在它後來的發展史上凝為傳統，成為蜀人思維模式的一個重要方面。而商周時期古蜀文明有關文化和政治內涵的藝術表現形式及其手法，則在後來的滇文化中得到了比較充分的繼承、發揚和創新[1]。

────────

[1] 段渝：《論商代長江上游川西平原青銅文化與華北和世界古文明的關係》，《東南文化》1993 年第 1 期。

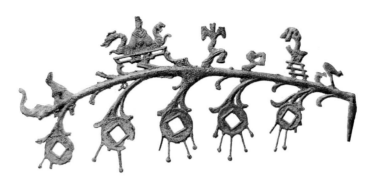

搖錢樹枝上的西王母

　　有的學者認為，漢代四川的西王母造像，在製作技術和構圖形式等方面，有可能同中亞地區有關 ①。另有一些學者認為，漢代四川的西王母圖像，在藝術形式上來源於古蜀三星堆文化 ②。實際上，如果僅從單件雕像製品看，廣漢三星堆祭祀坑出土的大量青銅人物雕像，是典型的偶像式構圖藝術，但是從總體上看，三星堆青銅雕像卻是情節式構圖藝術。漢代四川的西王母造像，藝術手法多為圓雕或立雕，這類藝術手法與商代三星堆青銅製品的藝術形式十分相似，很有可能是古蜀文明雕刻藝術傳統的傳承和演變。從圖像形式上看，漢代四川的西王母造像是從情節式構圖向偶像式構圖的轉

畫像磚上的西王母與龍虎座（四川新繁出土）

---

① 李淞：《論漢代藝術中的西王母圖像》，湖南教育出版社 2000 年版，第 38—47 頁。

② 何志國：《論漢代四川西王母圖像的起源》，《中華文化論壇》2007 年第 2 期。

英雄擒獸母題

英雄擒獸母題（羅家壩）

巴蜀印章

巴蜀印章

變，反映了它的早期形式應是起源於情節式構圖，這與三星堆和金沙出土文物中有故事情節的雕像或雕刻，在形式和表現手法上十分相似。這就說明，不論情節式構圖還是偶像式構圖的造像藝術，都是古蜀文明的一種固有傳統，它們在古代四川是從商代以來一脈相承的，而均與近東文明的類似傳統有關[1]。

（二）「英雄擒獸」母題

巴蜀文化中有一種符號，這種符號的基本結構相同，都是中間一個物體，兩邊分別一個相同的物體。這一類符號屢見於巴蜀印章，在巴蜀青銅器如新都馬家大墓出土的青銅戈內部、青銅鉞、青銅鉦，涪陵小田溪出土的青銅鉦以及其他地點出土的青銅器上亦較常見，可以說是巴蜀文化中一種習見的、使用較為普遍的符號。

這一類符號，在商代青銅器銘文中並不鮮見，見容庚《金

[1] 段渝：《古蜀象牙祭祀考》，《中華文化論壇》2007 年第 1 期。

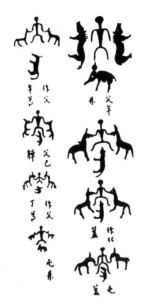

重慶涪陵小田溪出土的青銅鉦　　　　　　英雄擒獸母題（商文化）

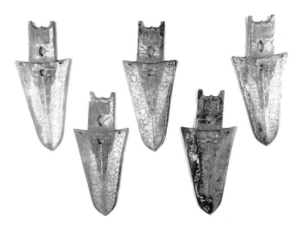

新都馬家鄉墓出土的青銅戈

英雄擒獸母題（近東）

文編》（增訂第 2 版，1933 年，長沙）。李濟先生在其《中國文明的開始》
一文裡，把這類符號稱作「英雄擒獸」，並引之為中國文明與美索不達
米亞文明關係的重要證據。李濟先生認為：「這種英雄擒獸主題在中
國銅器上的表現已有若干重要的改變。英雄可能畫成一個『王』字。兩
旁的獅子，先是變成老虎，後來則是一對公豬或竟是一對狗。有時這
位英雄是真正的人形，可是時常在他下方添上一隻野獸。有時中間不
是『王』字，代之以一個無法辨識的字。所有這些刻在銅器上的不同花
樣，我認為是美索不達米亞的原母題的變形。」[1] 李濟先生所說的「英
雄擒獸」母題，是指近東文明中常見的一種圖案，即中間一人，兩旁各
有一獸。H. 法蘭克福曾指出，這種圖形最早源於美索不達米亞，後來
流傳到埃及和古希臘米諾斯文明 [2]。李濟先生認為商代銅器上的這種
母題源於近東文明的看法，近年來得到更多材料的支持，國內一些學
者將這類圖形稱為「一人雙獸」母題。

　　仔細觀察巴蜀文化中的這類圖案，它的基本結構與「英雄擒獸」

---

① 李濟：《中國文明的開始》，江蘇教育出版社 2005 年版，第 25 頁。
② H. Frankfort, *The Birth of Civilization in the Near East*, 1954.

邁錫尼獅子門

母題即今所謂「一人雙獸」母題完全一致，都是中間一個人形，兩旁各有一獸。只不過在巴蜀文化中的這類圖形，中間的人形已經簡化或變化，兩旁的獸形也已同時發生了簡化或變化，圖形發生了演變。

至於這類圖形的含義，在美索不達米亞表現的是英雄擒獸，在中國商代則演變為家族的族徽，在巴蜀文化中也有可能是家族的族徽。基本結構的相同，是否意味着來源於一個共同的祖先？而圖形的變化，則可能意味着家族的裂變，表明是共同祖先的不同分支？或者並不是意味着血緣關係而是意味着文化傳播抑或文化趨同呢？

如果裂變說成立，那麼在巴蜀文化研究中，就會出現一些新的説法。在同屬於商代的古蜀文明三星堆金杖上的圖案，人頭像（蜀王）的上方分別有兩隻鳥和兩條魚，一支羽箭將魚和鳥連在一起，這個圖形與「英雄擒獸」或「一人雙獸」母題在基本結構上相似。新都馬家戰國墓屬於戰國時代中期，而涪陵小田溪墓則屬於戰國晚期秦昭王時期，前者的年代早於後者，這是否説明涪陵小田溪墓與蜀人及蜀文化有一定關聯？抑或反過來，戰國時期的蜀文化與巴文化有關（若這類圖形見於川東鄂西巴地較之見於蜀地為早的話。也有一些學者認為開明王來源於巴人或巴地）？其實，從戰國時期巴文化與蜀文化已經趨同，在物質文化上已

銅枝形飾片（涼山州博物館藏）

是既可分而又不可分，以致最終形成今天所謂巴蜀文化的情況看，英雄擒獸母題之在蜀地和巴地相繼出現，就不是一個令人感到奇怪而是可以合理解釋的文化現象了。

銅枝形飾片（涼山州博物館藏）

在中國西南地區，除在巴蜀文字或符號中發現大量「英雄擒獸」母題而外，在一些地方出土的青銅器紋飾上也發現這類母題，而且還有一些青銅器直接被製作成「英雄擒獸」的形制。

在古蜀文明輻射範圍內的今四川鹽源縣境內，曾發現大量以「英雄擒獸」或「一人雙獸」為母題的青銅器。如學者稱為「枝形器」的青銅杖首和青銅插件。在今雲南保山也發現有這類圖形，如青

銅鐘上的圖案等。在這些地區所發現的刻鑄有此類圖案的青銅器，年代多屬於戰國至西漢。有的學者認為是從我國西北地區傳入的斯基泰文化的因素。但如聯繫到商代三星堆、戰國新都、戰國末小田溪的同類母題來看，問題恐怕沒有這樣簡單。斯基泰文化是公元前 7 世紀中亞興起

斯基泰文化母體格里芬雕塑

的一種文化，主要特徵是動物尤其是猛獸或猛禽紋樣，以及立雕和圓雕手法等，大多體現在青銅兵器和小件青銅器的裝飾上，沒有重器。但在我國西南地區（西南夷）發現的具有「一人雙獸」母題的青銅器，如鹽源青銅器，多屬平雕，而其圖案缺乏斯基泰文化最常見的母題「格里芬」或猛獸形象。如此看來，如果要把在古代西南夷地區發現的「一人雙獸」母題青銅器簡單地與斯基泰文化聯繫起來，還缺乏必要的證據。考慮到古蜀文明這類圖形的來源，特別是古蜀文明在青銅文化方面對西南夷的影響，認為西南夷地區的這類圖案是受到了蜀文化的影響，這種看法也許更加符合實際情況。

　　四川鹽源發現的一種青銅杖首，下方為一個腰帶短杖的人，兩旁側上方分別為一匹馬，馬上坐一人。這個圖形中間的人物，形象與商代金文族徽類似圖形極其相似，其間關係值得深入探討。商代這類圖形來源於美索不達米亞，那時斯基泰文化還沒有興起。鹽源這種圖形如與商有關，則可能是受到蜀文化同類圖形影響的孑遺，而不是來源於西北高原傳入的斯基泰文化因素。鹽源青銅器如果是筰人的文化，那麼更與斯基泰無關。筰人屬於古羌人的一支，原居岷江上游，為氂牛羌之白狗羌，秦漢時期主要聚居在大渡河今雅安市漢源一帶，是古蜀

文明與外域交流的通道南方絲綢之路的重要樞紐之一 [1]，所受古蜀文明的影響無疑較大，所以筰文化的這類圖形很有可能與古蜀文明有關，還難以與斯基泰文化搭上關係。

　　根據《華陽國志·蜀志》的記載，秦漢時蜀郡州治成都少城西南兩江有七橋：「直西門郫江中曰沖治橋；西南石牛門曰市橋，下，石犀所潛淵中也；城南曰江橋；南渡流曰萬里橋；西上曰夷里橋，亦曰筰橋；從沖治橋西北折曰長升橋；郫江上西有永平橋。」[2] 成都少城是先秦時期古蜀王國都城的中心位置所在地，也是秦漢時期蜀郡郡治的官署所在地。這說明了兩個史實：第一，「夷里橋」的名稱來源於夷人居住的區域名稱「夷里」。第二，「夷里」的「里」，是地方低層行政單位的名稱。「十里一亭」，里有里正，是標準的漢制，而漢制本源於秦制，「漢承秦制」。由此可見，在先秦時期，成都城市西南居住着不少夷人，建有專門的街區「夷里」。第三，「夷里橋」亦曰「筰橋」，説明居住在「夷里」的夷人是西南夷中的筰人。既然成都少城西南有夷里橋，又稱筰橋，直到秦之蜀郡守李冰治蜀時仍然還居住着西南夷筰人並保留着筰人的街區和名稱，那麼先秦時期的蜀國與筰人相同，都屬於西南夷的組成部分，應該是沒有甚麼疑問的 [3]。既然筰人與蜀不

三星堆二號祭祀坑出土的青銅神壇

①　段渝：《四川通史》第 1 冊，四川大學出版社 1993 年版。
②　常璩著、劉琳校注：《華陽國志·巴志》，巴蜀書社 1984 年版，第 227 頁。
③　段渝：《先秦漢晉西南夷內涵及其時空演變》，《思想戰線》2013 年第 6 期。

論是在族系上還是在文化上，都有着如此深厚密切的關係，那麼如果說笮人此類「一人雙獸」形青銅枝片的文化淵源於蜀，是不是較之它的斯基泰文化來源説更加合理呢？

有意思的是，在巴蜀和西南夷地區，不但發現有這一類所謂「英雄擒獸」或「一人雙獸」母題的文字字形（巴蜀文字）或符號，而且還發現大量同樣類型的青銅器造型或圖案。這種情況，恐怕僅僅用巧合是難以解釋的，二者的這種關聯性，意味着其中必然有着深刻的內在聯繫。

此外，三星堆青銅神樹上的龍，脖頸上生翼；青銅神壇獸座的獸，也是翼獸，這是中國最早出現的帶翼獸。中國上古沒有帶翼獸的藝術形象，不論紅山文化出土的玉豬龍還是河南濮陽出土的蚌龍，龍身均無翼。帶翼獸的藝術形象，是古代美索不達米亞巴比倫文化的藝術特徵，後來為中亞草原遊牧族群所接受，並隨其遷徙和流佈而傳向東亞和南亞。有學者認為，中國境內帶翼獸的出現是在春

三星堆青銅神樹上的帶翼龍

秋晚期到戰國時期[①]，這其實是指黃河流域中原地區而言，事實上應是商代中晚期的古蜀三星堆。到了漢代，雙獸圖案多分佈在西南的四川地區，如四川綿陽的平陽府君闕上的帶翼獅，就是最為典型的代表。帶翼獸和雙獸母題圖案在古蜀地區如此之早地出現，確切表明了古蜀三星堆文明與歐亞古代文明的關係。

（三）卐形紋飾的來源

迄今所發現的卐形紋飾，最早出現在公元前 3000 年古埃及十二王

---

① 李零：《論中國的有翼神獸》、《再論中國的有翼神獸》，均見所著《入山與出塞》，文物出版社 2004 年版。

青海樂都柳灣出土的新石器時代彩陶上的卐字紋

朝時期的塞浦路斯和卡里亞陶器上，在屬於公元前 3000 至公元前 2000 年的印度河文明摩亨佐·達羅出土的印章上，也發現有卐形紋飾。我

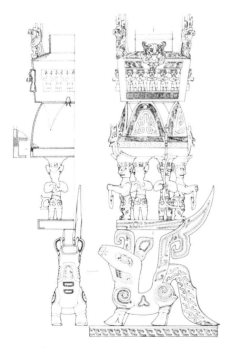

三星堆青銅神壇帶翼獸座，第二層人物衣襟上的卐紋

國青海樂都柳灣出土的新石器時代彩陶上，也大量發現卐形紋飾。一般認為，青海樂都柳灣陶器上的卐形紋飾，是從西亞、中亞、南亞的途徑傳播而來的①。

在廣漢三星堆祭祀坑出土青銅神壇第二層人物雕像的衣襟正面和背面，均鑄有左飄的十字形紋飾，這種紋飾被認為是卐形紋飾之一種。三星堆出現的卐形紋飾不多，可以肯定是從外傳播而來的；但究竟是通過青海地區南傳還是經由印緬通道傳播而來，這個問題還須深入探討。若是通過青海南傳，那麼必然與藏彝走廊有關。若是經由印緬

① 參見饒宗頤：《梵學集》，上海人民出版社 1992 年版。

而來，那麼必然與南方絲綢之路有關。

卐形紋飾之在三星堆出現，而三星堆文化是以氐羌部族為主體的古蜀人的文化遺存。這一點，與卡諾文化有相似之處。卡諾文化中即有西方文化的因素，但主體是當地文化與甘青古羌人文化因素相融合的文化。看來，不能排除三星堆的卐形紋飾是通過藏彝走廊傳播而來的可能性。

（四）神樹崇拜

在三星堆祭祀坑內，出土 6 株青銅神樹的枝幹個體，其中可以復原的有 3 株。三星堆青銅神樹中，體量最大的是一號神樹，高 3.96 米，樹枝上有飛龍、金烏、花蒂等裝飾物。令人驚訝的是，三號神樹的樹枝竟然是由純金箔包捲起來的。這不但與弗雷澤在其名著《金枝》裡所敘述的人類學資料雷同，而且與早年吳雷在美索不達米亞地區發掘的烏爾王陵中出土的黃金神樹幾乎完全相同。在印度古代文明裡，同樣存在着十分明顯的神樹崇拜，這在古代印度青銅器上比比可見。這一文化傳統播染到西南夷地區，四川鹽源發現的青銅樹枝形器即是神樹崇拜的產物，雲南的滇文化亦盛行神樹崇拜。而在黃河流域的中原地區，人類與天神之間相交

烏爾王陵中出土的黃金神樹

通的工具是山 ① 和青銅器上的動物紋樣 ② 。從美索不達米亞向北延伸到歐洲，向南經印度延伸到我國西南地區的神樹崇拜習俗，和從我國西南經印度延伸到中亞、西亞和歐洲的絲綢之路的存在，證實了古代亞歐交通大動脈和文化交流線路的存在，這充分說明了中國文化開放性的事實。

（五）神秘的「眼睛」

所謂「眼睛」，是指一種形似蜻蜓眼的珠飾。這種珠飾，或以玻璃製成，或以琥珀製成，或以陶土製成。

迄今在巴蜀及西南地區出土的珠飾，大多沒有詳細的圖片和描述資料，不過最近在成都市蒲江戰國墓出土的玻璃蜻蜓眼及四川宣漢墓地出土的陶珠，使我們有了比較詳細的了解。

四川宣漢羅家壩出土的陶製蜻蜓眼珠飾

考古發掘在四川宣漢羅家壩墓葬出土了大量球形陶珠，陶珠都呈扁球形，中間有一圓穿，整體為綠色，多數陶珠的球體外表有 12 個外凸的深綠色不規則圓點，圓點外均有一周黃褐色圓圈 ③ 。

這種外表佈有外凸圓點的圓形珠飾，原產於地中海沿岸地區，在公元前 20 世紀中葉盛行於近東以及埃及。最初是以黏土製作，俗稱「蜻蜓眼」，後來用玻璃製作。其用意在於人類可以憑藉眼睛的力量來消除所謂「惡眼神」所帶來的邪惡，從而為人類提供保佑。基於這種理念，蜻蜓眼便成為古代地中海沿岸的近東

現代改進型珠飾（土耳其）

① 袁珂：《山海經校注》，上海古籍出版社 1980 年版，第 451 頁。
② 張光直：《中國青銅時代》，三聯書店 2013 年版。
③ 四川省文物考古研究院編著：《宣漢羅家壩》，文物出版社 2015 年版，第 104、100、111、206、230、235、288 頁。

和埃及地區人們的護身符。這種古
老的習俗，至今仍然在地中海沿岸的
西班牙、西亞的土耳其等地區流行
不衰①。

　　羅家壩墓葬出土的這類珠飾，
均為陶珠(Clay bead)，不論其形狀還
是質地，均頗同於地中海地區早期的
蜻蜓眼珠飾。不過，羅家壩墓葬出土
的珠飾顯然不會直接來自於地中海地
區，聯繫到墓葬內所出的刻有「英雄
擒獸」圖像的巴蜀印章和青銅器來

近東蜻蜓眼珠飾

看，可以認為羅家壩墓葬這批珠飾的文化來源，與巴蜀印章和青銅器
圖像有着十分密切的關係。

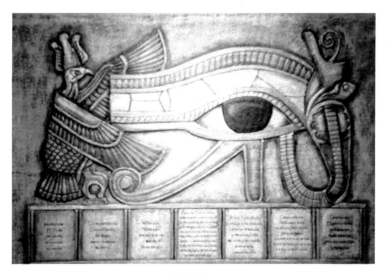

荷魯斯之眼

---

① 筆者在埃及、西班牙、土耳其、伊朗等地，均見到人們佩戴用玻璃製作的這種
　蜻蜓眼式珠飾。這種珠飾在民間也有大量出售。

三星堆出土的青銅眼形飾

三星堆出土的青銅眼形飾

　　在三星堆祭祀坑中，還出土了大量青銅眼形飾。這些眼形飾被製作成各種不同的形制，有二分之一、四分之一、八分之一等形制，而且在三星堆二號祭祀坑出土的青銅縱目人雕像和另一件稍小的青銅縱目人雕像均有外凸的眼睛。此外，在三星堆青銅器中還有一件青銅神殿，神殿屋頂上鑄刻出許多眼睛。

　　在古埃及，也有一座非常有名的被稱為「眼廟」的神廟。而古埃及諸神中就有眼神，如著名的「太陽神之眼」或「荷魯斯之眼」（Eye of Horus）。「荷魯斯之眼」一方面表示神明的護佑和神聖的王權，另一方面又作為護身符，矚目萬物，給人類帶來福音。

　　古埃及人用「荷魯斯之眼」來計數，將「荷魯斯之眼」拆解為 6 個部分，每個部分各代表一個分數，構成一個等比級數，相加即等於 1，

三星堆出土的戴金面具辮髮青銅人頭像

公式為：1/2 ＋ 1/4 ＋ 1/8 ＋ 1/16 ＋ 1/32 ＋ 1/64=1。

　　奇妙的是，三星堆出土的大量青銅眼形飾，也被大量拆解成 1/2、1/4、1/8 等不同等分，這與古埃及「荷魯斯之眼」被拆解的現象，大有異曲同工之妙，的確是耐人尋味的。

　　在古埃及十八王朝時，對於眼睛的崇拜已被製作成蜻蜓眼泥珠。古埃及十八王朝的年代為公元前 1550 年至公元前 1307 年，相當於中國的商代。三星堆文化的年代約為公元前 2000 年至公元前 1000 年（一說公元前 600 年）左右，三星堆祭祀坑的年代為殷墟一、二期，約為公元前 1300 年左右。

　　三星堆文化中出現的大量青銅眼形飾和神殿（眼廟）所表現出的極強的眼睛崇拜，與盛行於古埃及的眼神崇拜和眼廟，不僅形式極其相似，而且在年代上也稍晚，符合文化傳播的速率原則，因此極有可能是採借了古埃及或近東文明的眼睛崇拜理念而製作的，反映了古蜀文明與近東文明的文化交流關係。

三星堆出土的青銅眼形飾

　　除上述「蜻蜓眼」外，四川地區還出土了不少非蜻蜓眼的各色珠飾，多與蜻蜓眼珠飾同出一墓。這一類珠飾，在古代伊朗和印度等地被稱為「瑟瑟（Sit-sit）」，是古代地跨西亞和中亞的波斯帝國的寶石名稱，中國稱其為瑟瑟，是示格南語或阿拉伯語的音譯。這一類珠飾，在戰國時期的古蜀開明王朝曾大量用來製作珠簾。李膺《成都記》記載：「開明氏造七寶樓，以真珠為簾。其後，蜀郡火，民家數千與七寶樓俱毀。」由「真珠」之名可知，製作蜀王開明氏七寶樓簾的「真珠」，

應屬「瑟瑟」一類舶來品，原產於西亞和中亞。

杜甫寓居成都時，曾寫過一首《石筍行》詩，詩中說道：

> 君不見益州城西門，陌上石筍雙高蹲。古來相傳是海眼，苔蘚蝕
> 盡波濤痕。雨多往往得瑟瑟，此事恍惚難明論。是恐昔時卿相墓，立
> 石為表今仍存……

杜甫所說唐代成都西門多出瑟瑟，這
一帶正是春秋戰國時期古蜀王國的墓
區所在。唐時瑟瑟往往出於成都西門
地下，足見隨葬之多。杜甫既稱「瑟
瑟」，表明是來自西亞、中亞和印度
地區之物，恰與古蜀王開明氏造成都
七寶樓「以真珠為簾」的真珠的來源
一致。

四、古蜀文明與東南亞文明

（一）西南夷與中緬交通

漢朝賈誼《新書》卷 9《修政語上》
記載：「堯教化及雕題、蜀、越，撫交
趾，身涉流沙，封獨山，西見王母，訓
及大夏、渠叟，北中幽都，及狗國與人
身而鳥面及僬僥。」[①] 其中幾個地名和
古國、古部族名，頗與古蜀和西南地區
的內外交通線有關。

獨山，即蜀山，《漢書·武帝紀》

三星堆二號祭祀坑出土的人首鳥身像
（通高 12 厘米）

① 閻振益、鍾夏：《新書校注》卷 9《修政語上》，中華書局 2000 年版，第 360 頁。

緬甸的鳥身人面像

「文山郡」下顏師古注云:「應劭曰:文山,今獨郡岷山。」獨字上古音屋部定紐,與瀆字音同相通,《史記·封禪書》即作「瀆山」,指岷山,即是蜀山[①]。狗國,先秦岷江上游有白狗羌,稱為「阿巴白構」,為犛牛羌之筰都,即《史記·大宛列傳·正義》所說:「筰,白狗羌也。」筰都在戰國至漢初漸次南遷至今四川漢源大渡河南北,漢武帝末葉以後逐漸南遷至雅礱江流域今四川涼山州西南部之鹽源等地區[②]。「人身而鳥面」,似與古蜀三星堆青銅雕像的人面鳥身有一定關係[③]。而狗國與人面鳥身相聯繫,則可能暗示着三星堆古蜀人與白狗羌在族群上的某種聯繫。

　　僬僥,或作焦僥,始見於《國語·魯語》,其後,《史記》《後漢書》《山海經》《列子》《括地志》諸書中有所記載,說其人身高不過三尺。《山海經·大荒南經》記載:「有小人名曰僬僥之國。」《海外南經》所記略同。《史記·大宛列傳·正義》引《括地志》云:「小人國在大秦南,人才三尺……即焦僥國。」方國瑜先生引證李長傳《南洋史綱》說:「小黑人,後印度(中印半島)之原住民,人種學家名曰小黑人,屬尼格羅系(Negritos)。

————————

① 《史記·封禪書》:「瀆山,蜀之汶山。」《索隱》云:「《地理志》蜀郡湔氐道,瀟山在西。郭璞注云:『山在汶陽郡廣陽縣,一名瀆山也。』」瀟、岷古今字。《史記》,中華書局 1959 年版,第 1372、1373 頁。
② 段渝:《四川通史》第 1 冊,四川大學出版社 1993 年版,第 270、271 頁。
③ 四川廣漢三星堆出土的青銅雕像中有 1 件鳥腳人身像,腰部以上斷裂,損毀不存。這件雕像腰至大腿、小腿為人身,腳為鳥爪,踩在一隻作飛翔狀的青銅鳥的頭上。根據這件雕像的形態和意境,聯繫到三星堆出土的 1 件青銅神壇的上層所鑄有的高踞四周的青銅鳥頭,再聯繫到三星堆出土的大量青銅鳥頭像和陶製鳥頭勺柄等情況分析,這件鳥腳人身青銅雕像的頭部很可能是鳥頭。

身軀短小，膚色黝黑，在有史以前，居住半島，自他族徙入，遂見式微。」方先生認為，永昌徼外僬僥夷，當即古之小黑人，唯不詳其地理[1]。夏光南和波巴信認為，焦僥可能就是緬甸的原始居民小黑人，即尼格黎多人[2]。英國劍橋大學收藏的一片武丁卜甲，經不列顛

雲南大理祥雲出土的青銅封牛

博物院研究，龜的產地是在緬甸以南；YH127坑武丁卜甲碎片黏附的一些織物痕跡，經台灣學者檢驗是木棉[3]。木棉即《華陽國志·南中志》《蠻書》《新唐書·驃國傳》等所說的「帛迭」，也就是所謂橦華布，主要產於緬甸。這表明，中、緬、印之間的交通、交流和互動，不但在商代確已存在，而且緬、印地區的一些文化因素還通過古蜀地區輸往中原商王朝。

越南東山文化遺址出土的青銅封牛

緬甸的現生封牛

　　從《華陽國志·南中志》和《後漢書·哀牢傳》的記載來看，西南夷的空間範圍包括了後來緬甸的許多地區，直接毗鄰於東印度阿薩姆

① 方國瑜：《中國西南歷史地理考釋》，中華書局1987年版，第216頁。

② 夏光南：《中印緬道交通史》，中華書局1940年版，第23頁；波巴信：《緬甸史》，商務印書館1965年版，第10頁。

③ 李學勤：《商代通向東南亞的道路》，《學術集林》卷1，上海遠東出版社1994年版。

晉寧石寨山出土的西漢青銅立牛

地區 ①。《後漢書·陳禪傳》記載說：「永寧元年，西南夷撣國王獻樂及幻人。」撣國在今緬甸，時稱西南夷。《後漢書·明帝紀》更是明確記載說：「西南夷哀牢、儋耳、僬僥、盤木、白狼、動黏諸種，前後慕義貢獻。」直接把僬僥之地納於西南夷地域範圍。《大唐西域記》卷 10《迦摩縷波國》還記載：「此國（按，指迦摩縷波）東，山阜連接，無大國都。壤接西南夷，故其人類蠻獠矣。詳問土俗，可兩月行，入蜀之西南之境。」這些記載十分清楚地說明，出蜀之西南境即西南夷，其境地是通過上緬甸地區與東印度阿薩姆地區相連接的，這一線就是古蜀人出雲南到緬甸和東印度進行商業活動的線路。賈誼《新書·修政語》把西南夷狗國、三星堆人身鳥面與僬僥相互聯繫，其真實文化內涵應是上古時代我國西南與緬甸和東印度地區的交通和交流。

考古資料說明，早在舊石器時代，印度北部、中國、東南亞的舊石器就具有某種共同特徵，即所謂砍砸器之盛行。而後來在中、緬、印廣泛分佈的細石器說明，在新石器時代，我國西南與緬、印就有文化傳播和互動關係。根據陳炎先生在《中緬文化交流兩千年》中所引證的中外學術觀點，印度以東緬甸的現住民，不是當地的原住土著民族。他們當中的大多數，是在史前時期從我國的雲貴高原和青藏高原遷入

---

① 《華陽國志》記載：「（哀牢）其地東西三千里，南北四千六百里。」（劉琳：《華陽國志校注》卷 4《南中志》，巴蜀書社 1984 年版，第 428 頁）《後漢書·哀牢傳》記載：「（哀牢夷）其稱邑王者七十七人，戶五萬一千八百九十，口五十五萬 三千七百一十一。」（第 2849 頁）方國瑜先生認為，據此可見，哀牢地廣人眾，包有今之保山、德宏地區，及緬甸伊洛瓦底江上游地帶（見方國瑜：《中國西南歷史地理考釋》上冊，第 22、24 頁）。方先生之說，符合古文獻記載。

的，其中的孟—高棉語族是最先從雲貴高原移居到緬甸的 ①。這顯然同有肩石器從我國西南雲貴高原向緬、印地區的次第分佈所顯示的族群移動有關。

據《後漢書·南蠻西南夷列傳·哀牢傳》記載：「永初元年，（永昌）徼外僬僥種陸類等三千餘口舉種內附，獻象牙、水牛、封牛。」② 東漢時僬僥進獻封牛，所謂封牛，即牛脊樑凸起成峰的峰牛。這種牛的青銅雕像在雲南大理地區的戰國秦漢考古中有大量發現。峰牛產於印度、緬甸，為中國所不產，雲南大理考古發現的大量戰國秦漢時期的峰牛青銅雕像，即與緬甸、印度僬僥有關。這説明，中、緬、印之間通過我國西南地區進行的經濟文化交流，早在先秦時期已經達到相當頻繁的程度。東漢時，「永昌徼外夷」多次遣使從永昌（今雲南保山）通過西南夷地區進入中原京師進獻方物 ③，其中除僬僥外，還有敦忍乙、撣國等。據學者考證，這些族群和古國多在今緬甸境內。夏光南認為敦忍乙即下緬甸的得楞族（孟族）④。方國瑜先生認為敦忍乙是「都盧」的對音，似在上緬甸的太公 ⑤。撣國，學術界一般認為即是今緬甸境內的撣邦。《後漢書·南蠻西南夷列傳·西南夷傳》記載「撣國西南通大秦」，大秦即羅馬帝國。從成都平原經雲南出緬甸、印度，經巴基斯坦、

---

① 陳炎：《中緬文化交流兩千年》，載周一良主編：《中外文化交流史》，河南人民出版社 1987 年版，第 3 頁。關於緬甸的古代民族的來源問題，參見李紹明：《西南絲綢之路與藏彝走廊》，《中國西南的古代交通與文化》，第 35—48 頁；賀聖達：《緬甸藏緬語各民族的由來和發展 —— 兼論其與中國藏緬語諸民族的關係》，載方鐵主編：《西南邊疆民族研究》3，雲南大學出版社 2003 年版，第 1—17 頁。關於孟高棉語的問題，可參見何平：《中南半島北部孟高棉語諸民族的形成》，載方鐵主編：《西南邊疆民族研究》3，第 18—33 頁。

② 范曄：《後漢書》卷 86《南蠻西南夷列傳·哀牢傳》，中華書局 1965 年版，第 2851 頁；亦參：《後漢書》卷 5《安帝紀》，第 207 頁。

③《後漢書》卷 4《和帝紀》《後漢書》卷 5《安帝紀》《後漢書》卷 51《陳禪傳》《後漢書》卷 86《南蠻西南夷列傳·西南夷傳》，第 177、183、231、258、1685、2851 頁。

④ 夏光南：《中印緬道交通史》，中華書局 1940 年版，第 23 頁。

⑤ 方國瑜：《十三世紀前中國與緬甸的友好關係》，《人民日報》1965 年 7 月 27 日。

阿富汗至西亞的安息(伊朗)，再至地中海、羅馬帝國，這正是南方絲
綢之路西線的全部行程。

（二）蜀王子安陽王與古雒城

　賈誼《新書·修政語》還將蜀、越、交趾聯繫在一起，越為長江下
游和華南地區古族，先秦秦漢時期的南中地區也有相當多的越人，《華
陽國志·南中志》稱「南中在昔蓋夷越之地」，古文獻也稱南中有「濮
越」「滇越」等。交趾在中南半島北部，有雒田、雒王、雒侯、雒將[1]。
聯繫到越南北部紅河流域發現的形制與三星堆文化相同的歧鋒牙璋，
越南北部永福省義立遺址發掘出土的與三星堆文化相似的多邊形有領
玉璧形器、石璧形器、A 類灰坑等[2]，越南紅河流域發現的「棘字」戈，
以及在四川涼山州、雲南以及越南青銅時代東山文化遺址發現的大量
蜀式三角形援青銅戈[3]，雲南和中南半島出土的大量銅鼓，和《水經·

三星堆出土的牙璋

---

① 王國維：《水經注校》卷 37《葉榆水》注引《交州外域記》，上海古籍出版社 1984
　年版，第 1156 頁。
② 雷雨：《從考古發現看四川與越南古代文化交流》，《四川文物》2006 年第 6 期；
　四川省文物考古研究院、陝西省文物考古研究院：《中越兩國首次合作：越南義立
　遺址 2006 年度考古發掘的收穫》，《中國文物報》2007 年 4 月 6 日。
③ 王有鵬：《犍為巴蜀墓的發掘與蜀人的南遷》，《考古》1984 年第 12 期；霍巍、
　黃偉：《試論無胡蜀式戈的幾個問題》，《考古》1989 年第 3 期。

越南東山文化出土的牙璋　　　　　　成都金沙遺址出土的牙璋

葉榆水注》所引《交州外域記》以及越籍《大越史記》《安南志略》等文
獻所載蜀王子安陽王南遷交趾建立「蜀朝」的歷史看，先秦時期從四川
經雲南至中南半島的交通線是暢通的 ①。這不僅與戰國晚期蜀王子安陽

_____

① 古代中越交通線的主要線路是步頭道和進桑道。嚴耕望先生在《漢晉時代滇
　越道》中認為，進桑約在今河江縣（E105°、N22°50'）境，此道行程，北由賁
　古縣東南行，沿葉榆水（今盤龍江）而下，經西隨縣（約今開化、文山縣，
　E104°15'、N21°25' 地區），達交趾郡（今河內地區）（嚴耕望：《中央研究院歷
　史語言研究所專刊》第 82，（台北）中研院歷史語言研究所，1986 年）。方國
　瑜先生在《南詔通安南道》中認為，進桑道確為滇越通途，進桑的方位在今雲
　南的河口、馬關二縣間，係在紅河流域，步頭道在紅河之元江經河口以至河內
　一線（方國瑜：《中國西南歷史地理考釋》上冊，第 521—530、566—586 頁）。
　關於步頭道和進桑道在中越交通史上的作用，嚴耕望先生認為步頭道在唐以前
　不如進桑道重要。筆者認為，步頭是出雲南至越南的水陸分程地點，以下即沿
　紅河下航，這條線路是溝通雲南和中南半島交通的最古老的一條水道；另一條
　即是嚴耕望考證的進桑道（段渝：《四川通史》第 1 冊，四川大學出版社 1993 年
　版，第 86、160、161 頁）。李紹明先生《南方絲綢之路滇越交通探討》一文認
　為，進桑道係沿盤龍江而下，而步頭道係沿紅河而下，二者走向是不相同的，
　不可僅視為一途以概之；紅河一途即古步頭道當是古代蜀人由滇進入越南最為
　便捷之最佳路徑（《三星堆研究》第 2 輯，文物出版社 2007 年版，第 4—7 頁）。

王從蜀地南遷交趾有關，而且同從商代以來中越文化的早期交流互動
有關。

安陽王廟

　　在《水經·葉榆水注》所引《交州外域記》，以及《史記·南越列
傳·索隱》所引《廣州記》、《唐書·地理志》所引《南越志》，以及《太
平寰宇記》引《日南傳》等其他一些史籍中，保存了蜀王子安陽王南遷
交趾建立王國的珍貴史料。據越籍《大越史記全書》《安南志略》《越
史略》諸書的記載，蜀王子安陽王名泮，蜀人，顯然就是蜀王開明氏的
後代。安陽王既稱蜀王子，説明是蜀王後世子孫①。開明與安陽，本是
一詞的同音異寫，僅音讀稍異②。

　　根據上述史籍的記載，安陽王自開明王朝滅亡後，即率部南遷，
經紅河進入交趾（今越南北部地區），征服當地雒王、雒侯、雒將，建
立「蜀朝」。《續漢書·郡國志》「交趾郡」下劉昭注曰：「即安陽王國。」
《廣州記》稱安陽王「治封溪縣」③。越南史籍《大越史記全書》《嶺南摭

① 徐中舒：《論巴蜀文化》，四川人民出版社 1982 年版，第 159 頁。
② 蒙文通：《越史叢考》，《古族甄微》，巴蜀書社 1993 年版，第 361—362 頁。
③《史記·南越列傳·索隱》引。

怪》等，均以今越南河內東英縣古螺村古螺城 (Co Lao) 為公元前 3 世紀蜀人所建造的安陽王城，這與安陽王進入交趾建國的年代相當吻合。越南史籍中的「螺城」，當為「雒城」之訛。

　　河內東英縣古螺城原有外城、內城和宮城三重城牆，外城平面略呈五邊形，周長 8000 米左右，牆基最厚處約 25 米，現存高度約 4—5 米，頂寬約 12 米；內城平面約呈橢圓形，周長 6500 米，城牆現存高度約 2—3 米，頂寬約 20 米，這兩道城牆的間距約 30 米，內牆已毀不存；宮城平面略呈長方形，周長 1650 米。從形制上看，古雒城與中國四川新津寶墩古城十分近似。寶墩古城現已發現內城和外城，城址平面大致呈不甚規整的五邊形，長約 2000 米，寬約 1500 米，城牆周長約 6200 米 [①]。內城中一處稱為「鼓墩子」的地方發現大型建築遺跡，有可能是古城的中心，或許將來能夠發現「宮城」。從出土器物上看，古雒城城址內出土萬餘枚青銅箭鏃 [②]，這也與中國史籍關於安陽王善用弩的記載恰相一致。越史記載說安陽王城為九重，考古發掘證實為三重。這種「重城」形制，及其依河流而建之勢，與成都平原古城群有極為相似之處。而且，越史所記載的關於在安陽王城修建過程中

媚珠廟內景

① 成都文物考古研究所、新津縣文管所：《新津寶墩遺址調查與試掘簡報（2009—2010 年）》，《成都考古發現（2009）》，科學出版社 2011 年版，第 67 頁。
② 賴文到：《古雒城遺址出土的東山文化青銅器》，《越南考古學》2006 年第 5 期。

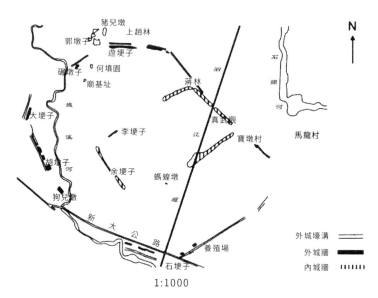

新津寶墩古城遺址平面示意圖

由金龜相助才得以建成的傳説[①]，與戰國時期秦人因得神龜幫助才得以建成成都城因而成都又稱為「龜化城」的傳説如出一轍。顯然，安陽王城確實是由來自於四川的蜀王子安陽王所建。

古螺城東南外建有祭祀安陽王的安陽王廟，還建有祭祀安陽王女兒媚珠的寺廟，在河內還有一條名為「安陽王大街」的大道，這些都與中、越歷史文獻關於安陽王故事的記載相當吻合，充分説明了蜀王子安陽王南遷交趾的史實。

蜀王子安陽王南遷交趾的史跡，在考古學文化上也有若干反映。近年在四川峨眉符溪、峨邊共安和永東、犍為金井、漢源小堡、會理瓦石田、鹽源柏林、鹽邊團結等地均發現大量蜀式器物，反映了安陽王南遷的情況[②]。雲南滇池區域青銅文化中，也有大量蜀式器物。如呈貢龍街石碑村、晉寧石寨山、江川李家山古墓群中，都出土大量蜀式

<hr />

① 見《嶺南摭怪列傳》卷之二《金龜傳》，載戴可來、楊寶筠校注：《嶺南摭怪等史料三種》，中州古籍出版社 1991 年版，第 27—30 頁。
② 王有鵬：《犍為巴蜀墓的發掘與蜀人的南遷》，《考古》1984 年第 12 期。

無胡青銅戈。從流行年代及戈的形制紋飾分析，其中一些與蜀人南遷、蜀文化因素的滲透和影響有關。而越南北部東山文化中的無胡青銅戈 [1]、船棺葬等等，也應與蜀文化的南傳有深刻聯繫，證實了中、越史籍關於蜀王子安陽王南遷交趾建國的史實。

---

[1] [越] 黎文蘭、范文耿、阮靈等：《越南青銅時代的第一批遺跡》，河內科學出版社 1963 年版。

第 八 章

南方絲綢之路：古代中印
交通與中國絲綢西傳

古代中國通往海外和西方的絲綢之路有四條：南方絲綢之路、北方絲綢之路、海上絲綢之路和草原絲綢之路，把中國與世界文明聯繫起來。

從四川成都經雲南至緬甸、印度並進一步通往中亞、西亞和歐洲地中海地區的「蜀身毒道」，是歷史文獻所記載的最早的中西交通線路，也是富於盛名的「南方絲綢之路」的西線。南方絲綢之路的中線為從四川經雲南到越南和中南半島的交通線，歷史文獻記載為「步頭道」和「進桑道」。南方絲綢之路的東線為從四川經貴州、廣西、廣東至南

絲綢之路示意圖（段渝繪）

南方絲綢之路示意圖

三星堆出土的青銅大立人像服飾（局部）　　　　三星堆出土的絲綢殘片

三星堆出土的青銅蛇

海的「牂牁道」，或稱為「夜郎道」。南方絲綢之路早在商代已開通，我國古代在西南方向對外部世界的聯繫和交流，是經由南方絲綢之路進行的，它是我國古代西南地區同東南亞、南亞、中亞、西亞以至歐洲地中海地區文明交流互動的重要通道。

一、三星堆：蜀錦和蜀繡

　　中國是絲綢的原產地，早在商周時期絲綢織造就已達到相當水平[1]，而四川是中國絲綢的重要起源地和主要原產地，尤其是成都絲綢織錦自古稱奇，西漢揚雄《蜀都賦》曾稱頌蜀錦鮮豔華麗，品種繁多，「發文揚采，轉代無窮」。史前時期就有嫘祖後代、古蜀王蠶叢在成都平原「教民養蠶」，引發了巴蜀絲綢的興起。到商代三星堆文化時期，古蜀的絲綢製作已發展到相當成熟的階段[2]。

成都交通巷出土的戰國蠶
紋青銅戈

成都百花潭中學出土的戰國青銅壺上的宴
樂弋射圖

---

① 夏鼐：《我國古代蠶、桑、絲、綢的歷史》，《考古》1972 年第 2 期。
② 段渝：《黃帝、嫘祖與中國絲綢的起源時代》，《中華文化論壇》1996 年第 4 期。

廣漢三星堆出土的青銅
大立人像頭戴的花冠、身着
的長襟衣服上所飾的有起有
伏的各種繁縟的花紋，它的
冠、服所表現的是蜀錦和蜀
繡①。2021 年三星堆新一輪考
古發掘，繼首次發現絲蛋白
後，又在八號坑出土的一件青
銅殘片上發現附着的絲綢實

成都百花潭中學出土的戰國青銅壺上的宴樂弋射
圖中的採桑圖

物殘留，經緯組織非常明顯，表層有一層類似於塗層的附着物，尺寸
為 1.8×0.8 厘米，是目前三星堆發現的最明顯也是最大面積的絲綢殘留
物②。研究團隊在對 1986 年出土的一、二號祭祀坑的紡織品殘留做了排
查，在放大 30 至 200 倍後，發現 13 種器類、40 多件器物上都有絲織
品殘留，還在其中青銅蛇上的殘留發現了平紋之外的斜紋③。這表明，
三星堆文化時期，不但三星堆的絲織工藝和絲綢使用已普遍存在，絲
織業達到很高水平，而且絲綢已經成為政治權威和宗教權威的重要象
徵和物化體現，同時還表明絲織業已是三星堆政治經濟的一個重要組
成部分，有着相當高的地位。

　　成都交通巷出土的一件西周早期的蜀式青銅戈，內部紋飾圖案以
一身作屈曲蠕動狀的家蠶為中心，四周分佈一圈小圓點，象徵蠶沙或
桑葉，左側橫一桑樹，蠶上部有表示伐桑所用的斧形工具符號④。在渭
水上游寶雞附近發掘的西周前期古蜀人弳氏的墓葬內⑤，發現絲織品

① 陳顯丹：《論蜀繡蜀錦的起源》，《四川文物》1992 年第 3 期。
② 田雲華、王帥：《三星堆遺址發現最明顯、最大面積的絲綢殘留物》，《央視新
　　聞》2021 年 5 月 30 日。
③ 吳平：《三星堆新發現，絲織品現黃色塗層；神樹上還是衣服上，金箔用途未
　　定》，《川觀新聞》2021 年 5 月 25 日。
④ 石湍：《記成都交通巷出土的一件「蠶紋」銅戈》，《考古與文物》1980 年第 2 期。
⑤ 北京市絲綢廠等：《有關西周絲織和刺繡的重要發現》，《文物》1976 年第 4 期。

辮痕和大量絲織品實物。絲織品有斜紋提花的菱形圖案的綺，有用辮繡針法織成的刺繡，這些絲織品其實就是古蜀絲綢和蜀繡。春秋戰國時代，蜀地的絲綢業持續發展，達到很高的水平。在戰國時，蜀錦就已蜚聲內外，銷往各地，考古發掘中在湖北江陵和湖南長沙等地楚墓中出土的精美織錦，就是成都生產的蜀錦 ①，並與四川爐霍卡莎石棺葬內發現的織品相似 ②。成都百花潭十號戰國墓出土的一件銅壺上刻有採桑圖 ③，桑樹分為大小兩種，可能意味着已有野生桑樹和培植桑樹之別。這些圖像都充分表現出古蜀蠶桑業的成熟和興旺發達。

與此相映成趣的是，2012 年至 2013 年成都市文物考古研究所在成都市天回鎮老官山發掘的西漢二號墓內，出土 4 部蜀錦提花機模

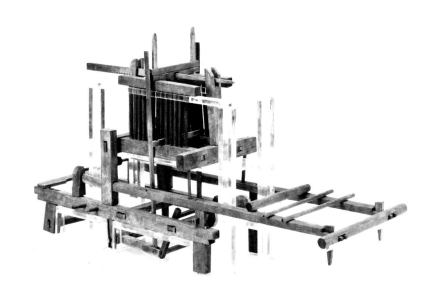

成都天回鎮老官山西漢墓出土的提花織機（模型）

---

① 武敏：《吐魯番出土蜀錦的研究》，《文物》1984 年第 6 期。

② 四川省文物考古研究所等：《四川爐霍卡莎湖石棺墓》，《考古學報》1991 年第 2 期。

③ 四川省博物館：《成都百花潭中學十號墓發掘記》，《文物》1976 年第 3 期；杜恆：《試論百花潭嵌錯圖像銅壺》，《文物》1976 年第 3 期。

北宋木刻套色版畫《蠶母》（現藏於浙江溫州市博物館）

型，這是迄今我國發現的唯一有出土單位、完整的西漢時期織機模型，其先進性獨步於當時的中國紡織界，而其紡織技術應該是承先秦蜀錦而來。這對研究蜀錦紡織技術的起源和發展有着重大意義。

三星堆絲綢的發現有着十分重要的意義。我們知道，歷代史籍均記載黃帝元妃嫘祖「教民養蠶」，「治絲繭以供衣服」，稱頌嫘祖為中國蠶桑絲綢之祖。黃帝嫘祖為其子昌意娶蜀山氏之女，嫘祖氏族與岷江上游蜀山氏（今四川茂縣疊溪）通婚，促成了蜀山氏從飼養桑蠶到飼養家蠶的重大歷史性轉變，由蜀山氏演變為蠶叢氏，從而引發了古蜀絲綢的起源和演進，在中國蠶桑絲綢史上具有非常重要的里程碑意義。

從蜀山氏到蠶叢氏名稱的變化表明，兩者關係是前後相續的發展演變關係，也是生物學上的遺傳變異關係，包含並體現了深刻的歷史內容，而不僅僅是一個名稱的交替[1]。

---

[1] 段渝：《政治結構與文化模式：巴蜀古代文明研究》，學林出版社 1999 年版，第319—371 頁。

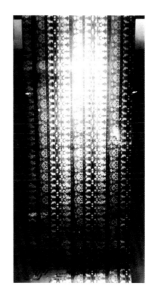

春秋戰國時期的蜀錦（複製品）

從蜀山氏到蠶叢氏的轉變，初步完成了蠶桑、絲綢的早期起源階段，進入發展、傳播的新階段。其後，隨着蠶叢氏從蜀山南遷成都平原，「教民養蠶」，推動了古蜀蠶桑和絲綢業的興起和演進，成為中國蠶桑、絲綢業的主要原產地和絲綢生產基地之一。三星堆青銅大立人的冠冕和衣着所表現的蜀錦、蜀繡，以及新近發現的絲綢痕跡、絲蛋白、絲綢殘片和數十件青銅器碎片上的絲綢殘留物，可以說從一個重要方面證實了這種推想，從而對於南方絲綢之路的深入研究提供了十分重要的資料。

與此相映成趣的是，上個世紀 90 年代，奧地利大學考古隊在古埃及的一座金字塔內的一具木乃伊頭髮上發現了來自中國的絲綢，年代約為公元前 11 世紀。雖然目前還不清楚這塊中國絲綢的來源地究竟為何處，也不清楚它是間接傳播的產物還是直接傳播的產物，但來自於中國是毫無疑問的。

雖然，在同一時期的中亞出現過中國商文化的一些因素，但是在西亞和南亞卻幾乎沒有發現這一時期商文化的影響痕跡，倒是在中國

三星堆遺址出土的貼金青銅面具

西南古蜀文明地區卻出現了印度古文明和近東古文明的因素，包括在四川廣漢三星堆祭祀坑中發現的黃金面罩、黃金權杖和青銅人物雕像以及大量表現眼睛傳播的各式青銅眼形飾等文化因素。如果我們把在古埃及金字塔內發現的中國絲綢，與在四川三星堆遺址發現的絲綢及其與近東和印度的古文明因素相互聯繫起來看，這是否反映了兩者之間的交流互動關係和絲綢的傳播呢？

二、海貝之路

三星堆出土的大量海貝中，既有產於南海的貝，不過更大量的是產於印度洋的貝，這就是環紋貨貝（Monetriaannulus）。這種海貝，日本學者稱為「子安貝」，大小約為虎斑貝的三分之一左右，中間有齒形溝槽，與雲南省歷年來發現的環紋貨貝相同。這種環紋貨貝，稱為「齒貝」，產於印度洋暖海水域。地處內陸盆地的四川廣漢三星堆出現如此之多的齒貝，顯然是從印度洋北部地區（主要指孟加拉灣和阿拉伯海之間的地區）引入的。

三星堆二號祭祀坑出土的海貝　　　　　　　　三星堆出土的海貝

　　印度洋地區，一直流行以齒貝為貨幣的傳統。中國古文獻如《通典》「天竺」、《舊唐書·天竺傳》都說天竺(印度)以齒貝為貨幣。《島夷志略》《瀛涯勝覽》《西洋番國志》《諸蕃志》等，也說到印度洋地區、孟加拉、馬爾代夫、暹羅(泰國)等南亞、東南亞地區使用海𧴪或海𧵐為貨幣的情況。英國人哈維所著的《緬甸史》，引用唐大中五年(851)波斯旅行家至下緬甸的記載，說道：「居民市易，常用海𧵐(Cowries)以為貨幣。」海𧵐，即是海𧴪。今雲南仍然稱海貝為海𧵐(𧴪)。

　　東印度和緬甸富產齒貝的情況，唐人樊綽《蠻書》卷10《南蠻疆界接連諸番夷國名》記載：「小婆羅門國，與驃國及彌臣國接界，在永昌北七十四日程。俗不食牛肉，預知身後事。出貝齒、白㲲、越諾布。」小婆羅門國的所在，歷來多有歧議，但屬於在東印度和緬甸地區內的

三星堆出土的青銅貝

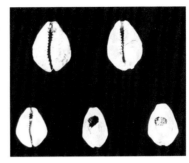

三星堆出土的海貝

古國，則無歧義。當然，東印度和緬甸的海貝，都是來源於印度洋，這是沒有疑問的。

　　我國西南地區出土來源於印度地區的白色海貝，並非只有四川廣漢三星堆一處，其他地方還多有所出。例如：雲南大理地區劍川鰲鳳山的 3 座早期墓葬中出土有海貝，其中 M81 出土海貝 43 枚，M155 出土海貝 1 枚，M159 出土海貝 3 枚。這 3 座早期墓的碳 14 年代為距今 2450±90 年（樹輪校正），約當春秋中期至戰國初期。昆明市文物管理委員會在 1979 年底至 1980 年初發掘的呈貢天子廟戰國中期的 41 號墓中，出土海貝 1500 枚，雲南省博物館 1955 年至 1960 年發掘晉寧石寨山古墓群（年代從戰國末至西漢中葉），有 17 座墓出土有海貝，總數達 149000 枚。

雲南晉寧石寨山出土的戰國貯貝器中的貨貝

　　四川地區最早出現海貝的是巫山大溪遺址，但其來源不得而知。岷江上游茂縣石棺葬內，亦出土海貝、蚌飾等海產物。雲南大理、楚雄、祿豐、昆明、曲靖珠街八塔台和四川涼山州西昌的火葬墓中，也出土有海貝。這些地區沒有一處出產海貝，都是從印度地區引入的。將這些出土海貝的地點連接起來，正是我國西南地區與古印度的古代交通線路 —— 蜀身毒道。不過，三星堆出土的海貝，卻並非由雲南各處間接轉遞而來，不是這種間接的、有如接力一般的關係。縱觀從雲南至四川的蜀身毒道上出土海貝的年代，除三星堆外，最早的也僅為春秋時期，而三星堆的年代早在商代中、晚期，比雲南各地出土的海貝差不多要早上千年。再從商代、西周到春秋早期的這 1000 年間看，雲南還沒有發現這一時期的海貝。不難看出，三星堆的海貝，應是古蜀人直接與印度地區進行經濟文化交流的結果。

甲骨文中與貝有關的文字

　　在三星堆遺址出土的一些陶器上，發現有數種刻劃符號 [1]。在一件 I 式小平底罐的肩部，有三枚成組、兩組對稱的形符號；在一件 II 式陶盉的襠間，也各有一形符號。這些陶器上的刻劃符號，顯然不是偶然的刻劃痕跡。同一種符號出現在不同的器物上，這一現象說明，這些符號及其含義已經固定化、約定俗成。從這個字的形體分析，確像貝形，顯然是一個象形字，當釋為「貝」。在三星堆陶器上，還發現

[1] 四川省文物管理委員會：《廣漢三星堆遺址》，《考古學報》1987 年第 2 期。

形符號。此符號的形體，像以一繩並列懸繫兩串貝之形，當釋為「朋」。此字與甲骨文朋字的字形近似。聯繫到三星堆一、二號祭祀坑所出土的大多數海貝均有穿孔的情況，釋為貝、釋為朋，當有根據。

三星堆出土的海貝，大多數背部磨平，形成穿孔，以便將若干海貝串繫起來。這種情形，與雲南歷年出土海貝的情形相同。三星堆海貝，出土時一部分

三星堆出土的青銅尊

發現於祭祀坑坑底，一部分發現於青銅尊、罍等容器中，這也與雲南滇池區域青銅時代將貝幣盛裝於青銅貯貝器裡的現象一致。

滇文化貯貝器及線描圖

成都平原深處內陸盆地的底部，從來不產齒貝，因此齒貝為貨幣，必然是受其他文化的影響所致；而這種影響，必然也同齒貝的來源地區密切相關，這就是古印度。古蜀人與南亞、東南亞地區的商品貿易以齒貝為媒介的情形，恰與三星堆文化所包含的其他南亞文化因素的現象一致，絕非偶然。

河南殷墟婦好墓出土的海貝

　　從中原商文化使用貝幣，而商、蜀之間存在經濟文化往來尤其青銅原料交易的情況，以及三星堆古蜀王國從雲南輸入青銅原料等情況分析，古蜀與中原和雲南的某些經濟交往，也是以貝幣為媒介的。

　　某種意義上或許可以說，從四川經蜀身毒道到印度洋的「海貝之路」，是中國最早的「海上絲綢之路」之一。

三、象牙的來源

　　在 1986 年發掘的三星堆一號祭祀坑內，出土了 13 支象牙，在二號祭祀坑內，出土了 60 餘支象牙，縱橫交錯地覆蓋在坑內最上層。在2021 年 3 月三星堆新一輪發掘中，多座祭祀坑內出土大量象牙。更加令人不可思議的是，成都市金沙遺址出土象牙的重量，竟然超過 1 噸。三星堆青銅製品中最具權威、高大無雙的二號坑青銅大立人——古

三星堆遺址二號坑出土的象牙　　　　　三星堆遺址三號祭祀坑象牙發掘現場

蜀神權政體的最高統治者蜀王的形象，其立足的青銅祭壇(基座)的中層，也是用四個大象頭形象勾連而成的。三星堆二號祭祀坑出土的一件戴獸冠人物像，所戴的獸冠亦為象首冠，冠頂兩側有兩隻斜立的大耳，冠頂正中是一隻直立而前捲的象鼻。

金沙遺址象牙堆積坑發掘現場

古地學資料表明，新石器時代成都平原固然森林茂密，長林豐草，然而沼澤甚多，自然地理環境並不適合象群的生存。至今為止的考古學材料還表明，史前至商周時代成都平原雖有各種獸類，然而諸多考古遺址中所發現的動物遺骨遺骸，除家豬佔很大比重外，主要還有野豬、鹿、羊、牛、狗、雞等骨骼，除三星堆祭祀坑和金沙遺址外，沒有一處發現大象的遺骸、遺骨，更談不上數十成百支象牙瘞埋一處。如果成都平原果真產象，那麼就已發現的數百支象牙來說，一頭大象兩支象牙，則意味着有數百頭大象被獵獲，而象牙被取出後，將會有大量大象遺骨存留下來，但至今的考古資料並不支持這種情況。何況只有公象才有象牙，數百頭公象難道就沒有母象陪伴嗎？足見三星堆和金沙遺址的象牙，必定不是原產於成都平原蜀之本土。

甲骨文中的「象」字

　　先秦黃河流域有象，殷墟甲骨文有象字，河南為豫州，文獻裡有象牙及象牙製品，考古也發現有象牙製品。關於此點，徐中舒先生和郭沫若先生均早已有過精深考證和論述[1]。但在周初，周成王「驅虎、豹、犀、象而遠之，天下大悅」[2]，至漢代而視象為「殊方異物」，由外域進貢中華朝廷。據竺可楨先生研究，漢代氣候業已轉冷[3]，黃河流域的氣候已不適應大象生存。

殷墟婦好墓出土的玉雕象

　　無論史籍還是考古資料，均不曾有成批殷民逃往或遷往蜀中的任何蛛絲馬跡，更不曾有服象的殷民移徙蜀中的絲毫痕跡。何況殷末時，蜀為《尚書·牧誓》所載參加周武王的諸侯大軍，在商郊牧野誓師滅商的「西土八國」之首，協助武王滅紂翦商，而後受封為「蜀侯」，與殷民不共戴天。服象的殷民逃往任何地方，也絕不會自投羅網，投往其域中。而商王武丁時期，即在相當於三星堆祭祀坑的年代上下，甲骨文記載商王「登人征蜀」，商、蜀之間還在漢中地區相互置有森嚴的軍事壁壘[4]。此情此景之下，商王朝自不可能賜象與蜀，何況卜辭和史籍中也全然沒有這方面的片言隻語記載。可以知道，三星堆的象牙，也同樣不曾來源於中原商王朝。

　　雲南西南部以及以西的緬甸、印度地區，自古為大象的原產地。

① 郭沫若：《中國古代社會研究》(1930)，人民出版社 1964 年版，第 179—180 頁。徐中舒：《殷人服象及象之南遷》，《中央研究院歷史語言研究所集刊》2 本 1 分，1930 年。

②《孟子·滕文公下》。

③ 竺可楨：《中國近五千年來氣候變遷的初步研究》，《考古學報》1972 年第 1 期。

④ 段渝：《四川通史》第 1 冊，四川大學出版社 1993 年版，第 45 頁。

漢唐時期的文獻對於雲南產象的記載，僅限於其西南邊陲，即古哀牢以南的地區，這在常璩《華陽國志・南中志》和樊綽《蠻書》裡有着清楚的記載。而在雲南東部、東北部，即古代滇文化的區域，以及在雲南西部，即滇西文化的區域中，古今均無產象的記載。由此可知，三星堆和金沙遺址的象牙，也與滇池文化區域和滇西文化區域無甚關係。

湖南醴陵出土的商代青銅象尊

　　以上分析表明，商代三星堆遺址的象群遺骨遺骸，以及三星堆和金沙的象牙，既不是成都平原自身的產物，也不來自於與古蜀國有關的中國其他古文化區。揆諸歷史文獻，這些象群和象牙是從象的原產地古印度地區引進而來的。

　　《史記・大宛列傳》記載張騫西行報告說：「然聞其西（按：此指昆明族之西）可千餘里有乘象國，名曰滇越。」滇越即印度古代史上的迦

摩亨佐・達羅遺址

摩縷波國，故地在今東印度阿薩姆邦[①]。《大唐西域記·迦摩縷波國》記
載：「迦摩縷波國，周萬餘里。……國之東南，野象群暴，故此國中象
軍特盛。」《史記·大宛列傳》還說：「身毒……其人民乘象以戰。」《後
漢書·西域傳》也說：「天竺國，一名身毒……其國臨大水，乘象以戰。
……土出象、犀……」大水即今巴基斯坦境內的印度河[②]。《史記》和《後
漢書》等文獻所數稱的「大水」（印度河），正是輝煌的古印度河文明的
興起之地。考古發掘中，在印度河文明著名的「死亡之城」摩亨佐·達
羅廢墟內，發現了曾有過象牙加工業的繁榮景象，還出土不少有待加
工的象牙，以此並聯繫東印度盛產大象的情況，以及三星堆祭祀坑內
成千枚來自於印度洋北部地區的海貝，可以說明三星堆和金沙遺址出
土的大批象牙，是從古印度地區引進而來的，而其間的交流媒介，正
是與象牙一同埋藏在三星堆祭祀坑中的大量貝幣[③]。

四、Cina：成都與絲綢之路

中國絲綢傳到西方，先秦時代的主要通道是南方絲綢之路，漢代
及以後從北方絲綢之路輸往西方的絲綢當中，也以四川絲綢為大宗，
而從草原絲綢之路輸往北亞的中國絲織品中，目前所見年代最早的也
是四川絲綢。大量事實表明，四川絲綢以其質量優良聞名中外、傳播
西方，不愧為絲綢的故鄉，而成都則堪稱絲綢之路的源頭。

（一）蜀身毒道的開通

早在三星堆文化時期，古蜀地區便初步發展了與古印度的陸上交
通，成都絲綢通過上緬甸、東印度阿薩姆地區傳播到古印度和中亞、
西亞以至地中海地區，這條國際貿易線路便是南方絲綢之路。西方考

---

① 汶江：《滇越考》，《中華文史論叢》1980 年第 2 輯。
② 夏鼐：《中巴友誼的歷史》，《考古》1965 年第 7 期。
③ 段渝：《熱帶叢林文化的贈禮》，《三星堆文化》，四川人民出版社 1993 年版，第
521—527 頁。

舞人動物紋蜀錦（戰國）

古資料也說明，中國絲綢早在公元前 11 世紀
已傳至埃及 [1]，至少在公元前 600 年就已傳至
歐洲，希臘雅典 kerameikos 一處公元前 5 世紀
的公墓裡，就發現了五種不同的中國平紋絲織
品，到公元前四、五世紀時，中國絲綢已在歐
洲尤其羅馬帝國盛行。這兩種情況，在早期中
西交通的開通年代上是吻合的。

　　如果僅僅根據中國古文獻的記載，至公元
前 2 世紀末葉漢武帝時，漢王朝才開通西域絲
綢之路，這就遠遠晚於考古發現所真實反映的
中國絲綢西傳歐洲的年代。而草原絲綢之路的
開通約在戰國時期，用以交易的絲綢主要是蜀
錦。海上絲綢之路開通於漢代，但它的興盛是
在宋代及以後，貿易的物品主要是瓷器而不是絲
綢。歷史事實表明，由於成都絲綢的西傳而引起
絲綢之路的開通，成都是絲綢之路的源頭所在。

　　古代四川銷往南亞的代表性商品是絲綢。

聯珠對馬對鳥紋織錦

---

[1] Philippa Scott, *The Book of Silk*, London: Thames & Hudson, 1993, p. 78；又見《新華
　　文摘》1993 年第 11 期關於奧地利考古隊在埃及發掘中發現中國絲織品遺物的
　　報道。

唐團窠對獸夾聯珠對鳥紋半臂

漢「五星出東方利中國」織錦護臂

阿薩姆野象

唐對鳥紋錦

蜀地商賈從事長途貿易直至古印度的情況，歷史文獻記載頗多。如《史記》中的《西南夷列傳》和《大宛列傳》，詳細記載了漢使張騫的西行報告，明言張騫「居大夏時見蜀布、邛竹杖，使問所從來，曰：『從東南身毒國，可數千里，得蜀賈人市。』」大夏商人所得蜀布、邛竹杖，即是在身毒「得蜀賈人市」，「往市之身毒」。明明白白地説出「得蜀賈人市」，證明蜀身毒道貿易是直接的遠程貿易，而不是所謂間接傳播。

　　《史記·大宛列傳》還記載：「然聞其西可千餘里有乘象國，名曰滇越，而蜀賈奸出物者或至焉。」《三國志》卷 30 裴松之注引魚豢《魏略·西戎傳》亦載：「盤越國，一名漢越王，在天竺東南數千里，與益部相近，其人小與中國人等，蜀人賈似至焉。」滇越（即盤越）的所在，張星烺以為是孟加拉；向達以為是剽越，即《廣志》所謂剽越，地在今緬甸；饒宗頤及法國學者沙畹（E. Chavannes）[1] 等以為應在阿薩姆與緬甸之間；汶江《滇越考》則認為在今東印度阿薩姆，為迦摩縷波 [2]，其説甚是。可見，蜀賈人是通過東印度陸路通道進入古印度地區的，這也是古代蜀、印之間進行直接貿易的重要證據 [3]。

　　（二）「支那（Cina）」名稱與成都絲綢西傳

　　成都輸往印度的絲綢對當地乃至西方所產生的重要影響，從「支那」一詞的出現及含義便可明了。

　　一般認為，「支那」（Cina）是古代印度地區對古代中國的稱呼，最初見於梵文，出現年代最遲在公元前 4 世紀或更早。季羨林先生的《中國蠶絲輸入印度問題的初步研究》及德國雅各比（H. Jacobi）在普魯士科學研究會議的報告引公元前 320 年至公元前 315 年印度旃陀羅笈多王朝考第亞（Kautilya）所著書，説到「支那（Cina）產絲與紐

---

① 沙畹：《魏略·西戎傳箋注》，載馮承鈞譯：《西域南海史地考證譯叢》七編，商務印書館 1962 年版，第 41—57 頁。

② 汶江：《滇越考》，《中華文史論叢》1980 年第 2 輯。

③ 段渝：《中國西南早期對外交通——先秦兩漢的南方絲綢之路》，《歷史研究》2009 年第 1 期。

摩揭陀遺址

帶，賈人常販至印度」[①]。公元前 4 世紀成書的梵文經典《摩呵婆羅多》（*Mahabharata*）和公元前 2 世紀成書的《摩奴法典》（*Manou*）等書中有「絲」的記載及支那名稱。但對於支那所指具體地區，學術界則有相當分歧。季羨林先生認為：「古代西南，特別是成都，絲業的茂盛，這一帶與緬甸接壤，一向有交通，中國輸入緬甸、通過緬甸又輸入印度的絲的來源地不是別的地方，就正是這一帶。」[②] 陳茜也認為古印度的絲織品來自四川 [③]。法國漢學家伯希和（P. Pelliot）則認為，「支那」（Cina）一名乃是「秦」的對音，認為「印度人開始知道有中國，好像是這條道路上得來的消息」[④]。另有學者認為，支那是指先秦時期的楚國。

　　實際上，不論指認支那為秦國還是楚國，都是沒有甚麼可靠的材

① 季羨林：《中國蠶絲輸入印度問題的初步研究》，載所著《中印關係史論文集》，
　　三聯書店 1982 年版，第 76 頁。
② 季羨林：《中國蠶絲輸入印度問題的初步研究》，載《中印文化關係史論文集》，
　　第 75 頁。
③ 陳茜：《川滇緬印古道考》，《中國社會科學》1981 年 1 期。
④ ［法］伯希和著、馮承鈞譯：《支那名稱之起源》，《西域南海史地考證譯叢》一
　　編，商務印書館 1962 年版。

旃陀羅笈多二世時期的笈多金幣

伯希和在敦煌藏經洞

料為依據的。伯希和指認支那為秦，認為支那是印度對秦始皇所建立的秦王朝的稱呼[①]。但是秦王朝始建於公元前 221 年，而支那名稱在印度的出現卻可早到公元前 4 世紀，可見伯希和的說法不能成立。有的學者以為，支那是古印度對春秋時代秦國的稱呼。但是，春秋時代秦對隴西、北地諸戎並沒有形成霸權，秦穆公雖然「開地千里，併國十二」，卻得而復失，僅有三百里之地[②]。而且，諸戎從西、北、東三面形成對秦的重重包圍，阻隔着秦的北上西進道路，秦不能越西戎一步，何談將其聲威遠播西方？直到公元前 3 世紀初，秦在西北地區才最終獲勝，而此時「支那」一名早已在印度出現。顯然，支那名稱的起源與秦國無關。至

---

① ［法］伯希和著、馮承鈞譯：《支那名稱之起源》，《西域南海史地考證譯叢》一編，第 36—48 頁。

②《漢書·韓安國傳》。

於指認支那為荊，由於其立論基礎不可靠，同樣難以成立。

　　我們知道，古蜀文化從商代以來就對西南地區保有長期深刻的影響。三星堆文化時期，古蜀已同古印度地區存在以貝幣為媒介的商品交易和其他方面的文化交流，這就為古蜀名稱遠播於古印度提供了條件。另據《史記》和《漢書》，蜀人商賈很早就「南賈滇、僰僮」，並進一步到達「滇越」從事貿易，還到身毒銷售蜀布、邛竹杖等蜀物。滇越，即今天東印度阿薩姆地區 ①，身毒即古印度。印度古籍《政事論》提到的蠶絲和織皮紐帶恰是蜀地的特產，而販賣絲和紐帶至印度的「賈人」應是蜀人。這與我國史籍《史記》所記載的漢武帝時張騫在今阿富汗見到當地商人從印度販回「蜀布、邛竹杖」的情況，恰相一致。而張騫在中亞所見到的唯一的中國產品就是「蜀布、邛竹杖」等「蜀物」，這就表明了戰國時期蜀賈人在古印度頻繁的貿易活動，而這又是同商代以來三星堆文化與古印度文化的交流一緒相承的。在這種長期的交往中，古印度必然會對古蜀及其名稱產生較之我國其他地區更多的印象和認識。

　　「成都」這個名稱，產生很早，已見於《山海經》。春秋時期的四川滎經曾家溝漆器上，就刻有「成造」（成都製造）的烙印戳記。1985 年，在四川滎經曾出土一柄刻有「成都」二字的蜀式青銅矛。2017 年 2 月，在成都蒲江戰國墓內，也出土一柄刻有「成都」二字的蜀式青銅矛，足見成都得名之早。「成」字，過去學

成都青銅矛銘文細部　　　　文字描摹

① 汶江：《滇越考》，《中華文史論叢》1980 年第 2 輯。

者按中原中心論模式，用北方話來復原它的古音，以為是耕部禪紐字。但是，從南方語音來考慮，它卻是真部從紐字，讀音正是「支」。按照西方語言的雙音節來讀，也就讀作「支那」。這表明，支那其實是成都的對音。

　　美國東方學者勞費爾認為，梵語裡的 Cina，在古伊朗語裡的相對字是 Cina，波斯語裡稱中國的字如 Cin、Cinistan、Cinastan，中古波斯語稱中國的字如 Cen、Cenastan，亞美尼亞語的 Cen-k，Cenastan，Cenbakur（「中國皇帝」）、Cenazneay（「開始於中國」）、Cenik（「中國的」），粟特語的 Cyn-stn（Cinastan），「費爾瓦爾丁（神）讚美詩」裡的 Saini 和帕拉菲語古經《創世記》裡的 Sini，當頭 C 和 S 並用恰恰等於希臘語裡的對似語 Σivai 和 θivai（＝Cinai），「可以假定中國在印度語、伊朗語和希臘語裡的名稱是出於一個共同的來源，而且這個原字或許可以在中國國內去找」[1]。勞費爾所舉的這些語言例證，不論梵語 Cina 還是從 Cina 轉生的各種對應字，均與「成」的古音相同，或相近，證實 Cina 的確是成都的對音或轉生語，其他地區的相對字則均與成都的轉生語 Cina 同源。由此可見，印度古書裡提到「支那產絲和紐帶」，又提到「出產在支那的成捆的絲」[2]，即是指成都出產的絲和絲織品，Cina 這個名稱從古印度傳播到中亞、西亞和歐洲大陸後，又形成其轉生語，如今西文裡對中國名稱的稱呼，其來源即與此直接相關。而 Cina 名稱的西傳，是隨着絲綢的西傳進行的，說明了成都絲綢對西方的巨大影響。

　　印度學者 Haraprasad Ray 教授在《從中國至印度的南方絲綢之路 —— 一篇來自印度的探討》[3] 一文中說道，印度詩人迦梨陀娑（Kalidasa）

---

① 勞費爾（B. Laufer）：《中國伊朗編》，林筠因譯，商務印書館 1964 年版，第 403、404、405 頁。

② ［印］《國事論》。

③ ［印］Haraprasad Ray 著、江玉祥譯、曾媛媛校：《從中國至印度的南方絲綢之路 —— 一篇來自印度的探討》，載江玉祥主編：《古代西南絲綢之路研究》，四川大學出版社 1995 年版。

印度傳統文化中的超日王形象

那個時代以前，中國紡織品的名字頻繁出現。迦梨陀娑確立了這樣的事實，即中國的絲織品如果不是在貴族中已經普遍使用和已經成為一項知識，就不可能在古印度的流行作品中頻繁提到它的名字。當詩人迦梨陀娑提到國王 Dusyanta 的心進退不定、像那迎風飄舉的中國布（Chinacloth）的旗幟的時候，詩人使用 Cinangsuka 表示「中國絲綢旗」的意思。那時，這種布（絲綢）的名聲已經傳播得遠而廣[1]。

　　迦梨陀娑的另一部著名史詩《鳩摩羅出世》（*Kumarasambha-va*）（Siva 的兒子、Kumara Kartikeya 的誕生）也提到中國絲綢（Cinagsukaih Kalpitaketu malam，即，旗幟飄揚在金色的大門上，微風展開它那絲質的繡飾）[2]。在這兩個事例中，皇家的旗幟皆是中國絲綢，這說明中國絲綢非常普及。

　　Haraprasad Ray 教授還指出，Cinapatta 在 Kalidasa 時代（在公元

<hr />

[1] 轉引自［印］Haraprasad Ray 著、江玉祥譯、曾媛媛校：《從中國至印度的南方絲綢之路 —— 一篇來自印度的探討》。
[2] 轉引自［印］Haraprasad Ray 著、江玉祥譯、曾媛媛校：《從中國至印度的南方絲綢之路 —— 一篇來自印度的探討》。

濕婆「毀滅之舞」坦達瓦之舞

前 1 世紀至公元 400 年之間），通稱為 Cinangsuka。在公元前 4 世紀
至公元前 3 世紀的早期階段，它通稱為 Cinapatta。印度人對它的織質
是不清楚的，因此他們稱之為「中國布」（China-cloth）。Patta 很可能是
用亞麻或黃麻製成，因為整個東印度（inBhojpuriPatua）Pat-ta 的現在形
式 Pat 意謂「黃麻」，這一點是很明顯的。從織質和外觀來看，它類似
絲。同樣的詞 Pat，阿薩姆語意指「絲」，這是由於阿薩姆的絲極其普
遍的緣故。這種絲可能從中國傳入，替換了亞麻絲或亞麻布，Patta 這
個詞便用來專指由蠶繭製造成的中國或阿薩姆的絲綢，Patta（Patta，黃
麻）在阿薩姆失去了它的原始意義。早在公元前 5 世紀，絲綢一定已從
中國傳到阿薩姆 ①，也有可能古印度某些地區出產某種野蠶絲 ②。由此
不難知道，《史記》所記載張騫在大夏看到的來自古印度的「蜀布」，印

① ［印］Haraprasad Ray 著、江玉祥譯、曾媛媛校：《從中國至印度的南方絲綢之路
　　—— 一篇來自印度的探討》。
② ［印］Haraprasad Ray 著、江玉祥譯、曾媛媛校：《從中國至印度的南方絲綢之路
　　—— 一篇來自印度的探討》。

度梵語稱為 Cinapatta，其實就是成都生產的絲綢，也就是揚雄所謂的
「黃潤細布」。

　　根據上面的論述，一旦我們把支那(Cina) 一詞還原為成都，把
Cinapatta 一詞還原為成都絲綢，那麼成都和成都絲綢(Cinapatta) 早在
公元前 4 世紀已為古印度所知，這個史實就是十分清楚的了。以此再
來看《史記》所載張騫在大夏看到的來自古印度的「蜀布」，應即古印
度梵語所稱的 Cinapatta，其實就是成都生產的絲綢，也就是揚雄所謂
的「黃潤細布」。印度考古學家喬希(M. C. Joshi) 曾指出，古梵文文獻
中古印度教大神都喜歡穿中國絲綢，濕婆神尤其喜歡黃色蠶繭的絲織
品 ①。這種黃色的絲織品，應該就是揚雄所說的「黃潤細布」②。印度教裡
濕婆神的出現年代相當早，早在印度河文明時期已有了濕婆神的原型，
後來印度教文明中的濕婆神就是從印度河文明居民那裡學來的 ③，此時
古蜀就與古印度有了絲綢貿易關係，最早開通了絲綢之路。

五、Seres：賽里斯與絲綢之路

　　根據古代希臘、羅馬文獻的記載，在東方極遠的地方，有一地域
叫 Seres。大多數西方文獻以 Seres 為中國的代稱。中文一般根據其讀
音譯為賽里斯，也有一些論著直接譯為中國。

　　但是，Seres 的內涵究竟是指甚麼？或它究竟是指中國的哪一地
域？對於這些問題，國內外學術界向來存在爭議，諸家說法不一。

　　不少學者認同法國漢學家亨利·玉爾(Henry Yule) 所提出的對
Seres 的解釋。玉爾認為：Seres、Serica 二字，出於希臘、羅馬稱中國
絹繒的 Sericon、Sericum，又由阿爾泰語訛傳。中國的絲絹，早為西方

---

① 轉引自[印] 譚中、[中] 耿引曾：《印度與中國 —— 兩大文明的交往和激盪》，
　　商務印書館 2006 年版，第 71、72 頁。
② 事實上，至今四川出產的生絲，仍略帶黃色。
③ 劉建、朱明忠、葛維鈞：《印度文明》，中國社會科學出版社 2004 年版，第
　　48、50 頁。

歐洲社會所喜愛，自古經索格德拉(Sogodiana)、安息(Parthia) 商人輸往西方，為希臘、羅馬士女所珍愛，以至因繒絹而稱呼其產地。Sin、Sinai 系統的字，胚胎於秦始皇統一六國後的秦帝國名稱，後百餘年隨漢武帝遠征匈奴而傳至邊遠之地。他認為，Seres 名稱的起源，僅能上溯到公元前 221 年，但繒絹貿易的存在則可上溯到遠古 [①]。另有一些學者認為 Sin 為蠶之譯音 [②]。雖然，蠶字上古音為侵部從紐，讀若 Cin，與 Cina 讀音相近。但是，Sin 系統的字既然源出阿爾泰語，起源較晚，那麼它與起源較早的梵語 Cina 系統就不具有同等的關係，應當是來源於梵語，其間關係恰好與中國絲綢從古蜀經古印度西傳的途徑相一致。玉爾以為 Seres 名稱為陸路西傳，Cina 名稱為海路西傳，其實並沒有堅實可信的證據。法國漢學家伯希和堅持認為 Seres、Sin 均出 Cina [③]，美國東方學家勞費爾(B. Laufer) 也贊同這一看法 [④]。應當説，在這一點上，伯希和與勞費爾的看法是正確的。

至於賽里斯究竟是指整個中國，還是指古代中國的某個地域，這個問題在國內外學術界同樣存在不同意見。一些學者認為賽里斯是指中國西北地區，而楊憲益先生則認為賽里斯是蜀的譯音。他指認賽里斯為古代的蜀國，主要證據有兩個：一是根據脫烈美《地志》所記載道里的方向和距離；二是認為「蜀國的蜀本為織絲的蠶的原字，此亦與 Seres 產絲的西方記載相符」[⑤]。

蜀，上古音為屋部禪紐，南方話無捲舌音，讀為 Su，它是古蜀人的自稱，黃河流域中原地區的人們則根據古蜀人善養蠶的特徵，把 Su

---

① 參見莫東寅：《漢學發達史》，上海書店 1989 年根據北平文化出版社 1949 年版影印，第 7 頁。
② 姚寶猷：《中國絲絹西傳史》，商務印書館 1944 年版，第 37、38 頁。
③ 伯希和著、馮承鈞譯：《支那名稱之起源》，《西域南海史地考證譯叢》第 1 編，商務印書館 1962 年版，第 36—48 頁。
④ 勞費爾著、林筠因譯：《中國伊朗編》，商務印書館 1964 年版，第 404 頁。
⑤ 楊憲益：《釋支那》，載《譯餘偶拾》，山東畫報出版社 2006 年版，第 127—129 頁。

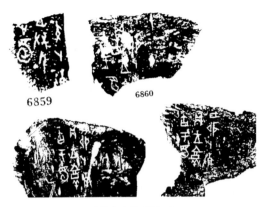

甲骨文中的「蜀」字

的讀音音譯寫作蜀。蜀，在甲骨文裡為桑蟲的象形字，如《說文》所釋。此義正符合自稱為 Su 的族群之經濟特徵，所以中原地區的人們即以蜀字來寫定 Su 這個族群的名稱。在殷墟甲骨文中，蜀字從目、從蟲類軀體，而不從蟲，以目和蟲體兩個字會以蜀字。但在周原甲骨文裡，蜀字則從目、從蟲類軀體、從蟲，以目、蟲體和蟲三個字會以蜀字。有學者以為殷周對蜀字的兩種寫法，是分別表示兩個不同的蜀族。其實，兩種蜀字完全是一樣的，它們都表示同一個自稱為 Su 的族群，這就是四川盆地的蜀。殷墟甲骨文中從目、從蟲類軀體的蜀字，應當是省形字，即是省去了所從的蟲，而周原甲骨文的蜀字則是完整的寫法。可見，蜀字的下半部從蟲或不從蟲，其含義完全是一樣的，毫無二致。不論殷墟甲骨文還是周原甲骨文裡的蜀字，都不與蠶字相同。蜀，即是《爾雅》釋文所謂的「桑中蠶」，《詩經》毛《傳》所謂的「桑蟲」，即桑蠶，它是「蠶之類多」中的一種 [1]，只有這種桑蠶才能演化為家蠶，而其他種類的蠶均不能演化為家蠶 [2]。可見，以蠶字來代替蜀字是並不妥當的。

　　其實，雖然從內涵來看，Seres 與 Su 有一定的相關性；但是從字

---

① 鄭樵：《通志·昆蟲草木略二》，上海古籍出版社 1990 年影印本，第 803 頁。

② 參見段渝：《政治結構與文化模式 —— 巴蜀古代文明研究》，學林出版社 1999 年版，第 352—355 頁。

甲骨文中不同的「蜀」字字體

音上分析，Seres 與 Su，二字的字根不同。問題的關鍵在於，阿爾泰語的 Seres 來源於梵語的 Cina，而梵語的 Cina 來源於絲綢的原產地地名成都[①]，讀若 Sindu，而不是讀若 Su。

　　賽里斯(Seres) 和後來產生的秦尼(Thinai) 名稱，都是公元前後西方人對中國的稱呼。賽里斯(Seres) 一名初見於公元前 4 世紀歐洲克尼德(Cnide) 的克泰夏斯(Ctesias) 關於遠東有人居住地區珍異物的記載，秦尼(Thinai) 一名初見於公元 1 世紀末亞歷山大城某商人的《厄立特里亞航海記》，530 年希臘教士科斯麻斯著《基督教世界風土記》，則稱為 Tzinitza 及 Tzinista，實與拉丁文出自一源[②]。而據戈岱司的看法，西語裡的秦尼扎(Tzinitza) 或秦尼斯坦(Tzinista)，「顯然就是梵文 Cinathana(震旦) 的一種希臘文譯法」[③]。可見，不論是賽里斯(Seres)

---

① 參見段渝：《支那名稱起源之再研究》，載四川大學歷史系編：《中國西南的古代交通與文化》，四川大學出版社 1994 年版，第 126—162 頁。

② 方豪：《中西交通史》，嶽麓書社 1987 年影印本，第 66 頁。

③ 戈岱司編、耿昇譯：《希臘拉丁作家遠東古文獻輯錄》，中華書局 1987 年版，「導論」第 17—19 頁。

還是秦尼(Thinai)，或是秦尼扎(Tzinitza)、秦尼斯坦(Tzinista)，它們的語源都是支那(Cina)，而支那就是成都的梵語譯法①。

公元1世紀末，亞歷山大城某商人的《厄立特里亞航海記》寫道，經過印度東海岸以後，向東行駛，到達位於恆河口以東的「金洲」後，再經過一些地區，到達賽里斯，一直到達一座名叫秦尼(Thinai)的內陸大城市的地方，該地通過兩條不同的道路向印度出口生絲、絲線和絲綢。第一條道路經過大夏到達婆盧羯車(Barygaza，即今之布羅奇)大商業中心，另一條路沿恆河到達南印度。賽里斯國與印度之間居住着稱為貝薩特人(Besatai)的野蠻人，他們每年都要流竄到賽里斯國首

蜀錦

都與印度之間，隨身攜帶大量的蘆葦，蘆葦可用來製作香葉(肉桂)，這種東西也向印度出口②。據德國學者李希霍芬(F. von Richthofen)研究，貝薩特人的位置是介於阿薩姆和四川之間，《希臘拉丁作家遠東古文獻輯錄》的編者戈岱司完全同意李希霍芬的看法③。這一研究結論意味着，中印之間的交通線是從四川經雲南和緬甸到達東印度、北印度、西北印度和中亞的。

① 段渝：《支那名稱起源之再研究》，載四川大學歷史系編《中國西南的古代交通與文化》，四川大學出版社1994年版，第126—162頁。
② 戈岱司編、耿昇譯：《希臘拉丁作家遠東古文獻輯錄》，中華書局1987年版，「導論」第16—18頁、正文第17—19頁。長期以來，《厄立特里亞航海記》被認為是2世紀前半葉希臘史家阿里安(Arrien)的作品，實則是1世紀末的作品。見戈岱司為《希臘拉丁作家遠東古文獻輯錄》所寫的「導論」第16頁。
③ 戈岱司編、耿昇譯：《希臘拉丁作家遠東古文獻輯錄》「導論」，中華書局1987年版，第30頁。

　　亨利·玉爾《古代中國聞見錄》第一卷，記載了 10 世紀時阿拉伯人麥哈黑爾東遊寫的《遊記》，其中說到中國的都城名為新達比爾(Sindabil)。玉爾分析說：「謂中國都城曰新達比爾(Sindabil)，此名似阿拉伯人訛傳之印度城名，如康達比爾(Kandabil)、山達伯爾(Sandabur) 等，中國無如斯之城名也，其最近之音為成都府，《馬可·波羅遊記》作新的府(Sindifu)，乃四川省之首府，五代時，為蜀國之都城。」① 這條材料十分重要。10 世紀時的中國，最初七年是唐末，多半時間屬於五代十國時期，960 年以後是北宋。這些政權的首府和唐、宋都城名稱的讀音，除蜀之成都外，沒有一座城市的發音接近 Sindabil 和 Sindifu，可見當時阿拉伯人是用 Sindabil 這個名稱來指稱中國都城的。從語音上分析，不論 Sindabil 還是 Sindifu 的詞根，都與古希臘語 Sina、Seres 的詞根完全一樣，均為 sin，而 Seres、Sin 均源出古印度梵語 Cina，其他音節都是詞尾，可見 Sindabil、Sindifu 的語源是從 Sina、Seres 演變而來的，而 Sina、Seres 又是從 Cina 演變而來的。這種演變關係的原因在於，由於最初經古印度傳播到阿拉伯人手中的絲綢是成都生產的絲綢，而成都是蜀之都城，所以都城生產的絲綢這一概念在阿拉伯人心目中留下了極為深刻的印象，以至直到 10 世紀時還不但保留着成都(Sindabil) 這一稱呼，而且更用這個名稱來指稱阿拉伯人所認為的中國都城。玉爾說，阿拉伯人《麥哈黑爾遊記》「謂中國都城曰新達比爾(Sindabil)，此名似阿拉伯人訛傳之印度城名」，恰好揭示出了絲綢產地成都(Sindabil) 與絲綢中轉地古印度(Sindhu) 和絲綢到達地阿拉伯之間的歷史和路線關係，這是很有意義的。由此可以清楚地看出，不論 Seres(賽里斯)、Cina 還是 Sindifu 所指的地域，其實都是我國西南地區的古蜀之成都。

　　印度著名學者譚中教授指出，歐洲人稱中亞為 Serindia，這個詞的

① 張星烺：《中西交通史料匯編》第 2 冊，中華書局 2003 年版，第 781 頁；參看莫東寅：《漢學發達史》，第 15 頁。

Ser 是 Seres 或 Serica 的縮寫，意思是「絲國」，是古代歐洲人對中國的稱呼，Serindia 的意思是「中印」。這與人們把東南亞半島稱為「印度支那」(Indochina) 如出一轍。Serindia 和 Indochina 這兩個概念，是指中印文明相互交流、相互激盪的大舞台。歐洲人到了 Serindia 和 Indochina（中亞和東南亞半島），就有中亞文明相互交叉影響的感覺，所以這樣取名。而印度人自己的「印度」名稱，來源於 Sindhu 這個名稱，Sind 是河流的名稱，即是印度河，Sindhu 一地現在位於巴基斯坦[①]，是著名的印度河文明的發祥地。根據這個認識來看，Seres 這個名稱，顯然是與 Sindhu(Sindhu，在波斯人那裡訛變為 Hindu，傳入希臘後，希臘人又訛變為 Indus，此即 India 名稱的由來) 這個名稱一道，從印度西傳到中亞地區的，歐洲人早在公元前 4 世紀就已知道 Cina 這個名稱，而且把梵語的 Cina 一詞，按照歐洲人的語言，音轉成了西語的 Seres。由此看來，Seres 名稱和 Sindhu 名稱同傳中亞，應該是從今印度經由巴基斯坦西傳的。張騫所說蜀人商賈在身毒進行貿易活動，身毒即是 Sindhu 的漢語音譯，指印度西北部印度河流域地區[②]。可以知道，從中國西南到印度，再從印度經巴基斯坦至中亞阿富汗，由此再西去伊朗和西亞、地中海，這條路線正是南方絲綢之路西線所途經的國際交通線。這與我國古文獻《魏略·西戎傳》所記載的蜀人商賈在「滇越」(東印度阿薩姆) 進行貿易活動、《史記·大宛列傳》所記載的蜀人商賈在身毒(西北印度) 進行貿易活動的路線是恰相一致的。

[①] [印] 譚中、[中] 耿引曾：《印度與中國 —— 兩大文明的交往和激盪》，商務印書館 2006 年版，第 83、84、88 頁。

[②] 這裡使用的印度這個概念，除特別指出外，多數情況下是指「地理印度」而不是「印度國家」。「地理印度」大致上相當於印度文明的地理範疇，包括今印度和巴基斯坦以及其他一些地區在內。我國古文獻對印度的指稱，有着多種譯名，如：身毒、天竺、賢豆、欣都思、捐毒等等，而不同時期的譯名所指稱的地域範圍有所差異。例如迦膩色迦創建的貴霜王朝在我國古文獻裡並不稱身毒，而是初稱大月氏，後稱罽賓。參考 [印] 譚中、[中] 耿引曾：《印度與中國 —— 兩大文明的交往和激盪》，商務印書館 2006 年版，第 80—81 頁。

　　克泰夏斯的生活時代是公元前 4 世紀，此時關於支那(Cina) 的名稱已經遠播於印度 [①]。古蜀人經雲南、緬甸進入印度，一條主要的通道是從今東印度阿薩姆經北印度進入西北印度 (身毒)，這正與克泰夏斯把 Seres 和北印度聯繫在一起的記述相吻合，也與古蜀絲綢西傳印度的年代、地域和路線相吻合 [②]。應該説，這絕不是偶然的巧合。

　　以上分析説明，不論是對支那(Cina) 還是對賽里斯(Seres) 的深入研究，都表明絲綢之路是成都絲綢輸往南亞、中亞並進一步輸往西方的最早線路，成都作為絲綢之路的源頭和南方絲綢之路的起點，是應有的結論。

六、成都：絲綢之路樞紐

　　成都不但是南方絲綢之路的起點，還是各條絲路的重要樞紐和連接點。自先秦時期，蜀人便打通了通往漢中、關中、西域、北方草原和南中國海的交通線，發展了與各條絲路間的經濟文化關係。

　　古代從四川經雲南出域外，分別至東南亞、緬甸、印度、阿富汗、中亞、西亞及歐洲地中海地區的國際交通線，學術界稱為「南方絲綢之路」或「西南絲綢之路」，簡稱「南絲路」。南方絲綢之路的起點為我國西南古代文明的重心 —— 成都，由此向南分為東、中、西三線南行：西線有東、西兩條幹道，西道為從四川經雲南、緬甸到印度的「蜀身毒道」，東漢時又稱「靈關道」或「氂牛道」，後稱為川滇緬印道；東道為從四川經貴州入雲南並在大理會合西道前行的「五尺道」，這條線路通往中亞、西亞和歐洲地中海區域。中線為從四川經雲南到越南的「步頭道」和「進桑道」，或又統稱為「安南道」，後來稱為中越道。東線為從四川經貴州、廣西、廣東至南海的「牂柯道」，或稱為「夜郎道」。三條

---

① 季羨林：《中國蠶絲輸入印度問題的初步研究》，載所著《中印文化關係史論文集》，三聯書店 1982 年版，第 76 頁。

② 段渝：《中國西南早期對外交通 —— 先秦兩漢的南方絲綢之路》，《歷史研究》2009 年第 1 期。

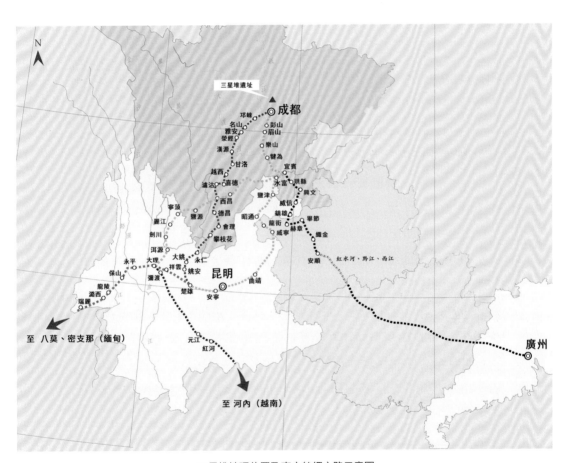

三星堆地理位置及南方絲綢之路示意圖

線路中，西線和中線在我國古代西南地區的對外經濟文化交流中發揮了積極而重要的作用。

（一）連通中原

1. 金牛道

金牛道又稱石牛道、劍閣道，「為入蜀咽喉」[①]，是蜀地腹心地帶成都平原通往漢中的最大交通動脈。從蜀至漢中再至西安，必須經過金牛道。秦漢時期，金牛道的走向和經過地點，學術界普遍認為是起於成都，經廣漢—綿陽—梓潼—劍閣—漢陽場—葭萌而進抵漢中。

金牛道

2. 褒斜道

褒斜道的路徑，《史記·河渠書》說：「褒之絕水至斜，間百餘里，以車轉，從斜下下渭。」《後漢書》卷 6《孝順帝紀》注引《三秦記》：「褒斜，漢中谷名，南谷名褒，北谷名斜，首尾七百里。」李之勤等學者經文獻考證和實地調研指出，古褒斜道沿渭水南側支流斜水（今名石頭河）和漢水北側支流褒水河谷行進，故名，也省稱為斜谷道。其走向，首先由蜀之金牛道抵漢中，經褒城，出褒谷口，越七盤嶺或穿石門洞，經孔雀台，沿褒水幹流狹谷險段至褒河上游三源相會的西江口，又經兩河口，西折入紅岩河上游虢川平地，入石頭河中游寬平的桃川河谷，翻老爺嶺，東北入斜谷關，經眉縣，過周至，西行至戶縣，再東北直抵西安[②]。

---

① 嚴耕望：《唐交通圖考》第四卷《山劍滇黔區》，《中研院歷史語言研究所專刊》之八十三，台北，1986 年版，第 863 頁。

② 李之勤等：《蜀道話古》，西北大學出版社 1986 年版，第 24 頁。

古蜀道褒斜道上的石門棧道

3. 故道

故道又名周道、嘉陵道、陳倉道，是蜀地通往關中的另一條重要幹道。故道的走向，先由金牛道經五盤嶺或陽平關至金牛鎮，北至略陽，沿嘉陵江東北行，翻老爺嶺，至白水江，北越青泥嶺至徽縣，東北折入兩當縣，東越嘉陵江支流永寧川、廟河、紅岩河，入嘉陵江河谷狹谷區至鳳縣，東北經黃牛嶺，越大散門，進抵渭水之濱的寶雞 [①]。

（二）連通長江流域

蜀有長江水道通於巴、楚，直抵吳、越。《史記·楚世家》所記「蜀伐楚，取茲方」，《史記·秦本紀》《華陽國志》等記載秦因蜀攻楚，即由此路。蜀與長江中下游各地的交往，都由此順江東下。考古學上，成都平原與長江中下游文化交流互鑑的物質文化遺存也相當豐富。杜甫《絕句》所說「窗含西嶺千秋雪，門泊東吳萬里船」，即是蜀與長江流域交通和文化交往的生動寫照。

---

① 李之勤等：《蜀道話古》，西北大學出版社 1986 年版，第 29 頁。

成都錦江

成都錦江

唐聯珠對雞紋錦

唐花鳥紋錦

（三）連通西域

漢代和以後出西域西行中亞、西亞並抵東羅馬安都奧克（Antioch，當即《魏略·西戎傳》中的安谷城）的北方絲綢之路，其國際貿易中的物品相當多數是絲綢，而絲綢中的主要品種，便是巴蜀絲綢，其中大量的是蜀錦。在新疆吐魯番阿斯塔那—哈拉和卓古墓群中，先後出土的大批織錦 ①，均為蜀錦 ②，其年代從南北朝到唐代均有，確切地表明蜀錦是西域絲綢貿易中的大宗重要商品。西域絲綢貿易中的大宗蜀錦，生產於成都，來源於成都，起運於成都，是由成都運出經由北方絲綢之路輸往西方的主要中國絲綢。唐代吐魯番文書中有「益州半臂」「梓州小練」等蜀錦名目，並標有上、中、下三等價格 ③，從一個側面反映了產於四川的絲綢在西域進行貿易的情況。充分表明了蜀錦在中外經濟文化交流中所佔有的重要地位和發揮的重要作用。

（四）連通北方草原

蜀錦、蜀繡不但分別沿南、北絲綢之路傳播到南亞、中亞、西亞和歐洲地中海文明區，而且還在戰國時代向北通過北方草原地區傳播到北亞，這條線路便是草原絲綢之路。考古學上，在俄羅斯阿爾泰山烏拉干河畔的巴澤雷克（Pazyryk）古墓群內（約公元前 5 世紀至公元前 3 世紀）④，出土不少西伯利亞斯基泰文化的織物和中國的絲織品，絲織品中有用大量的捻股細線織成的普通的平紋織物，還有以紅綠兩種緯線斜紋顯花的織錦，和一塊繡着鳳凰連蜷圖案的刺繡。這塊刺繡的主體圖案是樹和鳳凰，這種形制的構圖多見於先秦兩漢時期的成都平原，其形態與三星堆神樹十分相似，靈感應來源於三星堆青銅神樹。而且，三星堆新近發現的斜紋絲綢，也與巴澤雷克發現的斜紋織錦相

---

① 《新疆出土文物圖錄》，文物出版社 1975 年版。

② 武敏：《吐魯番出土蜀錦的研究》，《文物》1984 年第 6 期。

③ 日本龍谷大學圖書館藏《大谷文書》第 3097、3066 號。

④ ［蘇聯］魯金科：《論中國與阿爾泰部落的古代關係》，《考古學報》1957 年第 2 期。

巴澤雷克出土的刺繡及線描圖

同。因此，巴澤雷克墓內出土的織錦和刺繡，必定是蜀錦和蜀繡。由此可見，最早經由草原絲綢之路輸送到北亞地區的中國絲綢，是蜀地所產絲綢，而草原絲綢之路也是由此命名的，表明成都絲綢在我國北方草原地區與北亞地區文化交流中所發揮的積極作用。

（五）連通中國南海

從四川通往南中國海的牂牁道（也稱夜郎道），早在先秦時就已經開通。貴州威寧新石器時代遺址出土的器物中，已有成都平原蜀文化的影響因素。貴州威寧、赫章等地春秋戰國時期遺址和墓葬出土的大量蜀式青銅器，證實當時這些地區已經受到蜀文化的強烈影響，表明已有道路可通。《華陽國志·蜀志》記載説，蜀王杜宇以「南中為園苑」，南中指四川宜賓以南的貴州和雲南。《華陽國志·蜀志》還説蜀王開明氏「雄張僚、僰」，僚即是指貴州地區，僰即僰道，今宜賓，即把四川宜賓和貴州西部地區納入古蜀國的勢力範圍，其間道路自然是暢通無阻的。漢武帝時，為打通漢王朝與古印度和阿富汗地區的政治經濟通道，數度開發西南夷，終於在西南夷地區重設郡縣，重新打通了與西南夷地區的交通。尤其是以僰道為前沿和基地，大量徵發巴蜀地區士卒整

貴州威寧新石器時代遺址出土的陶器

治從僰道到夜郎的傳統交通線，並在沿途設置郵亭對道路進行管理，自此始有牂牁道的命名。可見，牂牁道是以宜賓為樞紐，北上巴蜀，南下嶺南地區的。

四川宜賓自古出產蒟樹和蒟醬。蒟樹是蜀人最早栽培的一種木本植物，用蒟樹果實製成的蒟醬，「蜀人以為珍味」[①]。《史記·西南夷列傳》記載蒟醬「獨蜀出」，但沒有說明具體出產地區。《華陽國志·蜀志》「僰道縣」下說，僰道出產「蒟」，即是蒟醬。清康熙二十五年《四川敘州府志·宜賓縣》卷 3「土產」記載說：「蒟醬，《史記》蒟醬即此，俱出戎州。」清《四川通志》卷 74《食貨·物產》「敘州」下記載說：「蒟醬，《史記》所載即此，各屬俱出。」據《史記·西南夷列傳》記載，漢初唐蒙在南越吃到蜀蒟醬，南越的蜀蒟醬乃是從夜郎經由牂牁江輾轉輸入，而夜郎之蜀蒟醬又是蜀商從蜀地「竊出」交易的。這說明，蜀商從宜賓收

---

①《史記·西南夷列傳·索隱》引。

香港大灣遺址六號墓出土的牙璋

購到蒟醬後，先是通過牂牁江，然後再經廣西把蒟醬販運到廣東，致使蜀蒟醬「流味於番禺之鄉」[①]。後來，蒟醬又傳入華北等地，成為眾口所向的美味。

以宜賓為樞紐，經牂牁道通往兩廣和香港的道路，也早在古蜀三星堆文化時期已經開通。考古學上，在廣東揭陽、香港南丫島等地出土過來自古蜀地區三星堆文化的牙璋，而在三星堆文化遺址出土海貝中的一部分則是來自南中國海。其間的交易通道，均應從成都平原到樂山、犍為、屏山、宜賓，經五尺道轉牂牁道(夜郎道)，沿紅水河經廣西、廣東至南中國海。唐末以前，從廣州販賣到四川的東南亞的香藥和奇珍異寶，大部分也是通過這條線路，中經宜賓五尺道樞紐到達成都平原的。

上述一系列史實表明，最早從我國進入古印度地區從事商業活動

_____

① 《文選·蜀都賦》劉逵注。

的是蜀人，由蜀人商賈長途販運絲綢等蜀物到古印度而引起了絲綢的傳播，由絲綢的傳播而引起了絲綢之路的開通，進而連通並推動了古代中國與歐亞各古代文明的交流和互動。歷史事實説明，四川絲綢沿絲綢之路輸往四方八面，成都不但是我國絲綢的重要起源地，而且是連通東南西北各條絲路的重要樞紐，對於古代絲綢之路的形成、發展和繁榮，起到了十分重要的推動作用。

責任編輯	梅　林
書籍設計	彭若東
責任校對	江蓉甬
排　版	高向明
印　務	馮政光

書　　名	發現三星堆
叢　書　名	文史中國
作　　者	段　渝
出　　版	香港中和出版有限公司 Hong Kong Open Page Publishing Co., Ltd. 香港北角英皇道 499 號北角工業大廈 18 樓 http://www.hkopenpage.com http://www.facebook.com/hkopenpage http://weibo.com/hkopenpage Email: info@hkopenpage.com
香港發行	香港聯合書刊物流有限公司 香港新界荃灣德士古道 220-248 號荃灣工業中心 16 樓
印　　刷	中華商務彩色印刷有限公司 香港新界大埔汀麗路 36 號中華商務印刷大廈
版　　次	2023 年 5 月香港第 1 版第 1 次印刷
規　　格	16 開 (168mm×240mm) 360 面
國際書號	ISBN 978-988-8812-07-3